コモンローの本質

メルヴィン・A・アイゼンバーグ著
石田　裕敏　訳

木鐸社刊

The Nature of the Common Law

Melvin Aron
EISENBERG

1988

日本語版への序文

法体系は、伝統的にコモンロー系と大陸法系に分けられる。コモンロー系（本来はイギリス、それにアメリカ合衆国やオーストラリアなどのようにイギリスに由来する法制度をもつ国々）では、裁判所は、契約法や不法行為法などのような重要な法分野において、法を作り発展させる権能をもっている。対照的に、大陸法系では、すべての法分野は、制定法か憲法によって規律され、例えば契約法や不法行為法は、民法によって規律される。したがって、少なくとも理論上、裁判所は、制定法や憲法を解釈する権能のみをもち、法を作る権能はもっていない。

『コモンローの本質』は、主としてアメリカ合衆国に焦点をあてながら、コモンローの論証を説明し、合理的に解釈しようとするものである。コモンローの論証は、コモンロー系の国々において要となっているから、コモンローの論証の方法が、十分に叙述されており、かつ争いの余地はないと考えられるかもしれない。そのどちらも正しくない。制定法の解釈の方法が、不確定であり、争いがあるのと同様に、コモンローの論証の方法も不確定であり、争いがある。

コモンローの決定的な特徴は、裁判所が、同一管轄の最上級審が下した以前の判決（先例）に拘束されるということである。この特徴は、先例拘束性の原理と呼ばれる。この原理は、見かけほど明瞭ではない。一つには、裁判所は、先例を解釈して、それがどんなルールを表象しているかを確定しなければならず、しばしば一つの先例に複数の解釈を与えることが可能であるからである。さらに、裁判所は、先例が定めるルールか、あるいは先例でとられた行動を説明するルールのいずれかに従うことができる。往々にして、これらは、二つの非常に異なる事柄である。最後に、先例拘束性の原理にもかかわらず、裁判所は、先例を区別したり、あるいは先例を更改したりすることすらできる。

一般的に言うとコモンローの論証を理解するためには、特定して言うと先例の効力を理解するためには、教義命題と社会命題を区別することが必要である。「教義命題」とは、制定法、先例、通説的評釈などのように、法の専門家によって権威があるとみなされている成文典拠の中に見出される法教義の命題である。「社会命題」は、教義命題以外のすべての命題から成る。現代の法にとってもっとも顕著なタイプの社会命題は、道徳規範、政策、(例えば、個人の行動や制度設計に関する所説などのように、世界が機能する方法を叙述する命題などの) 経験命題、である。

コモンローの論証の中心的問題は、社会命題と教義命題のバランスをどうとるかということである。現代社会では、教義命題は、究極的に社会命題、特に経験命題の仲介によって教義に取り込まれた政策や道徳規範にもとづいてのみ正当化できる。所与の教義ルールが、規範として最良のルールである場合、つまり、そのルールが道徳、政策、経験によって十全に支持されている場合、何の問題も生じない。しかし、教義ルールが規範として最良のルールでない場合、深刻な問題が生じる。そのような場合、裁判所は、教義の安定という価値と、法的ルールを規範として正当化できるものにする価値とを衡量しなければならない。『コモンローの本質』の中心的テーマは、所与の教義ルールと規範として最良のルールとの相違が比較的小さい場合、教義的安定の価値が優先されるべきであるし、現実に優先され、また教義ルールが遵守されるべきであり、現実に遵守される、ということである。しかし、教義ルールと規範として最良のルールとの相違が実質的である場合、裁判所は、先例の区別、先例更改、先例が述べたことではなく先例が行ったことの強調、などの手法を通じて、教義ルールを変更すべきであるし、現実に変更する。

先例の効力の分析に加えて、『コモンローの本質』は、類推による論証、仮説を出発点とする論証、先例更改、先例の区別などの問題を探求している。これらの法的論証の手法は、それぞれ特別の問題を提起するが、それぞれの手法を用いるさいの中心的な争点は、社会命題と教義命題との緊張の調和である。

原理的には、コモンローの論証と制定法や憲法を出発点とする論証との間には、決定的な相違がある。コモンローでは、裁判所は、特定の条件のもとで、先例の文面中に定められた教義を変更することができる。対照的に、裁判所は、制定法や憲法の成文中のルールを変更することはできない。しかし、コモンロー、制定法、憲法の論証の相違は、実際には原理上ほどは大きくない。制定法と憲法を解釈するにあたり、裁判所が社会命題を計算に入れることは、ほぼ不可避である。このことは、よくあるように争われている制定法や憲法の条項が非常に一般的である時や、民法の領域において、民法が採択されたずっと後になって、民法の起草者達が念頭においていなかった問題が生じる時にとりわけ妥当する。

さらに、民法の領域において先例拘束性の原理は採用されていないけれども、実際には、民法のほとんどの領域において、裁判所は先例に言及し尊重する。したがって、民法のもとでの法的論証は、往々にしてコモンローにおける論証ときわめて類似しそうである。それゆえ、『コモンローの本質』は、コモンローの論証を説明し、合理的に説明しようとするものであるが、解明されている原理は、しばしば制定法や憲法の論証にも適用され、それゆえ、しばしば民法においても適用されるであろう。

二〇〇一年八月

メルヴィン・A・アイゼンバーグ

序文

われわれの法の多くは、憲法や制定法などの権威ある成文典拠にもとづいている。コモンローは、そのような成文典拠にもとづかず、代りに裁判所自身がその職分として確立する法の一部分である。この本は、コモンローのルールが確立されるべき、そして実際に確立される態様にかかわる。別言すれば、この本は、コモンローによる裁判の理論に枠組みを与える。

裁判理論に枠組みを与えるさいに重要な問題は、同じ一組の原理が、憲法の解釈、制定法の解釈、そしてコモンローのルールの確立を規律するか否かということである。この本がとる立場は、この問題に対する解答が否ということである。この本の以前の原稿を読んだある人のコメントをわかりやすく言い換えると、制定法と憲法に関するケースは、裁判に関する何らかの包括的分析へと組み込まれなければならないが、長い目で見ると、コモンロー、制定法、憲法に関する裁判が別個に分析される場合のほうが、より大きな理解がえられるであろうということである。それぞれの領域における裁判所の役割を規律する原理は、重要な点で異なっており、それぞれの領域は、非常に複雑であるので、他の領域が提起する特殊な問題に対する考慮が混じり込んでいない検討を必要とする。歴史的には、英米法における裁判所の最初の役割は、コモンローのケースを判決することであった。最初にこの役割に目を向ければ、そこで裁判所と法について学ぶことが、次に制定法と憲法の解釈の問題へと向かう時に、助けとなるであろう。

裁判理論に枠組みを与えるさいのもう一つの争点は、裁判を特定の社会から抽象された普遍的現象として分析すべきであるか、それとも特定の法制度の慣行の観点から分析すべきであるかということである。ここでも私は、より特定化された道を選択した。つまり、この本における私の焦点は、ほぼ完全に合衆国のみにおかれている。しかし、私は、この本における分析の多くが、他の国々のコモンローに直接に適用可能であり、それ以外の部分についても、相違は種類ではなく程度の問題であると信じる。これがそうでない程度で、この本のタイトルは、おそらく勝手がすぎるであろうが、それについては寛恕を希望する。

この本の重要な部分は、私が一九八五年にミシガン大学ロースクールで行ったCooley Lecturesの基礎となった。私を招いてこの講義をさせてくれたことと、私の滞在中に多くの有益なコメントがよせられたことの両方について、ミシガンの教授陣に感謝している。Donald Regan と Philip Soper が、特に啓示的なコメントをしてくれた。また私は、この本の一部を、コロンビア大学、ＵＣＬＡ、ヴァージニア大学でのワークショップで、バークレーのセミナーその他様々な学部内研究会で、さらにオーストラリアのアデレード大学とモナッシュ大学の学部内セミナーで発表した。これらのワークショップ、セミナー、研究会からえたものは大きく、参加者全員に感謝する。また、アメリカ哲学協会の会合において、この本の一部を発表したが、そこでコメンテイターの Martin Golding と Tom Grey から数多くの貴重な教示をいただいた。

これらの組織的なフォーラムの外で、Stephen Barnett, Stephen Bundy, Meir Dan-Cohen, Joseph Grodin, Lewis Kornhauser, Paul Mishkin, Robert Mnookin, Andrea Peterson, Joseph Raz, Edward Rubin, Philip Selznick, Gary Simson, Stephen Sugarman, Joseph Tussman, Jeremy Waldron, Harry Wellington, Kenneth Winston, Jan Vetter が、原稿の一部——多くの

場合、非常に大きな部分――を読んで、きわめて有益な教示をしてくれた。Leah Hammett, Marina Hsieh, Harry Litman, Megan Wagner, Margaret Meriwether は、研究助手として貴重な仕事をしてくれた。また Marina Hsieh は、卓越したローレヴュー編集者の目で本文と脚注を見直してくれた。私の秘書の Vickie Parker は、読みづらい下書きを、いつもの正確さと信じられないスピードと沈着さで何度となく校閲し、原稿の準備における多くの誤りを手際よく訂正してくれ、そのおかげで、一般的に私は、この方面の事柄を気にとめることなく仕事を進めることができた。

私はまた、Steven Burton, Robert Cooter, Kenneth Kress, Rod MacDonald, Robert Post, Judith Thomson, Peter Westen に負うところがもっとも大きく、彼ら全員が、全原稿の下書きを読んでくれ、同僚や友人としての通常の義務をこえて、洞察力のある詳細なコメントをよせてくれた。

目次

第一章　はじめに

ここでの私の目的は、われわれの社会の中でコモンローが確立される方法を規律する制度原理を解明することである。われわれの法の多くは、裁判所が解釈しなければならないが、再定式化してはならない憲法、制定法、その他の権威ある成文典拠に規定されたルールに由来する。これと対照的に、コモンローは、裁判所自身がその職分として確立する法の一部分である。不法行為法や契約法のように、コモンローのルールが支配的である領域がいくつかある。また、会社法のように、コモンローのルールが極端に重要な領域もある。すべての領域において、憲法や制定法がかかわるのが基本である領域においてさえ、コモンローのルールは、少なくとも間隙をうめるように重要な役割を担う。

コモンローの確立を規律する制度原理を解明するにあたり、最初に、コモンローによる裁判において重要な役割を担う二つのタイプの命題を区別することが不可欠である。すなわち、教義命題 (doctrinal proposition) と社会命題 (social proposition) である。私が教義命題ということばで意味するのは、法的ルールを定めるとされる命題のうちで、法的教義を表現すると一般に受けとめられている成文典拠の源泉の中に見いだされる、あるいは、そこから容易に引き出される、命題である。教義の源泉であることがもっとも明らかなグループは、判決しようとする裁判所に対して拘束力をもつと一般に見なされている公式の成文典拠、おもに、判決しようとする裁判所の管轄の制定法や先例などの、いわゆる第一次法源から成る。第二のグループの教義の源泉は、他管轄の先例などのように、判決しようとする裁判所に対して拘束力をもつと見なされない公式の成文典拠から成る。第三のグループは、法的論証の過程を複製し、学術論文や法律雑誌などのように、因習的に第二次法源と見なされているフォーラムに、自らの分析を公表する専門職のメンバーや研究者による分析の産物である成文典拠から成る。

私が社会命題ということばで意味するのは、道徳、政策、経験に関する命題などのように、世界に関するすべての命題で、教義命題以外のものである。

法と裁判に関する現代の分析のほとんどは、教義命題と社会命題との相互作用の取扱いと、法的ルールを確立するさいに社会命題を用いようとするなら、その社会命題が充足しなければならない規準によってほぼ定義できる。

ある有力な分析の方向として、拘束力をもつ教義命題のみにもとづいて判決できるケースと、判決に社会命題を用いることが必要とされるケースとを事実上区別するものがある。この方向の分析のもとでは、法は、拘束力をもつ公式の成文典拠に見いだされる教義命題から成る。そのような命題のみにもとづいて、社会命題を用いずに（ある教義を適用するために、その教義の文言上社会命題が必要とされる場合は、例外であるが）判決できるケースは、時として「簡単な」、「明白な」、「規制された」ケースと呼ばれる一範疇に入れられる。ここでは、裁判官は、法を見つける者として行動すると言われる。判決のルールを（単に適用するのではなく）確立するさいに社会命題を用いることが重要な役割を担うケースは、時として「難しい」、「不確定な」、「規制されていない」ケースと呼ばれる別の範疇に入れられる。ここでは、裁判官は、立法者の権能をもって行動し、自らが最良であると考える社会命題を用いて自らが最良であると考えるルールを採用することによって、新しい法を作ると言われている(1)。

別の分析の方向として、裁判官は常に法を見つける者として行動するという立場がある。この分析もまた、難しいケースと簡単なケースの間に区別を設けるが、その区別が異なっている。簡単なケースは、比較的特化した教義ルールによって結果が決まるケースである。難しいケースは、比較的一般的な教義ルールを適用することによってのみ判決できるケースである。裁判官は、どの一般的ルールが、従来の制度的判決ともっともよく適合するかを確定し、そのルールを自らが審理するケースに適用することによって、難しいケースを判決すると言われる[2]。

さらに第三の分析の方向がとる立場は、裁判官は、従来の制度的判決と適合するか否かという入口のテストを充足するのはどのルールであるかを確定し、それから、そのようなルールの中から、自分自身の道徳的、政治的確信にもとづいて、自らが最良であると考えるルールを選択することによって、難しいケースを判決するというものである。このように判決するにあたり、裁判官は、法を作るというよりむしろ確定する[3]。

私は、これらの分析のいずれもコモンローによる裁判を適切に説明していないことを示したい。コモンローを規律する制度原理のもとでは、社会命題は、すべてのケースにおいて関連する。別言すれば、すべてのコモンローのケースは、統一された方法論のもとで判決される。そして、この方法論のもとでは、裁判所が確立するルールと、それらのルールが拡張、制限、適用される方法を確定するにあたり、社会命題は常に重要な役割を担う。簡単なケースは、比較的特化した教義ルールによって結果が決まるケースではなく、関連する教義ルールが、適用可能な社会命題によって支持されているケースである。コモンローは、拘束力をもつ公式の成文典拠に見いだされる教義命題から成るのではない。むしろ、コモンローは、コモンローによる裁判を規律する制度原理の適用によって、現時点で生成されるルールから成る。

教義命題に重みがないわけではない。第六章で示すように、以前のケースで宣言されたルールが、適用可能な社会命題と実質的に融和している場合、それは整合的に適用、拡張されるべきであり、社会命題との実質的融和がない場合は、それは整合的に適用、拡張されるべきでないというのが、コモンローのもっとも基本的な制度原理である。この基本原理は、教義命題と社会命題の両方を認知する。この基本原理は、教義命題に実効性を与える。宣言ルールは、たとえそれと競合するルールより社会命題との融和の度合がやや劣るとしても、そのような社会命題と実質的に融和しているかぎり、整合的に適用、拡張されるからである。この基本原理は、社会命題に実効性を与える。すべての宣言ルールの強制力は、そのルールが実質的な社会的融和のテストに合致するか否かに依存するからである。

裁判官は、過去の公式の成文典拠に見いだされる教義に限って用いてよいというわけではないが、立法者と異なり、自分自身の道徳的、政治的確信にもとづいて、自らが最良であると考える社会命題を自由に用いたり、自らが最良であると考えるルールを自由に確立したりすることはできない。むしろ裁判官は、特定の規準を充足する社会命題のみを用い、裁判の制度原理の適用によって生成されるルールのみを確立する義務を負っている。この義務は、憲法や制定法の成文典拠を忠実に用いる義務と同様、司法の職務を自発的に引き受けることから帰結する。その職務は、他のすべての職務と同様、信託に付されている。信託のルールは、裁判の制度原理であり、この原理は、裁判所の社会的機能に根ざしており、公正と社会福祉に関する考慮事項によって正当化される。通常の受託者と同様、裁判官は、職務を受けいれることによって、自らの職務上の行為を規律するルールにしたがう道徳上の義務を負う。[4] このように、裁判を駆動させるのは、当事者の権利ではなく（あるいは、それのみではなく）、当事者と、もっと大きな社会の両方に向けられた裁判官の義務である。

（1） *See, e.g.,* J. Bell, *Policy Arguments in Judicial Decisions* (1983); J. Raz, *The Authority of Law* (1979).

（2） *See, e.g.,* R. Sartorius, *Individual Conduct and Social Norms* 181-210 (1975); Sartorius, "Social Policy and Judicial Legislation," 8 *Am. Phil. Q.* 151 (1971); Sartorius, "The Justification of the Judicial Decision," 78 *Ethics* 171 (1968).

この見解は、ロナルド・ドォーキンの著作、主に次の論文とよく関連づけられる。"Hard Cases," 88 *Harv. L. Rev.* 1057 (1975), reprinted in R. Dworkin, *Taking Rights Seriously* 81-130 (1978). *See, e. g.,* K. Kress, "Legal Reasoning and Coherence Theories: Dworkin's Rights Thesis, Retroactivity, and the Linear Order of Decisions," 72 *Calif. L. Rev.* 369 (1984). ドォーキンは、かつてこの見解をもっていたが、後にそれを捨てた。*See Taking Rights Seriously* 341 (1978). "Hard Cases" でさえも、よく読んでみるとこの見解に立っていないように見える。*See* Kress, *supra,* at 378 n. 53.

(3) *See* R. Dworkin, *Law's Empire* 67-68, 119-20, 228-31, 238-39, 248-50, 255-56 (1986); R. Dworkin, *A Matter of Principle* 16, 90 (1985); R. Dworkin, *Taking Rights Seriously* 326, 340-42, 360 (1978); Dworkin, "A Reply by Ronald Dworkin," in *Ronald Dworkin and Contemporary Jurisprudence* 247, 248, 254, 263, 269, 272 (M. Cohen ed. 1983); Dworkin, "'Natural' Law Revisited," 34 *U. Fla. L. Rev.* 165 (1982).

(4) *See* P. Soper, *A Theory of Law* 41 (1984). 他の道徳的義務と同様に、この義務は必ずしも無限定のものではない。第四章の「道徳規範」における議論を参照。

第二章　裁判所の社会的機能

コモンローによる裁判の制度原理は、裁判所の社会的機能に根ざしている。他の複雑な制度と同様、裁判所はいくつかの機能を果たすが、そのうちの二つが至要である。

その第一は、争いの解決である。複雑な社会では、その性格上、社会の既存基準の適用、意味、含意にもとづいた権利の請求から派生する争いを、終局的に解決できる制度が必要となる。われわれの社会において、その制度は裁判所であり、したがって、そのような争いの解決は、われわれの裁判所の中心的機能である。①

この機能が中心にあることは、様々な仕方で顕現する。まず、われわれの社会の裁判所は、根本的に受動的な構造をしている。立法部と異なり、裁判所は自らの所作によって訴訟を当然に開始することはできず、請求をもった当事者によって始動される時にのみ行動できる。② これに対応して、裁判所がとれる行動は、なされた請求に応じるものに限られる。③ 裁判所が行動をとる場合に、その基礎となるにふさわしい請求の種類も限定されている。通常、請求は、異を唱えられていなければならない――すなわち、争いの対象でなければならない。④ 通常、請求者は、被告が自らの権利を侵害した（あるいは侵害すると強迫する）か、そうでなくても、自らの利害に十分にかかわるような態様の過失が被告にあるので、請求を行うのが適当であり、その過失に請求の処遇がかかっていると主張しなければならない。⑤ 請求は、社会的行為に関係する基準にもとづいていなければならず、例えば、芸術的基準にもとづいてはならない。⑥

請求がもとづく基準は、その違反の結果から典型的に生じる侵害の深刻さ、あるいは、その基準が反映する規範や政策の重要性のいずれかの観点から、重大性の点で一定のレベルに達していなければならない。

裁判所の至要な機能の第二は、法的ルールの供給を豊かにすることである。(7) われわれの社会には、法的ルールに対する莫大な需要があり、それらのルールによって私的行為者が生活し、計画し、もめごとを解決できる。立法部は、この需要を充分に充足させることはできない。法的ルールを生成する立法部の能力には限界があり、その能力の多くは、支出、税、行政などの統治に関する事柄に関するルール、犯罪の定義などのように、裁判所の能力をこえると見なされるルール、被規制産業が請求する料金を設定するための原理などのように、官僚機構によってもっともうまく運用されるルール、を生産することに割り当てられている。さらに、われわれの立法部は、私的部門の行為を規律する法を確立する機能を、包括的に果たすことができるように人員配置がなされていないのが通常である。(8) 最後に、多くの領域において、弾力的な形の司法ルールのほうが、法規の形の立法ルールより好ましい領域が多くある。したがって、裁判所が、社会的行為を規律する法的ルールの供給を豊かにするように行動することが社会的に望ましいのであるが、それは、裁判所が自立した機能として立法作用を引き受けることによってではなく、法的ルールの確立に付与すべき重みを、裁判所の唯一の機能が争いの解決であるとした場合に必要とされるよりも、ずっと大きくすることによってなされる。(9)

もちろん、たとえ裁判所の唯一の機能が争いを解決することであったとしても、司法による法的ルールの確立は生じるであろう。裁判所が、社会の既存基準の適用、意味、含意を新しい状況において解き明かそうとする場合、それと同時に、それまで宣言されたことのないルールを定式化することを禁じることはできない。まず、現代社会は、常に変化する状態にあって、新しい争点を解決する新しい法的ルールに対する絶え間のない必要を創り出している。まさに変化が不可避であるために、古いルールを新しいケースに適用することですら新ルールとなることがある。例えば、放送が発達する以前は、名誉毀損に関する法は、文書による名誉毀損ないし文書誹毀（libel）と、口頭での名誉毀損ないし口頭誹毀（slander）をはっきりと区別していた。通常、口頭誹毀は、現実の損害の証明を必要としたが、文書誹毀は、そうではなかった[10]。ラジオ放送の出現にともなって、放送による名誉毀損は、書かれていないから口頭誹毀であると判示するケースがあった。他方、有害な効果をもたらす潜在性が大きいから、文書誹毀であると判示するケースもあった[11]。明らかに、前者のケースで採用されたルールは、後者で採用されたものに劣らず新しかった[12]。さらに、社会的条件が変化しなかった時でも、以前に採用された法的ルールが、誤って確立されたという理由で廃止されなければならないことがよくある。最後に、以前に採用された法的ルールが、所与の争いをカバーするか否かは、そのルールが、従来のケースにおいて定式化された一般性の程度に依存することが多いが、しばしばその程度はやや偶有的である[13]。

たとえ裁判所の唯一の機能が争いを解決することであったとしても、司法による法的ルールの確立は生じるであろうから、裁判所が、法的ルールの供給を豊かにすることをもそれ自体望ましいと見ていることを、確定的に証明することは難しい。この目的のために、法的ルールを確立するさいの裁判所の役割について、二つの可能なモデルを検討してみよう。その二つは、副産物モデルと、豊富化モデルとでも呼べるであろう。副産物モデルでは、裁判所は、争いの解決に付随する副産物としてのみ法的ルールを確立する。争いを解決するためには、裁判所は一般的命題を定式化し適用しなければならない。裁判所は公的な機関であるから、これらの命題がいったん定式化されると、その命題はある種の法的な地位と効果をもつ。しかし、裁判所がその種の命題を定式化することが正当化されるのは、審理中の争いを解決するのに必要な限度においてのみであり、それをこえて正当化されない。対照的に、豊富化モデルでは、種々の重要な点で争いの解決機能に劣後するものの、社会的行為を規律する法的ルールの確立がそれ自体望ましいものとして扱われ、その結果、ケースバイケースにではあるが、裁判所は、特定の法体系を発展させる機能を意識的に帯びるようになる。

裁判所は、副産物モデルにしたがうとしばしば公言するから、このモデルが裁判を規律すると考えるかもしれない。しかし、司法慣行の重要な要素をいくつか観察してみると、豊富化モデルが、より的確に現実をとらえる力があることがうかがえる。例えば、裁判所が副産物モデルにしたがうとすれば、司法判決の中で採用されたルールに重みが与えられることが期待されるであろう（なぜなら、裁判所を含めた公務員は、時を隔てても然るべく整合していると期待できるから）。しかし、それらのルールが拘束力のあるものとして扱われることは期待されないであろう。[14] 対照的に、裁判所が豊富化モデルにしたがうとすれば、それらのルールが拘束力のあるものとして扱われることが期待されるであろう。先例拘束性の原理のもとでは、後者が実情である。[15]

同様に、もし裁判所が副産物モデルにしたがうとすれば、審理中の争いを処理するために厳密に必要な法的ルールのみが、判決意見の中で宣言されることが期待されるであろう。対照的に、もし裁判所が豊富化モデルにしたがうとすれば、判決意見の中で、争いの処理という目的に厳密に必要とされる以上の法的ルールが、しばしば宣言されることが期待されるであろう。裁判所の判決意見を点検してみると、後者が実情であることが分かる。裁判所は、審理中の争いの解決にせいぜい周縁的にしか関係しない争点を規律するルールを宣言することがよくある。例えば、*Hamberger v. Eastman*[16] では、個人の寝室にひそかに盗聴器を仕掛けることが、不法行為を構成するか否かが問題になった。裁判所は、この機に乗じて広範なルールを採用し、個人は、プライバシーの権利をもっており、肉体的、精神的独居に侵入されること、私事を公表されること、自己に関する間違ったイメージを世間に流布させること、氏名や肖像が被告の利益のために盗用されること、によってこの権利が侵害されるとした。同様に、*Rowland v. Christian*[17]では、ある家に遊びに訪れた客が、その家の主人に過失のあった結果、傷害を負ったと主張した。財産所有者の注意義務を規律するコモンローの制度は複雑であり、不法侵入者、立入りを許された人、商店などに客として入った人、それぞれに対して異なった義務を負わせていたが、裁判所は、この機会を利用して、この制度を廃止して、それを一般的な合理性の基準におきかえた。

最後に、もし裁判所が、副産物モデルにしたがうとすれば、ある争いで競合する命題を支持する主張が同等に説得力をもつと見る時、しばしば係争物が判決意見の中で明示的に分割されることが期待されるであろう[18]。しかし、この手法では、明白な法的ルールを生産できないことが多いであろうから、裁判所が豊富化モデルにしたがうとすれば、主張がいかに均衡しているとしても、裁判所が判決意見の中で明示的に係争物を分割することは決してないか、ほとんどないことが期待されるであろう。後者が実情である。もちろん、裁判所による争いの解決は、隠れた譲歩を体現することが多いのではないかと言われる時がある。しかし、そう言ってみたところで、豊富化モデルがよりいっそう支持されるのに資するにすぎない。もし裁判所が、法的ルールの確立をそれ自体目的と見なしていないとすれば、譲歩は明示的になされ、隠されないであろう。そのようなケースで、譲歩を隠す主な目的は、争いに関する疑いがルールに関する疑いに流入するのを防ぐことにある。

要するに、政策上、裁判所は、法的ルールの供給を豊かにすることを、それ自体望ましいと見なすべきであると言えるし、現実を観察してみると、裁判所は実際にそう見なしていることがうかがえる。

争いの解決という機能は、当事者と過去のほうを向いている。法的ルールの供給を豊かにする機能は、社会一般と未来のほうを向いている。後に示すように、コモンローによる裁判の制度原理が担っている主要な目的は、これら二つの機能の間にある指向性の相違から生じうる緊張を調和させることである。

（1） 終局的に争いを解決する機能は、終局的に衝突を解決する機能と区別されるべきである。裁判所が争いを解決しても、その争いを駆り立てた当事者間の根本的な衝突は解決されないことがある。

（2） 第一章で指摘したように、この本は、コモンローがわれわれの社会の中で確立され変更される方法に関するものである。この本の中で裁判所や裁判についてなされる言及は、すべてそのように理解されなければならない。

（3） *See* M. A. Eisenberg, "Participation, Responsiveness, and the Consultative Process: An Essay for Lon Fuller," 92 *Harv. L. Rev.* 410 (1978).

（4） 離婚、無能力、養子縁組、遺言の検認にかかわる、争いのないケースのように、裁判所が行動をとる時に争いのない場合でさえ、裁判所は時々判決を下す。しかし、そのようなケースのほとんどは、訴訟が開始された時には現実の、あるいは潜在的な争いが存在する。ケースが争われないことが最終段階で確実になった時に、別の機関にケースを回すことは非効率的であろう。さらに、裁判所は、この種の領域において、争いのあるケースを判決することで発展させてきた専門知識をもっているから、争いのないケースに判決するように裁判所に求めるのは自然である。

（5） 被告の過失にもとづく請求であるが、その過失に対応する請求者の権利侵害がないものには、刑事事件、不当利得にもとづくある種の訴訟などがある。*See, e. g.*, Brophy v. Cities Service Co., 31 Del. Ch. 241, 70 A. 2d 5 (1949).

（6） 違反しても法的に認知される請求権が生じないタイプの基準であっても、違反からその種の請求権が生じるタイプの基準を適用するにあたって、関連性をもつことがある。例えば、肖像画が芸術的基準を充足するか否かは、画家が報酬を求めて提起する訴訟において関連性をもつかもしれない。同様に、執事がエチケットの基準を充足していたか否かは、契約期限終了前に彼を解雇したことが適法であったか否かを確定するにあたって関連性をもつかもしれない。

（7） 「法的ルール」ということばは、すべての法的基準という意味で使われる時と、比較的特化した基準などのように、特定の種類の法的基準のみを意味するのに使われる時がある。第六章の「原理を出発点とする論証」における議論を参照。本文にことわりのないかぎり、私はこのことばをすべての法的基準という意味で使う。

（8）ルール制定権能をもつ政府専門機関や、立法部に新法を提言する権能をもつ法改正委員会などの現代の制度的メカニズムによって、この問題は、いくぶんは緩和されるものの、たいして緩和されない。

（9）*Cf.* 21 J. Austin, *Lectures on Jurisprudence* 632 (R. Campbell 3d ed. 1869):「ほとんどすべてのコミュニティにおいて、主権を有する立法部の無能や怠慢ぶりには、目に余るものがあったので、立法部の仕事が、主として、立法部に劣後する裁判官によって遂行されなかったとしたら、まったく遂行されなかったか、この上なく非効率的に遂行されたであろう。また、もっとも重要な問題の多くに関して、社会は法なしにやってきたであろうし、他の問題の多くに関して、法は、原始野蛮状態にとどまっていたであろう。」(lecture 36)。

裁判所は、本文で論じられている二つの至要機能と概して整合する機能で、比較的重要性の低い様々な機能を果たすことがある。例えば、裁判所は、争いが不在の場合でも、特定の種類の確定、とりわけ個人の地位に関係する確定を行うことがある。*See supra* note 4.

（10）W. Keeton, D. Dobbs, R. Keeton & D. Owen, *Prosser & Keeton on the Law of Torts* §112 (5th ed. 1984). 現在、修正一条の効力が波及して、文書誹毀の場合でも現実の損害の証明が要求されることがある。*See id.*

（11）Polygram Records, Inc. v. Superior Court, 170 Cal. App. 3d 543, 551 n. 9, 216 Cal. Rptr. 252, 257 n. 9 (1985), Arno v. Stewart, 245 Cal. App. 2d 955, 961, 54 Cal. Rptr. 392, 396 (1966), *and* Meldrum v. Australian Broadcasting Co., 1932 Vict. L. R. 425, 432（放送は、口頭誹毀である）を、First Indep. Baptist Church of Arab v. Southerland, 373 So. 2d 647, 649-50 (Ala. 1979), Matherson v. Marchello, 100 A. D. 2d 233, 239, 473 N. Y. S. 2d 998, 1004 (1984), *and* Shor v. Billingsley, 4 Misc. 2d 857, 158 N. Y. S. 2d 476 (1957)（放送は、文書誹毀である）と比較せよ。*See also* Sorensen v. Wood, 123 Neb. 348, 355, 243 N. W. 82, 85 *appeal dismissed sub nom.* KFAB Boardcasting Co. v. Sorensen, 290 U. S. 599 (1932); Hartmann v. Winchell, 296 N. Y. 296, 300, 73 N. E. 2d 30, 31 (1947)（台本による放送は、文書誹毀である）。

（12）申込に対する承諾がテレックスでなされた場合、その承諾がいつどこで有効であるかという疑義が、同様の問題を提起した。テレックスが開発される以前に確立したルールのもとでは、郵便による承諾は、投函された時と場所で有効であるが、電話による承諾は、受信された時と場所で有効とされた。Entores Ld. v. Miles Far East Corp., [1955] 2 Q. B.

327では、被告の代理人がアムステルダムからイギリスにテレックスで承諾を送った。被告は、テレックスが手紙と同様に発信時に有効であり、したがって契約はイギリス国外で締結されたので、イギリス法による訴状は管轄外に送達できないと主張した。上訴裁判所は、テレックスによる承諾は、電話による承諾と同様に扱われなければならないと判示した。*Id*. at 334. *See also* Gill and Duffus Landauer Ltd. v. London Export Corp., [1982] 2 Lloyd's Rep. 627 (Q. B. Divi'l Ct. 1982); Brinkibon Ltd v. Stahag Stahl und Stahlwarenhandelsgesellschaft, [1982] 1 All E. R. 293 (H. L. 1982). *But See* Norse Petroleum A/S v. LVO Int'l, Inc., 389 A. 2d 771 (Del. Super. Ct. 1978); General Times Corp. v. Eye Encounter, Inc., 50 N. C. App. 467, 274 S. E. 2d 391 (1981)（テレックスで承諾を送ることは、拘束力のある義務を生じさせるために必要な最終的行為であり、契約はテレックスが送られた管轄で締結された。）

(13) この点は、六章の「類推による論証」において議論される。

(14) 例えば、婚姻許可状を発給する職員や陸運局職員などの政府職員が、一般の人々が提起する問題に常に決定を下す場合を考えよ。官僚慣行と不偏性の望ましさにもとづき、職員の決定は整合するものになることが期待されるであろう。それゆえ、その職員が以前にした決定は、類似の問題が再び生じる場合に重みをもつであろう。しかし、その職員は以前の決定に拘束されるとはふつう考えられないであろう。

(15) 第五章の議論と第六章の「先例を出発点とする論証」における議論を参照。

(16) Hamberger v. Eastman, 106 N. H. 107, 206 A. 2d 239 (1964).

(17) Rowland v. Christian, 69 Cal. 2d 108, 443 P. 2d 561, 70 Cal. Rptr. 97 (1968).

(18) *See* J. Coons, "Approaches to Court Imposed Compromise-The Uses of Doubt and Reason," 58 *Nw. U. L. Rev.* 750 (1964); M. A. Eisenberg, "Private Ordering through Negotiation: Dispute-Settlement and Rulemaking," 89 *Harv. L. Rev.* 637, 654-57(1976).

第三章　基礎原理

この章では、裁判所によって法が確立され、変更される態様を規律する四つの基礎原理を考察する。これらを、客観性（objectivity）、支持（support）、複製可能性（replicability）、応答性（responsiveness）の原理と呼ぶことにする。これらの原理は、裁判所の社会的機能に根ざしているのみならず、それ自体がそれらの社会的機能を反映する、構造と公正に関する考慮事項に根ざしている。基礎原理および、基礎原理のもとにある機能、構造、公正に関する考慮事項は、社会命題がコモンローの論証において重要な役割を担おうとするなら、充足しなければならない規準（第四章）を確定するための基礎を提供する。また基礎原理は、コモンローが充足すべき基準（第五章）とともに、コモンローの論証の基本様式を規律するより特化した制度原理（第六・七章）の基礎も提供する。

客観性

裁判所が検討しうる請求の種類が限定されているのとちょうど同じように、裁判所が請求に対して判決する態様もまた限定されている。争いを終結的に解決できる第三者の権能は、超自然力へのアクセス、カリスマ的属性、正義を見きわめる特殊な能力を具えたソロモンのような人物であるという評判、などの様々な基礎にもとづいて正統化されることがある。複雑で、非個人的で、公の宗教をもたない、われわれの社会のような社会では、裁判所は、その正統性の実質的な部分を他の源泉、すなわち、客観性から引き出す。

客観性の原理は、それと関係する観念をいくつかともなう。一つは、不偏性の概念である。これは、当事者との結びつきをもたないことを、裁判所に求めるものである。もう一つは、普遍性の概念である。これは、単に目下の争いの当事者のみならず、同様の状況におかれたすべての人にも適用可能なルールを確立し適用することによって、争いを解決することを裁判所に求めるものである。[1] したがって、客観性の原理のもとで、裁判所は、争いの当事者と同様の状況にあるすべての人に対して、将来にわたって適用する用意のあるルールを言明し適用することによって、論証すべきである。

支持

裁判所が確立し適用するルールは、普遍的という意味で客観的であるだけでは充分でない。これらのルールは、また、社会の一般的な基準や法制度の特殊な基準によって支持されているべきである。この点、裁判所は、このような支持のない法的ルールを採用しても差支えない立法部と異なる。

裁判所と立法部のこのような違いは、社会的機能、構造、公正に関する考慮事項に立脚する。

社会的機能の観点からすれば、裁判所は、社会ないし社会の法制度の既存基準にもとづく権利の請求から派生する争いを解決してもらうために、人が頼る権限のある機関である。それゆえ、裁判所が争いを解決する時に論証の出発点とすべきであるのは、そのような基準である。別言すると、裁判所が他のタイプの基準から論証することによって争いを解決するとすれば、社会のメンバーが、既存の基準にもとづく権利の請求を申し立てるために頼ることのできる機関がないことになるであろう。対照的に、立法部の第一義的機能は、未来を規律するためのルールを作ることであり、未来にとって最良の方策は、既存の基準を変更することであろう。

構造の観点からすれば、立法部は代表性のある機関ととらえられており、多様な訓練と経験をもった非常に多数のメンバーで構成されている。対照的に、裁判所は代表性のない機関ととらえられており、その義務には中心的伝統への忠誠が含まれ、比較的同質の訓練と経験をもった一握りのメンバーで構成されているのがふつうである。立法部は、選挙、ロビー活動、公聴会を通じて立法過程に参加する市民全体に直接応答する仕組みになっている。対照的に、裁判所は、事実の証明と理を尽くした弁論を通じて、裁判過程に参加する争いの当事者と、上訴趣意書や評釈その他の手段を通じて、裁判所と絶え間ない談論にたずさわる専門家に対してのみ直接応答する仕組みになっている。立法部は、自らの業績が問われる頻繁な選挙を通じて、また大衆メディアによる日々の監視を通じて、市民に対して絶えず責任を負わなければならない。他方、裁判所の責任は、意図的に制限されている。裁判官が再選のために立候補しても、それが実際的意味をもつことはめったにない。法の素人が、裁判官やその判決を批判した場合、人はふつうそれに対して眉をひそめる。裁判官は、大衆メディアによる日々の監視にさらされるどころか、判決について一般大衆が疑念を抱くようになっても、その判決を弁護することを潔しとしないのが通常である。代表性の概念、きわめて多様な訓練と経験、市民全体に対する継続的な応答性と責任、これらが相俟って、立法部のルールは、たとえ既存基準の実質的な逸脱を伴う時でさえ、正統性が与えられる。対照的に、代表性があるととらえられておらず、経験の土台が狭く、市民全体に対する責任と応答性を制限するような構造を意図的にもつ機関が、法的ルールを確立することに対しては、コモンローのルールを既存の基準に根づかせることが、必要な正統性の源泉を付加的に与えることになる。(2)

最後に、公正の観点からすれば、裁判所は、立法部よりもずっと高い度合で、遡及的にルールを適用することによって行動する。このことが今度は、遡及性のジレンマとでも呼べるものを生じさせる。すなわち、過去の取引に関する争いを解決するのに、その取引が生じた後に言明された法的ルールを適用することが、どうして公正でありえようか、という問題である。[3] 既存の基準から論証することを裁判所に求めれば、おそらくそれまでに公式には法的ルールとして認知されていなかった基準であるとはいえ、争いの当事者が取引の時点で知っていたか、知っていて然るべきであった基準に判決が根づくことが確実になるから、このジレンマは（除去されはしないけれども）緩和される。

複製可能性

法にもとづいて争いを解決し、計画を立案することを欲する私的行為者は、通常、弁護士に相談しなければならない。数多くの法的ルールが、裁判所の判決意見の中で確立される複雑な社会では、法は素人がたやすく確定できるものではない。したがって、私的行為者にとって法が重要となる圧倒的多数のケースにおいて、実際問題として、法を確定する機関は、裁判所ではなく、法の専門家である。これは、望ましいことである。なぜなら、私的行為者の弁護士が法を確定すれば、司法手続より安くつき、時間がかからず、険悪にならないのがほとんど常であるからである。また、まさに専門家集団のおかげで、比較的小さな裁判官団によるよりもずっと多くの法が、計画立案と争いの解決のために確定できるからである。

裁判官のみならず弁護士も法を確定できることが望ましいことを承認すれば、弁護士が司法の論証を複製できること、したがって、弁護士による複製が可能な論証過程を、裁判所が利用することが不可欠になる。法にもとづく計画立案と争いの解決は、法が今までどうであったかではなく、法が現在どうあるかを確定することに依存する。法の最終的判定者は依然として裁判所であるから、裁判所が複製可能な論証過程を使わないなら、専門家は、計画立案と争いの解決のさいに信頼できる法的助言を与えることができなくなり、法にもとづく計画立案と争いの解決は挫折するであろう。さらに、法にもとづく計画立案と争いの解決は、その性質上、複数の弁護士を伴う。それゆえ、専門家のすべてのメンバーが、同じように法の確定に努めることが可能であることが重要である。複製可能性の原理は、調整装置としての役目を果たし、この装置は、専門家の論証が流れることのできる水路を創り出す。この装置のおかげで、私的行為者が公的介入の必要なしに、単独または共同で、法にもとづいて計画を立案し争いを解決することができる。

また、裁判所が複製可能な論証過程を使えば、遡及のジレンマが緩和される。万一争いが生じた場合に、（「新しい」法的ルールを含めて）取引を規律するであろう法的ルールを取引に入る前に確定することが、私的行為者にとって一定限度で可能になるからである。裁判所は、複製可能な論証過程を使うことによって、たとえ取引の時点では、まだ法的ルールとしての公的認知がえられていなかったとしても、そのような認知がえられることをその時点で専門家が予測しえた命題にもとづいて、争いを解決することができる。

最後に、複製が可能であることによって、争いの当事者は、証明と理を尽くした弁論を通じて、裁判過程の積極的な参加者となることができる。判決に到達するさいに裁判所が傾聴するであろう証明と弁論の種類を当事者が知らない場合は、そのような参加は、困難あるいは不可能になるであろう。

複製可能性の原理の重要な側面は、裁判所が、ケースを横断して整合的な方法を用いることである。例えば、裁判所が、関連する社会命題を選択するために、あるケースではある一組の規準を用いて、別のケースではまったく異なる組み合せの規準を用いるとすれば、どのケースにおいてどの規準が使われるかを統制する明確な原理がないかぎり、司法の論証は複製不可能になるであろう。

複製可能性は、予見可能性という目的に資するものの、予見可能性を保証しない。司法の決定過程は種々の判断を伴い、どの二人の判断も異なることがあるから、完全な予見可能性は達成されえない。さらに、所与の領域における予見可能性の重要性は、それぞれの領域において、新しい条件に柔軟に対応する価値と対照して、計画立案の価値にどれほどの重みがおかれるかということと、私的行為者の公正な期待に応える価値と対照して、私的行為者の行動に道筋を与える価値にどれほどの重みがおかれるかに依存する部分がある。複製可能性の原理そのものからは、所与の領域において、これら時として衝突しあう価値にどれほどの重みが与えられるべきであるかは確定されない。

応答性

裁判理論について考える人々は、しばしば、孤立した行為者として裁判所に焦点をあてる。[4] 裁判所は、市民全体に直接に応答するような構造をしていないから、これはある程度理解できる。しかし、裁判所とそれより大きな社会の中間にあって、裁判所が構造上直接に応答する社会制度がある。法の専門家がそれである。裁判所は、専門家にしたがう義務を負っていないが、専門家が言わざるをえないことに応答する義務を負っている。この義務に必然的に伴うこととして、裁判所は、専門家の談論に耳を傾けて、その談論が納得できるものである場合に自らの見解を修正するか、もしくはなぜ納得できないかを示す充分な理由を与える用意がなければならない。[5] こうして応答性の原理は、欠くことのできないフィードバックのメカニズムの基礎としての役目を果たすとともに、司法に一定の責任を付与することによって、裁判所の正統性を高める。

裁判所が応答の義務を負っている談論は、そのほとんどが、二つの基本的な場裡で行われる。第一の場裡は、特定のケースである。ここでは、弁論趣意書や口頭弁論を通じて、また、想定しうる請求ないし抗弁を提起するか否かに関して弁護士が行う決定を通じて、専門家との談論が実現される。第二の場裡は、全体としての専門家のそれである。この相対的に広い場裡に人が入ってくるのは、特定のケースの終局判決が下された後である。主として、公表された判決意見に関する専門家の批判的評価を通じて、この場裡における談論が実現される。このような談論は、法律雑誌や論文やモノグラフでもっとも明白な形をとるが、姉妹裁判所の判決意見、司法会議における弁護士の講演、裁判官と弁護士の両方が出席する専門家組織の会合、法曹メンバー間の日常的な意見交換などの他の手段を通じてもなされる。そのような談論によって、先例の受けいれられ易さの程度と、先例の解釈の両方が大きく形づくられるとともに、先例で拠り所とされ、審理中のケースに関連する社会命題が、より大きな批判的視野の中におかれる。このことをはっきり言い表すと、形の上では司法の判決意見は、当事者に対して公表され、当事者はそれを受けいれなければならないが、実質上は、判決意見は専門家に対して公表されており、専門家は、それを造りなおそうと企てたり、拒絶したりすることがあるということである。

相対的に狭い場裡と相対的に広い場裡は、密接に結びついている。裁判所が、法に関するすべての文献に常に通じていることは期待できない。その代わりに、関連文献に裁判所の注意を促すのは、所与のケースにおける弁護士の役割である。

もちろん、ケースによっては、専門家のメンバー以外の人々が、新聞記事、本、社説などの公のフォーラムで、コモンローの判決意見を評価することがある。このタイプの信頼に足りる評価が、相対的に狭い場裡で裁判所の目にとまった時、とりわけその評価が従来の判決意見の中で用いられた社会命題に関する限りで、裁判所はそれにも応答すべきである。一般社会もまた、陪審を通じて非常に直接的なやり方で、裁判所と意志の疎通をはかる。現代の陪審が果たす機能の一つは、コミュニティ一般によって、どの社会命題が受けいれられているかに関する一つの解釈を、裁判所に示すことにある。

また、専門家と一般コミュニティは、立法部を通じてコモンローの発展に参画することができる。このとらえ方は、逆説的に見えるかもしれない。結局、立法部を考察の対象とする場合、コモンローのルールよりむしろ制定法上のルールが問題にされなければならない。しかし、実際問題として、立法部が、概してコモンローの手法による発展に委ねている領域に、矯正として部分的に介入することがよくある。この矯正的機能は、相対的に広い場裡における談論と連結しいている。コモンローのルールは不健全であるが、裁判所では実際上変更できないか迅速に変更できないと専門家が信じる場合、または、ある判決に対する広範な批判が専門家以外のところで表明されている場合に、立法部による矯正がもっとも生じやすい。それゆえ、立法部による矯正は、それ自体重要であるのみならず、裁判所が応答すべき批判を反映し代表しているという理由で、重要である。

（1） *See* Note, "Dworkin's 'Rights Thesis,'" *74 Mich. L. Rev.* 1167, 1194-99 (1976). コモンローのルールの目的上、当事者が同様の状況におかれていると言う場合、それが何を意味するかは、第六章の「先例を出発点とする論証」で議論する。客観性の原理に付随するもう一つの概念は、不偏性である。この概念は、第五章と第七章の「教義的安定の基準とコモンローの実世界モデル」で議論する。

（2） 立法者が既存の社会基準を指針とすることは、よくあるし、またそれが通常である。しかし、コモンロー裁判所とは異なり、立法者は、既存の基準を反映しないルールを採用したとしても、不適切な行動をとったということにはならない。

（3）純粋に将来に向かって適用されるルールの中にも、そのルール以前になされた投資や、進展途中の取引に影響力をもつものもあるから、立法は、遡及的と見なしうる効果をまったくもたないということにはならないかもしれない。*See* L. Kaplow, "An Economic Analysis of Legal Transition," 99 *Harv. L. Rev.* 509, 515-16 (1986); M. Graetz, "Legal Transitions: The Case of Retroactivity in Income Tax Revision," 126 *U. Pa. L. Rev.* 47 (1977). しかし、たとえそのような効果が生じるとしても、その効果は、完結した取引にもとづいて責任を課すルールの効果とは、非常に異なったものと見なされるのが通常である。

（4）重要な例外として、Burton, *An Introduction to Law and Legal Reasoning* (1985); A. Simpson, "The Common Law and Legal Theory," in *Oxford Essays in Jurisprudence* 77 (2d ser. A. Simpson ed. 1973) 参照。

（5）ハートは、『法の概念』において、「余儀なくさせられる」(being obliged) ということと、「義務を負っている」(being obligated) ということを区別している。ハートは、ある人がある行為を行うことを余儀なくさせられると言う場合、それは、その人がその行為を実際に行ったさいの信念や動機に関して述べたものにすぎないことを指摘した。したがって、例えば、人は、恐怖から武装強盗にお金を渡すことを余儀なくさせられたと信じるかもしれない。対照的に、ある人がある行為を行う義務を負っていると言う場合、それは、その行為がある規範によって求められているから、その人はその行為をすべきであるということをほのめかしている。H. L. A. Hart, *The Concept of Law* 80-84 (1961). この区別は、分析上有用であるが、「余儀なくさせられる」は、「義務を負っている」ということばと同一の意味で用いられうるし、また、実際上同一の意味で一般に用いられている。したがって、私は、この本の中でハート自身の理論に言及する場合を除いて、"*obliged*" ということばをそのように用いてきた〔この注以外の訳語は、「義務を負っている」〕。

第四章　社会命題

この章では、社会命題が、コモンローの論証において重要な役割を担おうとする場合、充足しなければならない規準について考察する。三つのタイプの社会命題が検討される。すなわち、道徳規範、政策、そして経験命題である。関連規準、およびその関連規準が充足されているか否かを確定するための方法論は、第二章で考察した裁判所の社会的機能と、第三章で考察した基礎原理の両方を反映する。

道徳規範

社会命題は、裁判の論証において様々なレベルで重要な役割を担うことがある。一方の極において、社会命題は、ケースの事実に対して確立した法的ルールを適用するさいに役割を果たしうる。対極において、社会命題は、まったく新しい法的ルールが確立されるさいに役割を果たしうる。これら二つの極の間で、社会命題は、より特化したルールを捻出することを通じて、確立した法的ルールを修正したり、比較的一般的なルールに実効性をもたせたりするなどの中間的過程に従事する。

道徳規範――行為が正しいか誤っているかを性格づける命題――は、社会命題が裁判論証において重要な役割を担う種々の方法を端的に例証する。ある種のケースでは、確立した法的ルールの中で、道徳が特に言及されているので、所与のケースの事実にそのルールを適用するために道徳規範が用いられなければならない。例えば、契約法における法的義務のルール（legal-duty rule）のもとでは、一定の例外はあるものの、交換取引における一方当事者の履行が、その取引以前にその当事者がすでに履行を契約している行為から成る場合、その交換取引は、強制できない。例外の一つとして、ある取引が、以前の契約がかわされた時点では予見されなかった事情に鑑みて、公正で衡平な契約の修正から成る場合は、その取引は、強制できる。[1] 同様に、過去に約束者が受けた恩恵に対して支払いをするという約束は、通常、その恩恵に対して補償すべきであるという道徳的義務がすでに存在していた場合のみ強制できる。[2]

他のケースでは、高い一般性をもつ法的ルールの完全な意味は、道徳規範を用いて、より特化したルールを形成することによってのみ解明できる。例えば、過去三〇年の間、契約が非良心的なものである場合、その契約は強制できないというルールが現れた。[3] 非良心性の概念は、公正にもとづくところが大きいから、この概念を解明するためには、道徳規範を計算に入れなければならない。[4]

さらに別のケースでは、道徳規範は、まったく新しい法的ルールが確立されるさいに重要な役割を担う。例えば、先に議論した三つのルール（既存の契約上の義務を履行する交換取引は、予見されなかった事情に鑑み公正で衡平な契約の修正から成る場合は、強制できるというルール、過去の恩恵に対して支払をするという約束は、補償すべきであるという道徳上の義務がすでに存在していた場合は、強制できるというルール、非良心性は、契約上の抗弁であるというルール）が、大部分、契約法を道徳と融和させておこうとする努力から現れ出たことに疑いはない。

道徳規範が、格別の重みをもってコモンローの論証の中で重要な役割を担うことは、驚くべきことではない。コモンローは、侵害と権利が絡み合った概念と深くかかわっており、何が侵害と権利を構成するかについて、われわれの認識を主に形成するのは、道徳である。概してコモンローの任務は、何が侵害や権利を構成するのかを確定することにあるのではなく、不法な侵害を生じさせているとコミュニティが見る行為が、コモンローによる救済のもととなる程度を、探求しつづけることにある。[5]

ここで問題が生じる。すなわち、道徳規範がコモンローの論証において重要な役割を担うとすれば、それはどのような規準を充足しなければならないか、という問題である。その答えは、コモンローのルールを確立し、適用し、変更することに道徳規範が関連する場合、裁判所は、社会道徳を用いるべきであるということである。私が、社会道徳ということばで意味するのは、コミュニティ全体に対する切実な願望に根ざしていると称され、かつ、適切な方法にもとづいて、コミュニティの実質的支持をえていると言って差支えない道徳基準であり、そのような支持を実際にえている規範、もしくは、そのような支持をえるように見える規範から派生しうる道徳基準のことである。[6]

この制度原理は、支持と複製可能性という基礎原理、および、これらの原理のもとにある機能、公正、構造に関する考慮事項にもとづいている。まず、法を確立するさいに道徳規範が関連するにもかかわらず、裁判所が社会道徳を用いることを求められないとすれば、社会のメンバーが、既存の社会基準にもとづいた権利を請求するために頼れる機関がなくなるであろう。さらに、裁判所がどのような構造をしているかを考えあわせると、司法が法的ルールを確立することが正統か否かは、裁判所が、自らが最良であると考える道徳基準を出発点とするのではなく、社会道徳を出発点とする論証過程を用いるか否かにかかっているところが大きい。また、裁判所に社会道徳を用いるように求めれば、おそらく公式には法的ルールとして認知されていなかった基準であったにせよ、争いの当事者が取引の時点で知っていたか、知っていて然るべきであった基準に判決が根づくことが確実になるから、遡及のジレンマは（除去されはしないけれども）緩和される。さらに、道徳規範と政策は、コモンローの全ケースの判決に関連するから、もし、裁判所が、自らが最良と考える規範や政策ならばどんなものでも自由に用いることができるとすれば、専門家は、規範と政策が関連するケースの裁判過程を複製することができなくなり、計画立案と争いの解決という目的のために、信頼できる形で法を確定することができなくなるであろう。社会道徳は、見きわめ可能な規準にもとづいているから、裁判所に対して社会道徳を拠り所とするように求める過程は、専門家による複製が可能である。また、それゆえ、この過程は、法的ルールの供給を豊かにする手助けとなり、計画立案と争いの解決を容易にする（異なった制度原理が、憲法、制定法、その他の成文法規にもとづく法領域に適用されることがある。そのような成文法規は、特定の道徳的価値を包含または包摂しているかもしれない。もしそうであるなら、たとえ、それらの道徳的価値が、判決の時点において、社会道徳の中で具体的な形をもっていないとしても、裁判所は、通常、その成文法規が関連するケースにおいて、それらの価値を説明しなければならない）。

裁判所は、社会道徳を確定するためにどのような源泉に目を向けるべきか。裁判所は、しばしば先例などの公式の源泉に目を向けることができ、おそらくそれが典型的であろう。多くのケースでは、関連する道徳規範は、これらの源泉の中で明示的に言明されているであろう。[7] この言明が、専門家の談論や、相対的に広い場裡の内にある他の場所で、大きな反対を喚起していなかった場合は、裁判所は、その規範が必要な社会的支持をえているとふつう仮定してもよい。他のケースとして、ある道徳規範が、これらの源泉に見いだされる教義をもっともよく説明するという根拠で、その道徳規範の存在を推定できることがある。ここでもまた、大きな反対がないのであれば、裁判所は、そのような教義説明的な規範が必要な支持をえているとふつう仮定してもよい。

しかしながら、公式の源泉が必ずしも信頼できるとは限らないし、また何が社会道徳を構成するかという問題について排他的でないことは確かである。公式の源泉が、必ずしも信頼できるとは限らないのは、それが現在の道徳というよりは、むしろ過去の道徳や教義や政策を反映しているからである。公式の源泉が排他的でないのは、何が社会道徳を構成するかという問いについて、公式の源泉の中で言明または反映されている規範は、解答ではなく、有力な手がかりにすぎないからである。したがって、裁判所は、非公式の源泉にも目を向けてよい。例えば、裁判所は、どの道徳的価値が、既存の社会構造と社会制度を正当化し、それゆえに市民が「すでに何らかの形でコミットしている」[8]価値であるかを確定しようと試みてもよい。あるいは、裁判所は、新聞や日常会話のような大衆的な源泉の中で、切実な願望であると断じられている道徳規範に目を向けてもよい。たとえ、そのような源泉の中に見いだされる道徳規範が、遍く実践されていなくても、裁判所は、それらの道徳規範を利用してもよい。全メンバーによって実践されている道徳規範はないし、所与の道徳規範をふつう実践しているコミュニティのメンバーでさえ、概してそれを常に実践するわけではない。重要であるのは、それに実効性がある（つまり、広い範囲で無視されているということはない）ことを条件として、それが規範であると断じられている規範である。なぜなら、それが道徳であると断じられており、かつ実効性のある道徳は、正しい行為についてのコミュニティの見解を体現しているからである。[9]これと呼応して、広く実践されているものであっても、切実な道徳的願望を反映していないのであれば、それは社会道徳の一部とならない。

公式あるいは非公式の源泉に由来する道徳規範が、充分に特化されないか、直接に適用できない場合、裁判官は、参加者兼観察者として、どの規範が必要な社会的支持をえそうであるかに関して自分自身の判断に頼ってもよい。[10]ただし、それは、自分の判断が、広く受けいれられるであろうと信じること——あるいは信じない理由がないこと——を条件とする。例えば、交換取引の一方当事者が、取引の子細を他方当事者がわきまえていないことに故意につけこめば、不公正であると広く認められるであろうと、裁判官が結論するとしよう。[11]たとえ、その種のつけこみが不公正であるとする道徳規範を明示的に表現したものが、公式あるいは非公式の源泉の中にほとんど見出されず、その規範が、既存の教義を説明し、既存の社会構造や制度を正当化することが示されないとしても、この場合、裁判官は、そのような社会道徳の規範があると結論しても差支えない。これと呼応して、社会の中で形成過程にある規範が、すぐに社会の実質的な支持をえるであろうと信じ、その信念が誤りであると判明した場合は、すぐに撤回する用意があるなら、裁判官がその規範を用いても差支えないケースがある。

最後に、裁判所は、必要な支持をえている他の規範を拡張することによって、社会道徳を確定することができる。拡張は、敷衍、展開、またはその他の方法によって進めることができる。ロールズから引用すると、「道徳哲学の目的の一つは、合意がまったく存在しないように見えるところに、合意の基礎となりうるものを探すことである。〔道徳哲学は〕既存のコンセンサスの範囲を拡張することを企図しなければならない。[12]」しばしば、そのような拡張は、特化した道徳判断から始めて、それらの判断をもっともよく総括し、支持し、説明する一般的な道徳原理を形成することによって進められる。あるいは、一般的な道徳原理から始めて、その原理と整合する特化した道徳判断を発展させることによって進められる。この手法は、整合法と呼ばれる時があるが、しばしば道徳の整合説と結びつけてとらえられる。道徳の整合説によれば、ある個人は、出発点としてその個人固有の道徳原理や道徳判断を用いて、正しい道徳に到達することが求められる。しかし、整合法は、他の人々と共有されている道徳原理や道徳判断に対しても、同程度にうまく使える。[13] 裁判所がこの方法を適用すべき道徳原理と道徳判断は、必要な社会的支持をえている道徳原理と道徳判断である。

一般に認められているように、ある道徳規範が必要な社会的支持をえているか否かは、実践上の問題として、確定できないのがふつうである。しかしながら、その確定は、通常検証不可能であるにしても、経験的な判断である。この経験的判断は、口頭弁論や弁論趣意書における弁護士との談論というチェック、複数の裁判官による法廷における裁判官どうしの談論というチェック、相対的に広い場裡における専門家その他の談論というチェックを受ける。裁判所の経験的判断が誤っているように見える場合、その誤りは、相対的に広い場裡における批判によって明るみに出され、裁判所は、その批判に応答する義務を負う。⑭

要するに、裁判所は、ある道徳規範が必要な社会的支持を現実にえているということを、経験的に立証する義務を負っているのではなく（裁判所にその能力はない）、その問題について判断するために適切な方法を用いる義務を負っている。実質上、裁判所は、適切な方法にもとづき、自らの最良の判断によれば、ある規範が必要な社会的支持をえていると提言し、その後で、その提言の有効性を、相対的に広い場裡における議論に対して開放する。それからこの場裡の談論によって、裁判所の判断が誤っていることが示されれば、裁判所は適切に応答する義務を負う。

道徳が関連するように見えるケースにおいて、社会道徳に関する二つの規範が衝突したとしよう。その種のケースにおいて、確立した法的ルールを維持すべきか、廃止すべきかが争われている場合、そのルールを維持するという解決のほうがふつうは好ましいであろう。第六章で論じる安定性という理由から、確立した法的ルールは、単に別のルールのほうがかろうじてやや魅力的であるという理由で、捨てられるべきでない。⑮確立したルールのもとにある道徳規範に対して、実質的な社会的支持と実質的な社会的反対の両方が存在する場合も、ふつう同じ結果が妥当すべきである。したがって、このような状況において新しい法的ルールを確立するように求められる場合、裁判所は、ここでもまた、通常はホームズにならうのが賢明であろう。

法は、思想の闘いで勝利をおさめ、それから行動に移された信念を具体化するのであるから、まだ疑いがある問は、反目しあう確信がまだ互いに闘いの前線を維持している間は、法のための時機は来ていない。勝利をおさめる運命をもった概念は、まだその地をえる権限を与えられていない[16]。

しかしながら、裁判所は、そのような場合でさえ道徳規範を用いてもよい。例えば、裁判所は、以下のような信念をもってもよい。すなわち、衝突する規範の一方が、他方よりも実質的に大きな重みをもつとコミュニティが見なしているという信念、一方の規範が勢いを増しているが、他方は衰微しているという信念、一方の規範が、他方より適用可能な政策に融和しており、法体系と整合しているという信念、一方の規範が、コミュニティの根本的な正義のとらえ方によりうまく結びつくという信念、である。同様に、比較的一般的な原理と、比較的特化した判断の間に衝突があり、そのそれぞれが、実質的な社会的支持をえているように見える場合、裁判所は、その二つが均衡するように、一般的な原理か特化した判断のいずれかを再定式化して、それらを融和させようと試みてもよい。

コモンローのルールを確立するさいに道徳規範が関連する場合に、裁判所は社会道徳のみを用いなければならないという要件があるからといって、コモンローのルールを確立するさいに、裁判所が先駆的役割を演じることができないというわけではない。裁判所は、社会道徳を同定し、明確にし、その道徳の裏付けとなる重みを付与し、その道徳基準がどのようなものであるかをコミュニティに思い起こさせることによって、先駆となりうる。裁判所は、より多くの支持をえているが衰微している規範と抵触するものの、しだいに優勢になりつつある道徳規範に、法的ルールをもとづかせることによって先駆となりうる。もっとも重要なことは、裁判所は、社会の支持を失った法的ルールを先例変更し、その代わりに、既存の社会基準にもとづいたルールを確立することによって、先駆となりうることである。コモンローの画期的ケースは、既存の社会基準を変えようとする裁判所の試みを伴っていたのではなく、法的ルールを既存の社会基準と融和させようとする裁判所の判決が伴っていた。

コモンローを発展させるさいに道徳規範を用いる場合、裁判所が用いるべき規範は、社会道徳の規範であるという制度原理に対して、二つの根本的な反論が可能である。その第一は、社会道徳が意味のある概念ではないというものである。このような反対をする人々は、ジョン・イーリーが、その著書『民主主義と不信』で行った慣習道徳の分析に言及する向きがある。イーリーの分析は、その実質的な部分において、以下の三つの主張に依拠する。（1）「コンセンサスあるいは慣習道徳は、〝そこにある〟何かであり、発見できるものであることが当然の前提とされている」が、現実にはコンセンサスは発見できない。（2）慣習道徳が存在するように見えるかぎりにおいて、それは、支配的グループの道徳のみを反映しそうである。（3）慣習道徳が何らかの意味をもつと主張する人に、説明を迫れば、「〝何人も自分自身の不正から利益をえるべきではない〟などといった陳腐な格言」か、あるいは、非常に抽象的で、ほとんどどんな解釈をも許容する道徳的意見の「〔いずれか〕を与えられるのが関の山であろう[17]」。

『民主主義と不信』は、裁判そのものに関するものではなく、憲法上の根拠にもとづいて、立法部の立法を無効にする司法権能に関するものである。したがって、イーリーの主張の主眼は、制定法に対する司法審査の基準として、慣習道徳が使用されるべきでないということにすぎない。実際、イーリーは、コモンローのケースを判決するさいに、慣習道徳に頼ることが理にかなう場合があることを、明示的に認めている[18]。しかしながら、この主張がなされ、それには、イーリー独特のものではなく、もし精密なものであるなら、イーリーの否認にもかかわらずコモンローの裁判に適用できるであろう。また、イーリーの分析は、非常に強力な攻撃であるため、社会道徳の概念が空虚であると論じる人々によって頻繁に援用されている[19]。したがって、この主張を検討してみよう。

第一の主張は、慣習道徳とコンセンサスを同一視することから始まる。ついで、道徳規範についてコンセンサスがなく、それゆえに、その含みとして、慣習道徳はないと主張する。一つには、「慣習道徳」と「コンセンサス」という二つの曖昧なことばが用いられているために、この主張は誤解を招きやすい。「慣習道徳」ということばは、狭くは、大衆的な源泉において、道徳規範であると断じられているものを指しうるし、より広くは、無数の水路から水が注ぎ込んでくる流れのようなものであり、私が社会道徳とよんだものを指しうる。イーリーの主張は、より狭いとらえ方に向けられているかぎりで、より広いとらえ方に必ずしも関係しない。議論を進めるために、イーリーの主張を、私が社会道徳と呼ぶものに向けられているかのように扱うことにする。「コンセンサス」ということばは、意見の全員一致か、大多数の同意のいずれかを意味する。[20] もし、イーリーが、コンセンサスということばで、全員一致を意味しているのであれば、彼の第一の主張は、正しいが、道徳に関して全員一致がないと主張するかぎりにおいて、大して意義をもたない。他方、イーリーが、コンセンサスということばで、意見に対する大多数の同意を意味しているのであれば、彼は、社会道徳の確定にあまりに限定的な基準を設けていることになる。また、その基準のもとでさえ、所与のケースにおいて、たいていの人が何を公正であると見なすであろうかについて、しばしば、われわれはかなりしっかりした感覚に到達しうるというありふれた経験と、彼の主張は相容れない。

イーリーの第二の主張は、もし社会道徳があるとすれば、それは支配的グループの道徳のみを反映しそうであるというものである。もし、この主張の意味するところが、コミュニティ一般を規律するコモンローのルールを形成するさいに、広い支持をえている規範が、ほとんど支持をえていない規範よりも優先されるというにすぎないのであれば、それは、必ずしも間違ったことではない。もちろん、階級、人種、宗教、職業などの要素によって画定されるグループが、一つのコミュニティの中で層をなしていることがある。どのような所与の争点についても、コミュニティ一般の中で実質的な支持をえている道徳規範とは異なる道徳規範をもつグループがあるものである。しかし、コミュニティが格別に多元的でないかぎり、そして規範がコミュニティ全体に対する切実な願望に根づいているとされるかぎり、そのような差異の存在が、コモンローのルールを形成するさいにコミュニティ一般の規範を用いることへの障害とならてはならない[21]。

イーリーの第三の主張は、社会道徳の存在を信じる人に、それが何を意味するのかと尋ねるとすれば、その人は、空虚な、あるいは非常に抽象的でどのような解釈をも容れる説明を思い付くのが関の山であろうというものである。ここでも、この主張は、経験と相容れない。「約束は、守られるべきである」とか「嘘をつくことは悪い」などの道徳規範は、空虚なわけでも、どんな解釈をも容れるわけでもない。さらに、この主張は、概念の定義と、その概念にあてはまるケースを混同している。体系学を専門にしていない人は、ある概念にあてはまるケースを容易に同定できても、その概念の満足な定義は与えられないことが多い。デイヴィッド・リチャードが指摘したように、「原理を定式化するだんになると、人は、通常人（reasonable person）に固有の現象を経験する。つまり、健全な道徳的確信と実際的な英知を具えながらも、自らの判断のもとにある原理を明確に述べようとすれば、混乱と当惑に陥ってしまう……。この場合、そのような原理を明確に述べるためには、特種な知的才能が求められる特種な理論的企図が必要とされることが多い[22]。」

コモンローを発展させるさいに、裁判所は社会道徳を用いるべきであるという原理に対する第二の反論は、法的ルールを確立するさいに道徳規範が関連する場合、裁判官は、たとえその規範が社会道徳の一部となっているとは信じていなくても、自らが個人的に正しいと信じる道徳規範を用いても差支えないというものである。どの裁判官であれ、その裁判官が、正しい行為と間違った行為に関してもつ私的確信のまとまりを、個人道徳と呼ぶことにする。例えば、ケント・グリーナワルトは、次のように論じている。

裁判官の確信が非常に強固で、取り沙汰されている争点が、大きな道徳的ないし社会的意義をもつ場合、たとえコミュニティのほとんどのメンバーがその確信に賛同しているとは考えていなくても、裁判官は、その確信にしたがってもよいと、私は考える。裁判官は、境界的なケースにおける法変革の担い手であり、ちょうど立法者と同様に、時としてコミュニティの見解に優先して、自分自身が強く抱いている見解を頼みとしてもよい㉓。

この種のアプローチは、最初に次の難点を提起する。このアプローチは、裁判官が、コミュニティの道徳的見解に優先して、自分自身の道徳的見解を頼みとしながら法を確立しても差支えないとするが、それはどんな場合であるかを確定するために示唆している原理が、その輪郭において非常に不明瞭であるということである。つまり、裁判官の確信は「非常に強固」でなければならず、ケースは「境界的」でなければならない、としている点である。おそらく、境界的なケースとは、確立した教義を適用するために、その教義の文言上、道徳規範を確定することが必要とされるケースではない。例えば、このアプローチを支持する人々は、次のようには主張しないであろう。すなわち、過去に受けた恩恵に対して支払いをするという約束は、それに対して補償すべきあるという道徳的義務がそれ以前に存在していた場合、強制しうるというルールに関して、このルールの適用の如何は、取引が、そのケースを判決する特定の裁判官の個人道徳に、たまたま符号したか否かによるべきである、と。おそらく、また、境界的なケースは、まったく新しい原理が確立されるさいに、道徳規範が重要な役割を担うケースでもない。例えば、プライバシーの権利という概念に対して、教義上の支持も、社会的支持もない場合に、裁判所が、自らの見解ではそのほうが社会はよりうまくやっていけるという根拠で、その種の権利が存在すると確定することは、確かに不相応なことであろう。

したがって、おそらく、この文脈において、境界的なケースとは、所与のケースに確立した教義を適用することと、まったく新しい教義を確立することとの間にあるもの、すなわち、確立した教義を修正することや、より特化したルールを捻出することによって、一般性の高いルールに実効性を与えることにかかわるケースである。次のような事実を想定してみよう。プライバシーの権利は、一般的な教義的原理として認知されてきたが、その意味あいは完全には解き明かされていない。素人やプロの写真家が、街頭、商店、空港その他の公的な場所で見かける人々の写真を日常的にとっている。しばしば、そのような写真は、ギャラリーで展示され、蒐集家に売られ、写真雑誌や本で公表される。このような場合、権利を放棄してもらうことは決してないし、異議は決して申し立てられない。コミュニティ一般が、この慣習はいかなる点においても不適当でないと見ていることは明瞭である。しかし、ある日、被写体となった人が、自分の写っている写真をギャラリーで見て、まさに異議を申し立て、自分のプライバシーの権利を侵害したとして写真家を訴える。裁判官は、コミュニティ一般の目からすれば、被告の行為に不適当なところはなかったという事実を受けいれる。しかし、裁判官の個人道徳によれば、写真家は間違った行動をとったことになる。裁判官は、他人の顔をその人の明示の同意なしに私的利益のために使うこと、あるいは、たいていの人々はばつが悪いとは見なさないであろうが、理由は何であれ、被写体となった人が、世間一般の目から隠して欲しいと思うかもしれない身振り、表情、状況を同意なしに公表することは、道徳的に不適当であると信じている。

確かに裁判官の道徳的見解には、人の心に訴える力があり、同じような気持の立法者が制定する法律の基礎となってもおかしくないであろう。しかしながら、このケースに裁判官の個人道徳を適用すれば（あるいは、個人道徳に関するいなかる規範をいかなるケースに適用しても)、それは、支持と複製可能性の原理と、あるいは、おそらくより的確に言うと、これらの原理が根づいている考慮事項と、抵触することになるであろう。裁判官は、考えぬいた後の直観、あるいは考えを伴わない直観、整合法、自明とされる第一原理の洗練ないし適用、道徳的伝統の受容、などの数多くの異なった手法を通して、自らの個人道徳にたどり着くことがある。裁判官が法を確立するさいに個人道徳を用いることが妥当であると考える人々は、どのような道徳規範を裁判官が抱いているにせよ、その規範の適用を受けいれる覚悟がなければならない。法的ルールを確立するさいに、裁判官が個人的に正しいと信じる道徳規範を用いても差支えない、というまさにその考え方から逸脱することなしに、裁判官の個人道徳の内容を制約することはできない。しかし、もし道徳規範が関連するケースにおいて、裁判官は、自分が抱いている道徳規範がどのようなものであれ、その規範を適用することによって自由に法を確立することができるとすると、既存の社会基準にもとづく権利請求を伴った争いを終局的に解決してもらうために社会のメンバーが頼ることのできる制度がなくなるであろう。さらに、前述の写真家のように、自分ないし弁護士が、支配的な社会的、法的ルールをできるかぎり確定し、そのすべてにしたがって行動したが、その振舞いが、裁判所の個人道徳に合致しなかった人は、責任を負わされるとすれば、公正に関する重大な問題が提起されるであろう。[24] 最後に、もし裁判官が、自らの個人道徳の適用を通じて法を自由に確立できるとすれば、専門家は、道徳規範が関連するケースにおいて裁判過程を複製することができず、したがって、計画立案と争いの解決のために信頼できる形で法を確定することができなくなるであろう。

裁判官の個人道徳を適用すべしという主張の根底には、誠実という観念——自らが個人的に正しいとは思わない道徳規範を用いることを、または自らが個人的に正しいと思う道徳規範を用いるのを差し控えることを、裁判官に求めるのはやや不適当であるという観念——がいくぶんあるように見うけられる。しかし、最近、ある明敏な裁判官が、類似の文脈で指摘したように、「裁判官の通常の仕事は、自らが必ずしも同意しているわけではない結果に到達するために、自らが理解したとおりに法を適用することである」[25]。裁判官が、コモンローのケースにおいて、社会道徳に関して負う道徳的義務は、憲法や制定法上のケースにおいて、憲法や制定法といった成文典拠に関して裁判官が負う道徳的義務に比肩しうる。裁判官は、憲法や制定法といった成文典拠が関連するケースにおいて、その成文典拠が個人的に良いと思っているか否かにかかわらず、それを忠実に用いる道徳的義務を負っているように、コモンローのルールを確立するのに道徳が関連する場合に、社会道徳の規範が個人的に良いと思っているか否かにかかわらず、その規範を忠実に用いる道徳的義務を負っている。この義務は、それ自体、社会道徳に、あるいは社会道徳のみに由来するのではない。その職務を受けいれ、それに留まることによって、裁判官は、職務上のルールを実施するたゆみのない責務を引き受ける。そして、社会的支持から独立した道徳的理由によって、そのような責務が義務を課すという結論が導かれる。さらに、これら職務上のルール――コモンローの制度原理――は、それ自体、社会道徳だけでなく、公正や社会福祉に関する独立の考慮事項によっても支持されている。

こうは言っても、裁判官が、自分自身の道徳的見解を適用することによってケースを判決することが、決して道徳的に正当化されないというわけではない。例えば、『倫理と法の支配』の中でデイヴィッド・ライオンズが使った次のような仮設を見てみよう。

ある法制度が、黒人に対して著しく差別的な法律を強制しているとしよう。この制度の安定性を確保しようとする一策として、白人は、自らの人種的優越性に対して公然と異を唱えるいかなる黒人に対しても、損害賠償を請求しうると、法律で定められている。この法律にもとづいて、特定の白人が、特定の黒人に対して損害賠償請求訴訟を提起し、その請求を支持するに足り、かつ法的に許容できる充分な証拠があるとしよう。法が求める判決は、この白人の請求を正当と認めて、黒人に対して、おぼしき侵害に対する補償を白人に支払うよう求めるものであるように見うけられる。最後に、この法律は、憲法上の根拠にもとづいて無効とされえないと仮定しよう。(26)

裁判官は、ある法的ルールを強制することが反道徳的であると自ら信じているという根拠で、その強制を拒絶しうる、このことを示すために筋立てられた実例ケースは、時代や場所が、われわれ時代や場所以外に設定されるのがほとんど常である。ライオンズの仮設も例外ではない。現在、われわれ自身の文化の中に、裁判官が自分自身の道徳的確信にもとづいて適用を拒絶しても差支えない法的ルールを同定できそうもないことから、コモンローの現実的運用において、この問題は差し迫ったものではなさそうなことがうかがえる。また、その種の実例ケースのほとんどは、ライオンズのものがそうであるように、遺伝学的に定義されたマイノリティーのグループを抑圧する目的で作られたルールを伴っていることが際立っている。この問題が、他の文脈においてどれほど先鋭なものになるかは、明らかでない。しかしながら、ライオンズの仮設には、心に強く訴えかけてくるものがあり、その強みに応じた取扱いがなされなければならない。

ライオンズは、彼の仮設の中で、問題になっている法律に対して、社会がどのような見解をもつかを明らかにしていない。社会が、この法律に好意的であると仮定しよう（もしそうでなかったら、このケースはそれほどおもしろくない）。ライオンズは、また、この法律が真に反道徳的であることに問題があるのか、裁判官がそれを真に反道徳的であると信じていることに問題があるのかを明らかにしていない。しかし、われわれが、裁判官の視野に立って、これらの問題を検証しないのでなければ、その検証はあまり有益ではないし、裁判官の視野に立ってのみ、ある法が真に反道徳的であるという裁判官の信念が、関連性をもちうる。

ライオンズは、先の引用より前の部分で次のように指摘する。

> たとえ公務員が、法に対する忠誠という一般的義務を負っているとしても、われわれは、それには道徳上の限界があることを想定できる。公務員が実施を求められる法律が、充分に反道徳的であるとすれば、その公務員に対して、その法律を固守するように求める議論で、道徳にかなうものはないであろう――たとえその公務員が、自らの解釈するとおり誠実にその法律を適用しようと試みたとしてもである。第三帝国下における心得違いの、あるいはナイーヴな公務員は、自らが施行するように求められることになる法律は、常軌を逸するほど反道徳的ではないであろうと最初から信じ、人々が、ユダヤ人であるという理由からガス室で皆殺しにされる適格性を具えているかを認定することを、その法律が求めていると判断するかもしれない。その公務員は、立派な良心をもって、その法律を自らが解釈するとおりに適用しようとしたかもしれないが、法律に対する忠誠から結果として彼に生じる義務が、ここまで及ぶと想定すべき理由を見いだせない。そのような義務には、道徳的限界がある。(27)

したがって、ライオンズは、これと類似の根拠に照らして、異を唱える黒人の仮設にでてくる裁判官も、法律の適用を拒否しうることをほのめかしている。また、おそらくライオンズなら、中絶が間違いなく殺人であると信じている州知事は、中絶を求める貧しい妊婦に資金を提供する制定法について、その実施義務を負わないと主張するであろう。また、同じ信念をもった裁判官は、州知事に対する作為命令を自由に拒否できると主張するであろう。たぶんそうであろう。しかし、そのような筋書きは、裁判官による法の確定に個人道徳が入り込むべきことを立証するものではない。それは、極端なケースにおいては、すべてがご破算になり、自らの職務を全うする裁判官の道徳的義務が、求められている行動の道徳的戦慄によって覆ることをせいぜい立証しているにすぎない。そのような極端なケースにおいては、ちょうどライオンズの仮設上の第三帝国の公務員が、自身の良心にしたがい、ユダヤ人が皆殺しにされる適格性を具えているか否かの認定を、法を差しおいて拒否しうるように、ライオンズの仮設上の裁判官は、人種の優越性に異を唱える黒人に対する損害賠償を、法を差しおいて否認するなどして、自身の良心にしたがっても道徳的に正当化されるであろう。[28] しかし、ちょうどライオンズの第三帝国の公務員が、その行為によって認定手続を変革しないであろうように、ライオンズの裁判官は、その行為によって黒人の異議に対する法律——曖昧なところがなく、合憲であり、社会の賛同をえていると仮定されている法律——を変革しないであろう。

また、非常に極端なケースのもつ問題を検討するさいには、そのようなケースが提起する、すこぶるセンセーショナルで意見の分かれる争点は、われわれの社会では、通常、立法部ないし憲法判決に割り振られることに留意しなければならない。すこぶるセンセーショナルで意見の分かれる争点は、立法部に委ねるにふさわしい。立法部は、市民一般の委任を受けており、その構成員が多様であるという利点があり、また、ロビー活動、マスコミ、デモンストレーション、公聴会、議場など、ぶつかり合う見解を可能なかぎり余すところなく表明できる場を設けているという利点があるからである。また、すこぶるセンセーショナルで意見の分かれる争点は、憲法判決に委ねるにふさわしい。船がセイレーンを通過する前に、オデュッセイが自分の体をマストに縛ったように、憲法は、大多数の人々がそう望んでいないかもしれない時期においても、コミュニティが、抜き差しならずかかわって堅持してきた価値を表現するからである。コモンローのケースを判決する裁判官の任務は、ふつう、もっと世俗的である。一つには、非常に極端なケースを取り扱うのにずっと適したフォーラムが代わりに利用できるからである。日常生活の問題を取り扱うことは、コモンローにとって通常は充分に冒険的なことなのである。

政策

政策は、ある事態が、一般的福祉への導きとなるか、それに逆行するかを性格づける。行為が正しいか間違っているかを性格づける道徳規範とは対照的に、政策は、ある事態が良いか悪いかを性格づける。[29]

道徳規範と同様に、政策は、裁判論証において様々なレベルで重要な役割を担う。確立した法的ルールが特に政策に言及しているので、所与のケースの事実にそのルールを適用するために、その政策を用いなければならないケースがある。例えば、過失のある行為によって侵害の原因となる人は、損害賠償責任を負うのが通常である。行為に過失があるか否かは、その行為に必然的に伴う危険の大きさが、その行為の促進する利益に付随する社会的価値より重みがあるか否かにかかっている部分がある。[30] 同様に、土地の使用と享受に対する他人の利益を不当に侵害する行為にたずさわる人は、生活妨害を犯している。土地の使用と享受を侵害する行為が不当か否かは、その行為が原因となった害悪の重大性が、その行為の主たる目的に付随する社会的価値より重みがあるか否かにかかっている部分がある。[31]

政策を用いて、より特化したルールを形づくることによってはじめて、比較的一般的な法的ルールの完全な意味を解明できるケースもある。例えば、交換取引の契約違反に対する損害賠償は、損害を受けた当事者の期待によって算定される、という一般的ルールがある。このルールの完全な意味は、損害の予見可能性や損失の軽減などの、より特化したルールを形づくることによって、解明されてきた部分がある。[32] 一般的なルールは、部分的に効率性の政策に根づいているから、これらの比較的特化したルールでは、効率性の政策が斟酌されてきた。[33]

さらに、まったく新しい法的ルールが確立されるさいに、政策が重要な役割を担うケースがある。例えば、契約法のルールの中に、次のようなルールがある。贈与約束（donative promise）——贈り物をする約束——は、相手方がそれを信頼して行動したのでなければ強制できないというルール、強制しうる約束をした人が、その約束の現実の履行を強いられるのは、損害賠償が救済として不充分である場合に限られるというルール、財産の譲渡に対する不合理な制限は無効であるというルール、申込の承諾は、通常、それが受け取られた時ではなく、発せられた時に有効となるというルール、である。これらのルールすべては、道徳規範ではなく政策にもとづいている。最初の三つのルールによれば、法は人に約束の履行を強制せず、また、四つめのルールが、いかなる道徳的命令からも派生しないことは確かである。[34]

特殊なグループの政策は、法的ルールの望ましい特徴を示す。これらの政策の中に、運用可能性（administrability）、情報不均衡（informational-asymmetry）、便宜主義的政策（opportunism policies）とでも呼べるものがある。

運用可能性に関する政策とは、法的ルールを適用できるか否かが、裁判所が信頼できる形で確定できない種類の情報に依存すべきでない、というものである。例えば、契約法における解釈の客観理論のもとでは、表現の意味は、送り手の主観的意図に依存するのではなく、受け手と同じ立場にある通常人がその表現に与えるであろう解釈に依存するのがふつうである。この理論は、運用可能性に関する政策に立脚する部分がある。[35]同じように、過失に対する責任は、いかに行動すべきかについて、行為者が知りうるかぎり適切に行動したか否かではなく、行為者の行動が、通常人の行為と一致したか否かに依存している。[36]また、権利や義務に関する事実述語Fは、直接の証明によって立証することが難しいが、その種の証明を容易に容れる代用事実SとFが対になっているのがふつうである場合、裁判所は、右の政策のもとで、たとえFとSが必ずしも常に対になっていなくても、Sが証明されれば責任が付帯する、というルールを打ち立てても差支えない。もっとも控え目な場合、この特徴をもつルールは、推定の形態をとる。しかし、それらは、しばしば実体法のルールの形態をとる。例えば、法的義務のルールは、交換取引の一方当事者の履行が、その当事者が履行することをすでに契約している行為から構成される場合は、その取引は強制できないとする。このルールは、そのような取引のほとんどは、非良心性のような独立した欠陥を被りやすいという根拠で、第二次契約法リステイトメントによって正当化された。[37]

これと密接に関係するのが、情報不均衡に関する政策である。これは、法的ルールを適用できるか否かが、一方当事者のみの手に委ねられるという特徴をもつ情報に依存すべきでないというものである。厳格製造物責任の教義のもとでは、製品の欠陥のために、その製品が並はずれて危険になっている場合、その製品供給者は、その欠陥が原因となった権利侵害に対して無過失責任を負う。この教義は、部分的にこの政策に立脚するように見える。供給者は、製造工程に関して比較的完全な情報をもっているのに対して、消費者は、ほとんどまったくもっていない。[38]この政策は、また、公共運送人（common carrier）が、その占有にかかる物品の毀損に対して、厳格責任を負うというルールを支持する。[39]そのような物品に対する事故は、荷送り人から遠く離れ、唯一の証人が運送人の従業員であるような場所で起ることが特徴的である。したがって、荷送り人にとって、損失が運送人の過失によるものであることを証明する情報をえるのが困難であるのが典型的である。[40]

便宜主義的政策とは、法的ルールが搾取的行為を助長すべきでないというものである。例えば、公務員が公職上の義務の範囲内にある行為を行うことに合意する契約は、たとえ、その公務員がその行為を行う法的義務を負っていない場合でも、その契約は強制できない。そのような契約が強制可能であるとすれば、市民は、公務員に心付けをするように圧力を受けるかもしれないし、公務員は、健全な裁量にしたがうのではなく、誰が心付けしたかにしたがって、自分の精力を配分するかもしれない。[41]

法的ルールの望ましい特徴を示す政策と密接に関係しているのは、道徳的な不正が、法的な不正として認識される条件にかかわる政策である。これらの中に、社会的重大性と私的自治に関する政策とでも呼べるようなものがある。

社会的重大性に関する政策とは、道徳的に不正な行為から責任が生じるのは、道徳的に不正な行為の結果が、それにまつわる社会的利益、もしくは、その行為から結果として生じそうな侵害のいずれかの観点から、公的な介入の社会的コストを正当化するのに充分な重要性を通常もっている場合に限る、というものである。例えば、相手方が信頼しなかった贈与約束は強制できないというルールは、次の前提に立脚する部分があるようである。つまり、約束を破ることはよくないが、贈与約束を強制しなくても、深刻な社会的影響はないであろうし、贈与を約束された人の期待を裏切っても、大して深刻な権利侵害とはならないという前提である。[42] 社会的重大性に関する政策の働きは、隠されていることが多い。その働きは、何が法的な不正を構成し、何が構成しないかに関するありふれているが語られざる推定の中に反映されているからである。例えば、おそらくたいていの弁護士は、列に割って入ることは、道徳的には悪いことであるけれども、それ自体法的な不正ではないと信じているであろう。社会的重大性に関する政策が黙示的に適用されているというのが、この信念の主な理由である。

私的自治に関する政策とは、道徳的に不正な行為を責任の基礎とすれば、社会的行為の親密な領域に公務員を不当に送り込むことになる場合、そのような行為を責任の基礎とすべきでないというものである。例えば、交換取引は強制できるというのが一般的なルールであるが、結婚という継続的営為における責任分配に関する交換取引について、例外がもうけられている。この例外は、私的自治に関する政策にもとづいている。[43] 同様に、相手方が信頼しなかった贈与約束は強制できないというルールは、贈り物をする間柄を個人的な信頼と信用に委ねるのが望ましいという前提に立脚する部分があるかもしれない㊹。

コモンローの論証において重要な役割を担おうとするなら、政策はどのような規準を充足すべきであろうか。コモンローのルールを確立し、適用し、変更するさいに道徳規範を用いることに妥当するのと同じ理由から、裁判所は、次の政策を用いるべきである。つまり、ある事態が、コミュニティ全体にとって有益であると性格づけると称する政策、適切な方法にもとづいて、コミュニティの実質的支持をえていると当然に言うことができる政策、もしくは、そのような支持をえている政策に由来する政策、または、そのような支持をえるように見える政策である（道徳規範の場合と同様に、憲法や制定法のような法典にもとづく法領域には、異なった原理が適用されてもよいかもしれない。そのような法典は、特定の政策価値を包含ないし包摂しているかもしれない。もしそうであるなら、たとえそれらの価値が、判決の時点において必要な社会的支持をえていないとしても、裁判所は、その法典が関連するケースにおいて、それらの価値について説明しなければならない）。

どの政策が必要な社会的支持をえているかを確定するさいに、裁判所が目を向けてもよい源泉は、どの道徳規範が必要な支持をえているか確定するさいに、裁判所が目を向けてもよい源泉と対応する。関連する政策は、公式の源泉に見いだされることが多く、おそらくそれが典型的であろう。時として政策は、公式の源泉の中で明示的に表明されてきた。例えば、取締役と役員の責任保険に関するニューヨーク州の制定法は、「会社経営のリスクを分散させることが、この州の公共政策である㊺」と宣言している。オクラホマ州のある制定法は、「採鉱による地盤擾乱を受けた土地の再生と保全のために備えをすることが、この州の政策である㊻」と宣言している。同様に、経営判断ルールのもとでは、会社の取締役は、過失のある経営判断の結果生じる損失について、その判断が然るべき調査によって誠実になされ、理にかなった根拠にもとづいていた場合は、責任を負わない。このルールを採用ないし適用する先例の中には、取締役の責任は、有能な人が取締役をつとめることを望まなくなるほど広範囲にわたるべきでないという政策的理由づけを明言しているものがある。[47] そのような政策表明が、専門家の談論その他において、実質的な反対を喚起しなかったとすれば、裁判所は、その政策が必要な社会的支持をえているとふつう推定してもよい。

他に、確立した教義が、ある政策の反映としてもっともよく説明がつくという根拠で、その政策が公式の源泉から推認できるケースがある。ここでもまた、実質的な反対がなければ、裁判所は、教義説明的な政策が必要な社会的支持をえているとふつう推定してよい。例えば、*Sherlock v. Stillwater Clinic*[48] というミネソタ州のケースでは、ある外科医が、精管切除が成功したと過って報告し、その結果、健康であるが望まれない子供が生まれた。その子供の誕生にかかった費用について、外科医が両親に責任を負うか否かが争点となった。裁判所は、外科医に責任があると判示するにさいして、ミネソタ州法によって、地方自治体による家族計画サーヴィスに補助金が支出され、また避妊器具の販売、流通、広告が合法化されていることから、家族計画を奨励する公共政策を推認して、この政策を拠り所とした。[49]

裁判所は、また、非公式の源泉にも目を向けてもよい。裁判所は、どのような政策が、既存の社会構造と社会制度を正当化するかを確定しようと試みてもよい。例えば、裁判所は、われわれの経済が資本主義にもとづいているから(他のすべての事柄が等しいなら)、通商が促進されるべきであるという政策に対する実質的な社会的支持があると結論してもよい。これと二者択一的に、裁判所は、ある事態が、大衆的な源泉において良いと性格づけられているか、悪いと性格づけられているかを確定しようと試みてもよい。あるいは、裁判所は、自身の判断が広く賛同をえられるであろうと信じていること――あるいはそう信じない理由がないこと――を条件に、どのような政策が実質的な社会的支持をえられるかについて自身の判断に頼ってもよい。道徳規範の場合と同様に、政策が必要な支持を本当にえているか否かはふつう確定できないのであるが、その確定は経験的なものであり、相対的に広い場裡における談論というチェックを受ける。その談論が、裁判所の行った確定が誤っていることを示唆するなら、裁判所はそれに適切に対応する義務を負う。

道徳規範と政策の間に一定の差異があるために、裁判所がある政策を斟酌しようとする場合、必要条件である支持に付け加えて、いくつかの規準を充足しなければならない。

最初に、道徳規範がふつう永続的であるのに対して、政策は、過度のインフレや高い失業率などの一時的、さらには束の間の条件に関係することがある。裁判所が作るルールは、耐久性をもつ——人が異なっても一般化可能であるのみならず、時をこえて一般化可能である——べきであり、それゆえ一時的なものに見える政策にもとづくべきではない[50]。

この規準は、他の規準に流入する。道徳規範は、普遍的なルールによって実施されることがほとんど常であるが、政策はその必要がないことが多い。客観性の基礎原理のもとでは、裁判所は、普遍的に適用されるルールを通じてのみ政策を実施しうる。立法部は、クライスラー・コーポレーションを倒産から救うことは、完全雇用という政策目的の達成に資するという根拠で、クライスラーを倒産から救うために特典を付与しても差支えない。しかし、裁判所は、倒産しかかったすべての会社に同じルールを進んで適用する気がなければ、一つの倒産しかかった会社に特典を付与するルールを作ることは当然にはできない。

ある政策が、コモンローによる裁判において重要な役割を担おうとする場合に、合致すべき規準は、もう一つある。それは、損害賠償を課し、差し止め命令による救済を認めるなどの、裁判所の権能の範囲内にある救済によって、その政策が然るべく実施できるということである。この規準は、道徳規範の場合はふつう関連しない。道徳規範の違反は、ふつう所与の個人に対する特殊な権利侵害を必然的に伴う。司法的救済は、ちょうどそのような権利侵害を救済するように仕立てられている。対照的に、ある政策を十全に実施するには、損害賠償や差し止め命令よりずっと多くのものが必要とされることがある——例えば、政府の補助金や課税、もしくは専門的技量をもった官僚機構の創設や財政、またはその両方が必要とされることがある。ある政策を司法的に実施することが難しいということは、その政策が司法判決の中で説得力をもって反映されないであろうことを単に意味しうるケースがある。しかし他方、ある政策のすべての側面が相互に依存しあっており、断片的な実施は望ましくないであろうという理由で、裁判所は、その政策のどの部分についても実施を差し控えるべき場合もある。例えば、団体交渉に関する立法が採用される以前に、団体交渉を促進する政策が、実質的な社会的支持をえていることが明白になったとしよう。にもかかわらず、裁判所は、この政策の完全な実施には官僚機構が必要であり、団体交渉の様々な要素——組織を作る、ないし組織作りに抵抗する自由で公正な能力、誠実な交渉、労働組合の自由で公正な選挙など——は、相互依存度が非常に高いので、その一つか二つを司法的に実現するより、全部を差し控えるほうがましであると結論するかもしれない。

最後に政策は、妥当性が当然問われるような経験命題に立脚することが、道徳規範よりも多い。したがって、裁判所が、政策が実質的な社会的支持をえているのは、関連する経験命題が正しく認識されていないからに他ならないと信じるケースが生じることがある。そのようなケースでは、裁判所は、その政策を用いなくても正当化されることがあるが、ただし、その問題について説明を加えた判決意見を公表した後に、自らの見解が相対的に広い場裡において拒絶された場合は、進んでその立場を覆すことを条件とする。

政策は、法的論証の中で、非常に広い範囲において重要な役割を担っているから、裁判所が用いる政策は、それ自体法であるという主張がもっともらしくなされることがある。デイヴィッド・ライオンズは、そのような見解を表している。

責任をもってケースを判決する司法の義務は、簡単なケースに終始するのではない。難しいケースに関する理論は、法的ルールが尽きた時に、責任をもってケースを判決するために何をしなければならないかを裁判官に教える。関連する政策は、法の外部から引き出されると仮定されているが、難しいケースに関する理論は、裁判所がその政策に訴える義務に拘束されることを示唆する。裁判所がその政策に訴える義務に拘束されるとすれば、それならその政策は、現在の目的にとって確立した法のルールと区別できない。すなわち、その政策は、難しいケースにおいて判決を導くために使われなければならない基準である。(51)

確かに政策は、拘束力をもつような態様で教義の形で明示的に採用されるケースがある。先に引用したニューヨークとオクラホマの州法は、制定法の例であり、経営判断ルールに関するケースがコモンローの例である。しかし、制定法などの法典に規定された政策や、裁判所によって比較的明示的に拘束力を与えられた政策を例外として、裁判所が用いた政策がそれ自体法であるという見解――道徳規範にも同様に拡張されるであろう見解――は、原材料を完成品と混同している。鉄鋼を作りたい冶金家は、鉄と炭で仕事をはじめるしかないが、鉄も炭も鉄鋼ではない。どの所与の法的ルールをとっても、それは、道徳規範、政策、経験命題、教義命題の相互作用を反映するものであるが、道徳規範や政策が一対一対応で法的ルールに変換されることはめったにない。例えば、交換取引の約束は強制しうるという法的ルールは、約束は守るべきであるという道徳規範を反映している。しかし、その道徳規範は、法的ルールではない。反対に、約束は、交換取引の一部となっているか、あるいは他の一定の独立した規準に合致しなければ、強制できないというのが法的ルールである。

さらに、裁判所の用いる政策や道徳規範がそれ自体法であるという制度原理があるとすれば、それは機能障害をおこすであろう。なぜなら、そのような制度原理の含意として、法的ルールの確立において重要な役割を担う社会命題は、それが用いられた時に必要な社会的支持を集めていなかった場合でも、あるいは、後にそのような支持を失った場合でも、拘束力をもったままになるからである。

政策が、道徳規範と同様に、コモンローの論証において重要な役割を担うべきであると言っても驚くに値しない。政策について考慮することは、法的ルールの供給を豊かにするという裁判所の機能の重要な要素である。裁判所が、社会的行為を規律する法的ルールを確立しようとするなら、それらのルールが物事の良い状態に資するのか、悪い状態に資するのかを考察することが望ましい[52]。さらに、道徳と政策の関係がそれ自体論争の的になっている。多くの人は、善悪の判断が、究極的に一般的福祉に関する考慮事項に依存していると信じており、この依存関係を否定する人々も、行為が正しいか間違っているかを判断するさいに、その行為が善に資するのか悪に資するのかが無関連でないことには同意するのがふつうである。

しかしながら、コモンローの論証に政策を用いることに対して、二つの相異なる反論が時としてなされる。その第一は、代表性のない機関が、政策の問題にかかわるのは適切でないという議論である。第二は、二当事者間の過去の取引から芽生えた争いを解決するのに、一般的福祉を計算に入れるのは、公正さを欠くという議論である。

ロナルド・ドォーキンは、「難しいケース[53]」という論文の中で、これらの議論を鮮明な形で扱っている。その中でドォーキンは、彼が権利テーゼと呼んでいるもの、つまり「民事のケースにおける司法判決は、その性格上、政策でなく原理によって生成されており、また生成されるべきである」[54]と主張している。主にこのテーゼの土台となっているのは、ドォーキンが司法の独自性に対する二つの反論と呼んでいるものであり、この二つは、民主主義を出発点とする主張と公正さを出発点とする主張と考えてよいであろう。

ドォーキンは、比較的単純な形で、民主主義を出発点とする主張をはじめる。

コミュニティは、大多数の人々によって選挙で選ばれ、それらの人々に対して責任を負う男女によって統治されるべきである。裁判官は、たいていの場合選挙によって選ばれないから、また実際には、立法者が責任を負うような形で選挙人に対して責任を負わないから、裁判官が法を作る時、この前提が危うくなるように見うけられる。[55]

この後ドォーキンは、この主張に精密さを加える。政策に関する決定を下すには、コミュニティ全体に分散する多様な要求の性質と切実さを比較することが必要とされる。そのような比較は、立法部が行うにふさわしいが、裁判官にはふさわしくない。[56]

この主張は、そのもっとも単純な形において、裁判官は大多数の人々によって選挙で選ばれず、それらの人々に責任を負わないから法を作るべきでないということになるが、これは最初から結論を先取りした主張の域をほとんどでない。社会制度一般の正統性、とりわけ公的な制度による法的ルールの確立の正統性は、その制度が、民主的で、選挙によって選ばれ、大多数に対して責任を負うという定義テストを充足するかどうかに依存する必要はない。その正統性は、有用性と社会の受容にもとづきうる。政策が斟酌された法的ルールの確立を含め、裁判所による法的ルールの確立は、後者のテストに合致しており、また同時に憲法によって裏付けられている。州の憲法は、立法組織と同様に司法組織も創設している。州の憲法の起草者達は、裁判所が法的ルールを確立し、そのさいに政策を用いることを認識していたにちがいない[57]。たとえ、起草者達が、裁判所は法的ルールを確立したり、そのさいに政策を用いたりすることはないというナイーヴな理解を固守していたとしても、その信念は、永続してわれわれの生きた憲法理解にたどりつかなかった。構造、機能、および公正を考慮すれば、裁判所は、立法部と異なり、社会的支持を必要程度えており、かつ他の特定の規準に合致する政策を用いても差支えないことが分かるが、裁判所が法的ルールを確立することや、そうするさいに政策を用いることを差し控えるべきであるということにはならないであろう[58]。

民主主義を出発点とする主張は、その精緻な形において、政策に関する決定には、多様な要求の性質と切実さを比較することが必要であるが、裁判官はその決定を行う資質を具えていない、ということになる。こちらの主張のほうが、より力がある。しかし、この議論を最大限に敷衍すると、それは、裁判所が政策を定式化しても差支えないか否かという問題と、裁判所が政策を定式化するなら、その政策はどのような規準に合致していなければならないかという問題をとり違えている。裁判所は、多様な要求の性質と切実さとを比較することによって、政策を定式化することを求められているのではなく、どの政策が社会的支持を必要程度えているかを確定することを求められている。なるほど、司法による衡量――競合する要求の衡量ではなく、競合する要求を反映する政策の衡量――が時として必要である。例えば、異なった政策が、それぞれ実質的な支持をえており、所与のケースにおいて互いに衝突することや、ある政策がある道徳規範と衝突することがある。しかし、衡量は、また、それぞれが実質的な社会的支持をえている、異なった道徳規範の間に衝突がある場合にも必要とされることがある。さらに、少なくとも政策と道徳規範との間の衝突に関するかぎり、裁判所の判決には指針があることが多い。例えば、ドナルド・レーガンは、「害悪を避けることは、福祉向上を促すことより重要であるという感が強い。とりわけ、たとえ利益の総量が害悪の総量を上回る場合でさえ、広範囲にわたって利益をもたらすために、少数の人々に対して、特にそれらの人々のみが対象となる重大な害悪を甘受することを求めるのは不公正であるという感が強い」[59]ことを指摘している。したがって、道徳規範の違反の結果生じる特殊な害悪を甘受しないほうが好ましいとする立場は、政策の遂行を通して、一般化された利益を生産するほうが好ましいとする、対立する立場に優先して、通常、重きをおかれるべきである。[60]

もちろん、前者のほうが好ましいとする立場は、必ずしも常に後者に対する切り札となるわけではない。すこぶる関連性の強い政策は、関連性の希薄な道徳規範より重きをなすかもしれない。さらに、政策の中には、特定の個別化された害悪に対処して法的保護を与えれば、よりいっそう個別化された害悪につながりかねない、という考え方にもとづいているものがある。そして、個別化された害悪という考え方は、法的争点を解決するにさいして取り立てて論じられないというのが、しばしば実情である。例えば、申込の承諾は、発信時に有効か、受信時に有効かという争点がそうである。それゆえ、互いに衝突し合う政策と道徳規範の衡量が、裁判所の判断に委ねられなければならないケースが最終的にでてくるであろう。しかし、裁判所がこのタイプの衡量をする能力をもっていないという証拠はない。裁判所は、それを日々行っており、また数百年もの間それを行ってきた。判決を下す過程は、判断を伴わずにはすまされない。[61]

ドォーキンの公正さを出発点とする主張は、民主主義を出発点とする主張と同様に、最初は比較的単純な形でなされる。すなわち「裁判官が新しい法を作って審理中のケースに遡及適用すれば、敗訴する当事者は、自らが負っていた義務に違反したからではなく、事後に創られた新しい義務に違反したという理由で、罰せられることになるであろう」[62]。この後議論は、精密さを加える。すなわち、AがBに対して損害を回復してもらう権利をもっていないとすれば、裁判官は、単にそうすれば一般的福祉が全体として促進されるであろうという根拠にもとづいて、Bに対して責任を課すことは正当ではありえない、と。[63] これらの主張にも思い違いがある。コモンローの論証に政策を用いることは、実体的根拠と手続的根拠の両方について公正である。

実体的には、必要な社会的支持をえている政策を反映するルールとは、一般的福祉を最大化すると社会の実質的部分が信じるルールである。社会のすべてのメンバーは、その社会の法的ルールが、この目的への導きとなることを望んで然るべきであり、また他の人々がそれに合わせて行動することを期待して然るべきである。社会のメンバーが、そのようなルールの負担を避けつつその恩恵にあずかることを期待するとすれば、それは公正ではないであろう。それゆえ、公正な心をもった社会のメンバーなら、何が妥当なふるまいを構成するかを確定するにさいして、また自分のケースに適用されるルールを含め、裁判所が確立するルールの内容がどうあるべきかを確定するにさいして、政策が関連性を有することを認めるべきである。[64]

新しい法を作り、それを遡及的に適用することは公正でないから、裁判の中で政策が用いられるべきでないという手続的主張[65]もまた失当である。第六章で、コモンローの判決において用いられるほとんどのルールも新しいことを示すつもりであるが、それは、すべてのケースにおいて、裁判所は、関連する教義命題を適用するか、拡張するか、再定式化するか、根本的に再構築するか、を選択しなければならないという意味である。裁判所が複製可能な過程をたどっているかぎり、このコモンローの特質は不公正ではない。社会のすべてのメンバーは、社会の法的ルールが政策を反映することを承知して然るべきであり、また、ある政策が必要な社会的支持をえていることを承知して然るべきであるから、政策もその政策を反映する司法行為も、不公正な不意打を伴うことは通常ない。

さらに、ドォーキンの公正さを出発点とする主張の手続的側面には変則があり、それは権利テーゼの中では隠れていたが、彼のより最近の著作の中で明示された。ドォーキンの現在の主張によれば、裁判官は、これまでの制度的判決との適合性という入口のテストを充足するのはどのルールであるかを確定し、その後で、それらのルールの中から、自分自身の道徳的政治的確信にもとづいて最良であると考えるルールを選択することによって、各ケースを判決すべきであるとする。[66] しかし、実質的な社会的支持をえている政策の適用が、異議が唱えられるほど遡及的でありながら、裁判官の個人的確信がそうでないということはありえない。[67]

要点を繰りかえすと、コモンローのルールを確立するさいに、実質的な社会的支持をえている政策を用いることは、実体的根拠と手続的根拠の両方について公正である。実体的には、当事者自身が、他の裁判所が作り政策が勘案されたルールから恩恵を受け、法がそのような政策を反映することを期待し、他の人々がそれに合わせて行動することを期待する場合に、特定の事態がコミュニティ全体にとって良いか悪いかを性格づける政策を斟酌することによって、裁判所が争いを解決することは公正である。手続的には、裁判所は政策を斟酌すべしという確立した制度原理があり、政策が必要な社会的支持をえており、政策が斟酌される過程が専門化によって複製可能である場合、裁判所が政策を斟酌することは公正である。

経験命題

経験命題とは、この世の中が機能している在りように関する命題である。そのような命題の一類として主たるものは、社会の下位集団がしたがっている行為の規則的なパターンを描きだす。この類の命題を慣習と呼ぶことにする。慣習が人間行為にかかわる命題であるかぎり、慣習は法的ルールと道徳規範に類似している。教義と規範は人々が行動すべき態様を指図する傾向があるが、それらと異なり、慣習それ自体は、人々の現実の行動がいかに行われるかのみを描きだす。しかし、いかに行動すべきであるかについて人々がもっている考えを実証するという理由で、また慣習が採用されれば、それが引き続き実践されるであろうという期待がしばしば生成されるという理由で、また、事実の規範力という巧みな呼称で呼ばれてきたもののために、慣習の中には指図的様相を帯びるものがある。

他の社会命題と同様に、慣習は、裁判において様々なレベルで重要な役割を担う。確立した法的ルールが、慣習を参照すべきことを特に定めているケースがある。例えば、契約法と商取引法のもとでは、取引やコミュニティの関連慣習が、たとえ契約当事者の一方がその慣習に気づいていない場合でも、排除されないかぎり法により契約内容として黙示される[68]。

他に、比較的一般的な法的ルールの完全な意味が、慣習を用いることによってはじめて解明できるケースがある。このことは、例えば、産業界や専門職の行為の中で、過失を構成するものが何であるかを確定する場合にしばしば妥当する。通常、産業界や専門職のメンバーは、可能なかぎりあらゆる予防措置を講じることを法によって求められない。むしろ、過失原理の内容は、予防措置の利益とコストの間でバランスをとることによって確定される。そのような文脈において慣習が存在すれば、それは行為の最低ルールを設定する助けとなる。はじめにコストを負担する人々が、利益はコストに見合うと確定したことが、慣習の存在によって実証されるからである[69]。ほとんどのタグボートが、レーダーを備えているなら、レーダーを装備していないタグボートの所有者は、相応の注意を怠ったと結論することは合理的である。ほとんどの外科医が、手術研修を経験しなければ手術を行わないのであれば、手術を行う一般開業医は相応の注意を怠ったと結論することは妥当である。ほとんどの会社取締役が、四半期財務報告書を注意深く点検するなら、そうしない取締役は相応の注意を怠ったと結論することは妥当である。同様に、取引や専門職のある一角は、非常に難解ないし技術的なことがあり、慣習を参照することなしに、所与の行為に過失があるか否かを決めることは不可能に近い——例えば、建物が耐えうるべき風の量を計算するさいに、どんな安全要因が用いられるべきか、様々な外科的処置にどんな種類の縫合が用いられるべきであるか、などである。

さらに、慣習は、まったく新しい法的ルールを確立するさいに重要な役割を担うケースがある。事実、一八〇〇年代にカリフォルニア州の裁判所は、何が有効な採掘権を構成するかを確定するさいに、採鉱業者の慣習を法のルールとして採用した。[70] 同様に、裁判所は、捕鯨者が自分の銛を打ち込んだ鯨に対する所有権をいつ獲得するかを確定するさいに、捕鯨者の慣習を法のルールとして採用した。[71]

慣習は、裁判で役割を果たす経験命題のほんの一断片を説明するにすぎない。例えば、物理学や生物学の法則は、すべて経験命題である。つまり、そのすべてがこの世界が機能する態様にかかわっている。また、鉄道列車は、トラックと異なり、荷受人の玄関先まで走って行くことはできない、という命題などの物理的関係の記述もそうである。[72] 裁判のために、もっとも重要なタイプの経験命題は、心理学や社会学の命題であることに疑いはない。もっと特定して言うと、刺激や抑止や制度設計に対する個人およびグループの反応と、情報を処理する個人およびグループの能力を、記述し、予言し、説明する命題である。このタイプの経験命題は、一方の政策（それより程度は劣るが道徳規範）と、他方の法的ルールとを媒介することを主な機能とするが、それが裁判論証においてもつ重要性は、いくら強調してもしすぎることはない。一般的に言うと、経験命題を媒介としてはじめて政策を実施することができる。そして、政策にもとづいた法的ルールの健全さは、政策それ自体の有効性と同程度に、政策を媒介する心理学や社会学の命題の有効性に立脚することが多い。

このことは、経営判断ルールや約因の相当性は審査しないというルールによって例証できる。経営判断ルールのもとでは、通常人ならしなかったであろう決定であるという意味において、過失があった経営判断の結果生じる損失について、その判断が、然るべき調査にもとづき誠実になされ、理にかなった根拠にもとづいていた場合は、会社の取締役は責任を負わない。[73] このルールは、その実質的部分について政策命題に立脚する。その政策の一つは、有能な人に取締役をつとめることを思いとどまらせることは望ましくないということである。[74] この政策は、二つの心理命題の媒介があってはじめて経営判断ルールを支持する。その第一は、取締役に通常の過失責任を負わせれば、進んで取締役のつとめを果たそうとする気持に対して、相当の抑止効果をもつであろうというものである。この命題には、比較的争いがないように見えるが、これは経験の問題であり、論理の問題ではない（例えば、通常の過失責任を自動車の運転者に負わせれば、進んで自動車を運転しようという気持に対して、相当な抑止効果をもつようには見えない）。第二は、取締役をつとめることに金銭的、非金銭的誘因があるにもかかわらず、また、会社は、責任保険を購入することを通じて、責任の抑止的効果を制限することができるにもかかわらず、通常の過失責任を負わせれば、相当な抑止効果にとどまらず、実質的な抑止効果をもつであろうということである。これは、より大きな論議をよびそうな潜在性をもつ命題であり、この命題が正しい場合のみ、有能な人に取締役をつとめることを思いとどまらせるべきでないという命題が、経営判断ルールを支持する。

経営判断ルールがもとづいている二つめの政策は、取締役にリスクを伴う決定をすることを思いとどまらせるべきでないというものである。[75] 通常過失の体制のもとで取締役の決定を審査すれば、結果として、そのような抑止が生じるであろうという心理命題の媒介があってはじめて、この政策は経営判断ルールを支持する。

経営判断ルールのもう一つの基礎は、運用可能性に関する政策の適用である。すなわち、ある経営上の決定が、リスクが感知できるものでなかったから破綻したのか、あるいは感知できるリスクであったにもかかわらず破綻したのかを、信頼できる形で確定することが、事実認定者にとってあまりに難しいということである。[76]概して事実認定者には、この確定をする能力がないという心理命題の媒介があってはじめて、この政策は経営判断ルールを支持する。この命題は正しいかもしれないが、反駁できないものではないし、正しくなければ経営判断ルールを支持しないであろう。

同様の分析が、約因の相当性を審査しないというルール、すなわち、交換取引は、取引された交換の公正さを審査されることなく、その約定にしたがって強制されるというルール、にもあてはまる。[77]このルールもまた政策に立脚する部分がある。その政策の一つは、行為者が契約を締結し、それにもとづいて計画を立てようという気持に不当に水をささないように、契約関係の安全が確保されなければならないというものである。[78]事実認定者が公正さをどうとらえるかにしたがって、後に裁判所が契約の約定を修正するかもしれないと行為者が信じた場合、契約を締結し、それにもとづいて計画を立てようという行為者の気持に不当に水をさすことになるであろうという心理命題の媒介があってはじめて、この政策はこのルールを支持する。

約因の相当性が審査されないというルールの二つめの基礎は、運用可能性に関する政策の適用である。すなわち、契約による交換の公正さを信頼できる形で確定することが、事実認定者にとってあまりに難しいということである。[79]経営判断ルールと同様に、概して事実認定者には、この確定をする能力がないという心理命題の媒介があってはじめて、この政策はこの原理を支持する。

道徳および政策に関する命題と同様に、裁判において重要な役割を担う経験命題には、必要程度の支持があるべきである。しかし、道徳と政策に関する命題と異なり、経験命題は、コミュニティ一般における支持を必要としない。多くの、あるいはほとんどの経験命題は、コミュニティ一般が精通していることがめったにないような比較的技術的な問題か、ある程度の専門知識が要請される比較的特殊な問題のいずれかにかかわる。それゆえ、コミュニティは、そのような命題の正確さに関する決定を、談論のチェックを受けることを条件として、裁判所の判断に委ねることを望むのが通常であると推定して差支えない。したがって、そのような命題は、情報にもとづく意見の重みによって支持されるべきである（あるいは、裁判所が支持されるであろうと信じる命題であるべきである）。情報にもとづく意見には、社会科学の成果にもとづくものと、事実認定者の能力などの、自らが専門家である事柄に関する裁判所自身のものが含まれる。[80] 情報にもとづく意見の重みは、それぞれの陣営についている人の数ではなく、説得力と権威の機能である。裁判所は、真偽のほどが専門家の間で激しく争われている経験命題にもとづいて、法的ルールを確立または変更することには注意を払わなければならないが、究極的には、裁判所自身が説得力と権威の重みがどこにあるかを確定しなければならない。

この点に関して、コミュニティが裁判所に対してとる立場のたとえとして、数多くの企業を所有するOという女性が、各企業の経営担当者に対してとる立場を考察しよう。Oは、ビジネス上の行為に関する特定の道徳規範と政策を信奉している。例えば、彼女は、道徳規範として、ビジネスは法の制約の充分内側で行われるべきであると考えており、また従業員の決定過程への参加を促進する政策をかかげている。Oは、経営担当者達に、彼らが信奉している道徳規範や政策ではなく、自分が信奉している道徳規範と政策にしたがって欲しいと思っている。しかし、彼女は、自分の道徳規範と政策を実施するのに必要な経験命題の確定を、それぞれの経営担当者の判断に委ねることが自分の利益にもっとも資すると信じている。例えば、従業員の参加に関する彼女の政策の枠組内において、各企業の労働者の態度や動機などの問題に関する経営担当者の確定に依存しながら、経営担当者が、自らの企業はどの特定の就業ルールを採用するかを決定すべきであると信じている。Oがそのような問題の確定を経営担当者の判断に委ねるのは、一つには、その問題には彼女が精通していない専門的問題が含まれていそうであるからであり、また関連する問題について、各々がただ一つの企業を専門とするどの一人の経営担当者より、彼女のもっている情報のほうが少ないのがふつうであると彼女が信じているからである。

経験命題に関してコミュニティが裁判所に対してとる立場は、経営担当者に対するOの立場に相当する。コミュニティに広く行き渡っている道徳規範と政策を、法によってもっとも実効的に実施することは、その実施に必要な経験命題の確定を裁判所の判断に委ねることによって達成できそうである。多くの経験命題は、比較的技術的であり、ほとんどは特殊で、変化する情報に依存する。裁判所は、弁護人の説明を受けており、コミュニティ一般よりも、時宜をえた関連情報を自由に利用できそうであり、また、刺激、抑止、制度設計に対する個人とグループの反応や、個人とグループの情報処理能力などの問題について、より精通していそうである。それゆえ、コミュニティに広く行き渡っている道徳規範と政策を、コモンローによる裁判において実施するという目的を所与とすれば、コミュニティは、社会的基準と法的ルールを媒介するのに必要な経験命題の確定を、裁判所に委ねていると通常見なされるべきである。

経験命題への支持に関する裁判所の判断は、道徳規範と政策への支持に関する裁判所の判断と同様に、談論のチェックを受ける。裁判所が誤った経験命題を頼りとする構えを見せた場合、弁護人がこれを糺しそうである。にもかかわらず、もし裁判所がそのような命題にもとづいた判決に到達するとすれば、その論証と判決は、その判決意見が公表された後に、より大きな場裡で拒絶されそうである。裁判所は、それに適宜に対応する義務を負う。

（1） *See* Angel v. Murray, 113 R. I. 482, 322 A. 2d 630 (1974); *Restatement (Second) of Contracts* § 89 (a) (1979).
リステイトメントは、アメリカ法律協会によって準備された。リステイトメントには、裁判所がしたがうであろうと協会が見るルールが述べられている。重点をおいて考慮するのが適当であると、裁判所が見なすであろう事項すべてに重点がおかれている。

（2） *See* Webb v. McGowin, 27 Ala. App. 82, 168 So. 196 (1935); *Restatement (Second) of Contracts* § 86 (1979); M. A. Eisenberg, "The Principles of Consideration," 67 *Cornell L. Rev.* 640, 663-64 (1982).

（3） *See, e.g.,* Williams v. Walker-Thomas Furniture Co., 350 F. 2d 445 (D. C. Cir. 1965).

（4） *See* M. A. Eisenberg, "The Bargain Principle and Its Limits," 95 *Harv. L. Rev.* 741 (1982) (hereafter Eisenberg, "The Bargain Principle").

（5） *Cf.* J. Raz, "Legal Rights," 4 *Oxford J. Legal Stud.* 1 (1984).

（6） *See* H. Wellington, "Common Law Rules and Constitutional Double Standards: Some Notes on Adjudication," 83 *Yale L. J.* 221, 244 (1973) (hereafter Wellington, "Common Law Rules and Constitutional Double Standards"). 以下いくつかの点を補足する。

(i) 理論上は、この目的にとって関連のあるコミュニティは、ある取引を規律する法をもつ管轄（通常は州）である。実際上は、道徳規範はあまり局所的ではなく、取引を規律する管轄の規範が特殊であると信じる理由がなければ、裁判所は、概して、もっと広い地域的、全国的コミュニティに目を向ける。

(ii) ある種重要なセグメントに属す人々の支持をえている価値と意見のみにもとづいて、裁判官が行動すべきであることは、ほとんどの国で一般原理として受けとめられているが、裁判所の価値観とイデオロギーをコントロールする主要な装置は、制度原理ではなく、裁判官を任命、選出する方法であると、ジョゼフ・ラズは主張する。Raz, "Legal Principles and the Limits of Law," 81 *Yale L. J.* 823, 849 & n. 47 (1972). これは誠に重要な装置であるが、充分な装置ではなく、制度原理の必要を排しない。裁判官になる見込みのある人は、その人のもつ価値観とイデオロギーについて問い質されないのが通常であるし、いずれにせよ、多くの裁判官は、時とともに疑いなく自分の価値観とイデオロギーを変更する。

(iii) 裁判所が、コモンローのルールを確立するさいに道徳規範を用いる場合は、実質的な社会的支持をえている規範を用いなければならないという原理があるからと言って、実質的な社会的支持をえるであろうと信じる、あるいは人々の意思をもっともよく代表するであろうと信じる法的ルールを確立する義務を、コモンロー裁判所が負っていることにはならない。コモンローのルールは、道徳規範、政策、経験命題、教義命題の相互作用によって確定される。実質的な社会的支持の要件は、規範と政策には当てはまるが、経験命題や（非常に間接的な場合を除いて）教義命題には当てはまらない。この章の「経験命題」における議論と、全般的には第六章を参照。さらに、道徳規範、政策、経験命題、教義命題は、どの所与のケースにおいても、互いに、あるいはそれぞれ自体の内部でさえ衝突しあうことが多い。衝突しあう要素をもっともよく調和させるルールを捻出するにあたり、裁判所は、次のような事項について自分自身の判断力を行使しなければならない。所与のケースにおいて各要素がもつ関連性と重要性、各要素が必要な支持をえていることを裁判所が確信している程度、各要素がより広範な社会的法的価値と結びついている程度、衝突しあう要素を単一のルールの中で調和しうる程度、先例拘束性の原理のもとで教義命題におかれた重み。最後の争点については、第五章と、第六章の「先例を出発点とする論証」における議論を参照。

(iv) ある教義の適用が、その教義の文言上、一方当事者の個人道徳に部分的に依存しうるケースがある。このことは、例えば、当事者が誠実に行動したか否かに依拠する教義に当てはまるかもしれない。

（7）道徳に関する特定の種類の争点——例えば、受認者の義務——にもっともはっきりと向き合い、これを解明しているのは、判例集に掲載されたケースと専門家の著作であることが多い。

（8）*See* J. Bell, *Policy Arguments in Judicial Decisions* 190 (1983).

（9）*See* J. Raz, *The Authority of Law* 85-90 (1979).

（10）この過程で自意識過剰になる必要はない。このような場合、裁判官は、参加者兼観察者として、そうでないと信じる理由のないかぎり、自分自身の道徳判断が広く受けいれられるであろうとふつう想定してもよい。*See* K. Greenawalt, "Policy, Rights, and Judicial Decision," 11 *Ga. L. Rev.* 991, 1052-53 (1977). 裁判官がそうでないと信じる理由をもちうるのは、自分の見解が風変りであると承知している場合、あるいは相対的に狭い場裡や相対的に広い場裡における談論がそう示唆する場合である。

（11）*See* Eisenberg, "The Bargain Principle," *supra* note 4, at 763-73.

（12）J. Rawls, *A Theory of Justice* 582 (1971).

（13）*See* J. Feinberg, "Justice, Fairness and Rationality," 81 *Yale L. J.* 1004, 1019-20 (1972) (reviewing J. Rawls, A Theory of

Justice).

マイケル・ムーアは、整合道徳の法的論証への適用についてもっぱら著述してきた。*See* Moore, "Moral Realty," 1982 *Wis. L. Rev.* 1061 (1982).

(14) 第三章の「応答性」と第六章の「先例を出発点とする論証」における議論を参照。

(15) 第六章の「先例を出発点とする論証」における議論を参照。

二つの規範が衝突するケースは、異なる社会的源泉から出た証拠が抵触するケースと区別できることが時々ある。後者のタイプのケースでは、裁判所は、次の二つのいずれかであると確定することができる。すなわち、抵触する証拠は社会内部の抵触を示しており、それゆえ実質的な社会的支持をえている対立規範どうしのぶつかりあいが争点であるという確定か、あるいは、ある源泉から出た証拠は、他の源泉から出た証拠より信頼できるという確定、である。

(16) O. W. Holmes, "Law and the Court," in *Collected Legal Papers* 291, 294-95 (1920).

(17) J. Ely, *Democracy and Distrust* 63-39 (1980).

(18) *Id.* at 67-68.

(19) *See, e.g.,* P. Brest, "The Fundamental Rights Controversy: The Essential Contradictions of Normative Constitutional Scholarship," 90 *Yale L. J.* 1063, 1083 (1981).

(20) *See Webster's Third New International Dictionary* 482 (1981); *Random House Dictionary of the English Language* 312 (1966).

(21) *See also* H. Wellington,"Common Law Rules and Constitutional Double Standards," *supra* note 6, at 245:「下位文化の問題は、現実的であるけれども、その問題から派生しうることはあまりに多すぎる。多様性の結果生じる裂け目の多くは、利益集団政治という形で姿を現す。多様なグループは、基本的には共通の道徳をわかち合いながら、異なった政治を追及しうる。より重要なことは、るつぼ現象は、現実的なものであるが、比較的最近に起った出来事は、この問題を曖昧にする傾向があったということである。アメリカの人々は、態度、価値、切望を形成するための共通の問題と相互に作用する歴史と伝統をもっている。これらの態度、価値、切望は、ダイナミックであるにもかかわらず比較的結合力のある社会に対して向けられ、因習道徳の識別を可能にする。この道徳は、時として通常の成人の能力をこえる義務を課すことがある。それゆえ、その義務にしたがうことは、〃当り前のこと〃でないことがある。それでも、それは社会生活に適応している人々にとって少なくとも承知可能な道徳である。こうは言っても、それは、道徳的義務の意味あいについて、ないし道徳原理が求める特定の振舞いについて、個人が常に合意するということを含意しない。それは、通常の成人は、いつ特定の振舞いが深刻な道徳上の問題を提起するかを承知すべきであるということを主張しているにすぎない。」

当事者が、その双方の属しているある下位グループの基準や、自身が信奉している基準などの、実質的な社会的支持をえている基準以外の基準にもとづいて、争いを解決してもらいたいと思う場合、その下位グループの争いの解決制度、あるいは仲裁や調停に頼ることができる。

(22) D. Richards, "Rules, Policies and Neutral Principles: The Search for Legitimacy in Common Law and Constitutional Adjudication," 11 *Ga. L. Rev.* 1069, 1091 (1977).

(23) Greenawalt, "Policy, Rights, and Judicial Decision," *supra* note 10, at 1051-52.

(24) グリーナワルトは、おそらくこれらの困難な問題を認識して、裁判過程は「風変りな見解に対して一定の防御手段を設けている。裁判官が上級審で審理する場合、自分一人の投票のみではある争点を決定づけないし、法律問題に関する下級審の決定は、概して上訴の対象となるからである」と主張している。*Id.* at 1052. この主張は、理論と実践の両方において弱みをもつ。彼の主張は、理論上の弱みをもつ。彼の主張では、下級審裁判官の裁判の制度原理とは異なる原理を採用することが、上級審裁判官に黙示的に許されるからである。彼の主張は、実践上の弱みをもつ。上訴するには費用がかかるからであり、また、他の争点をめぐって同僚裁判官が等しく二つに分かれた場合、所与の争点に関するある裁判官の風変りな道徳観が、上訴裁判所においてもケースの判決を決定づけることがあるからである。最後に、彼の主張は、その基本テーゼを切り崩す傾向がある。「[自らの確信]が、コミュニティのメンバーほとんどの賛同をえているとは考えない場合でさえ、その確信にしたがうこと」を裁判官に許すことに、どれほどの重要性があるであろうか？裁判官の確信が賛同をえていないなら、それは広まらないであろうという根拠で、それにしたがうことが許容されているにすぎないならば。

(25) J. Newman, "Between Legal Realism and Neutral Principles: The Legitimacy of Institutional Values," 72 *Calif. L. Rev.* 200, 204 (1984).

(26) D. Lyons, *Ethics and the Rule of Law* 100-01 (1984).

(27) *Id.* at 85 (1984).

(28) *Cf.* R. Dworkin, *Law's Empire* 104-08 (1986); R. Dworkin, *Taking Rights Seriously* 326-27 (1978)（「背景にある道徳的権利が提供する理由が非常に強力であるので、これらの権利を支持するために自らにできることをする道徳的義務があると、裁判官が決定するのであれば、それなら彼は嘘をつかなければならないであろう。裁判官が、その公的役割にしたがって、法的権利は自らがかくあると信じているところとは異なっていると、言っているのだと理解されるのでなければ、彼はまったく役に立つことができないからである。」Greenawalt, "Policy, Rights, and Judicial Decision," *supra* note 10, at 1050（「裁判官は、その職を辞すにせよ、法を覆すにせよ、いずれにしても道徳的に正当化されるかもしれない。」）

別の見方をすれば、そのようなケースにおいて、裁判官は二つの道徳的義務――人としての避けられない役割にしたがって法を適用しない義務と、自発的に担った裁判官としての職務にしたがって法を適用する義務――を負っており、自発的に担った職務を辞すことによって、これらの義務を調和すべきである。

(29) 道徳規範と政策を区別することは、裁判所と法注釈者の談論と相関し、また行為に対する異なる類の理由が、裁判において重要な役割を担う傾向があるという点で、機能的差異を反映する。この区別は、現在の目的のためになされうるのであり、行為の正しさは、その行為が達成しようと目論んでいる事態の良さによって測られるべきであるか否かに関する論争に与することによってなされるのではない。

(30) *See Restatement (Second) of Torts* §§ 291-93 (1963 & 1964).

(31) *See Restatement (Second) of Torts* §§ 822, 826 (1977).

(32) *See Restatement (Second) of Contracts* §§ 350, 351 (1979).

(33) *See, e.g.*, Parker v. Twentieth Century-Fox Film Corp., 3 Cal. 3d 176, 184-87 & n. 5, 474 P. 2d 689, 694-96 & n. 5, 89 Cal. Rptr. 737, 742-44 & n. 5 (1970) (Sullivan, C. J., dissenting); R. Posner, *Economic Analysis of Law* 114-15 (3d ed. 1986).

(34) 他に、政策にもとづく教義の例の一つとして、不法行為責任の免責がある。*See Restatement (Second) of Torts* ch. 45 A, Introductory Note, and § 895D comments b & c (1977).

(35) *See* M. A. Eisenberg, "The Responsive Model of Contract Law," 36 *Stan. L. Rev.* 1107, 1117-27 (1984).

(36) *See* Vaughan v. Menlove, 3 Bingham N. C. 468, 471 (C. P. 1837); W. Keeton, D. Dobbs, R. Keeton & D. Owen, *Prosser & Keeton on the Law of Torts* 177 (5th ed. 1984) (hereinafter *Prosser & Keeton on Torts*); W. Seavey, "Negligence-Subjective or Objective?" 41 *Harv. L. Rev.* 1, 12-13 (1927).

(37) *See Restatement (Second) of Contracts* § 73 comment a (1979).

(38) *See* Escola v. Coca Cola Bottling Co., 24 Cal. 2d 453, 462-63, 467, 150 P. 2d 436, 440-41, 443 (1944) (Traynor, J., concurring); F. Harper, F. James & O. Gray, *The Law of Torts* § 28. 7, at 381, § 28.16, at 455 n. 5 (2d ed. 1986).

(39) *See* Harper, James & Gray, *The Law of Torts*, *supra* note 38, § 14.13, at 286-88.

(40) *See* Coggs v. Bernard, 92 Eng. Rep. 107 (K. B. 1703).

(41) *See* N. Y. Penal Law §§ 200.30, 200.35 & Commentary.

(42) *See* M. A. Eisenberg, "Donative Promises," 47 U. *Chi. L. Rev.* 1, 3 (1979).

(43) *See* Miller v. Miller, 78 Iowa 177, 35 N. W. 464 (1887), *aff'd on rehearing*, 78 Iowa 179, 42 N. W. 641 (1889). *But see* M. Schultz, "Contractual Ordering of Marriage: A New Model for State Policy," 70 *Calif. L. Rev.* 204 (1982).

(44) 司法的ルールに入り込む政策要因の包括的分析として、R. Summers, "Two Types of Substantive Reasons: The Core of a Theory of Common-Law Justification," 63 *Cornell L. Rev.* 707 (1978).

(45) N. Y. Bus. Corp. Law § 726 (e).

(46) 45 Okla. Stat. Ann. tit. 45, § 722.

(47) *See* Smith v. Brown-Borhek Co., 414 Pa. 325, 333, 200 A. 2d 398, 401 (1964).

(48) Sherlock v. Stillwater Clinic, 260 N. W. 2d 169 (Minn. 1977).

(49) *Id.* at 175 & n. 10. *See also* Moragne v. States Marine Lines, Inc., 398 U. S. 375, 389-93 (1970) (Harlan, J.)（合衆国最高裁判所は、海事法上の義務違反にもとづく不法死亡訴訟を認めるにあたり、そのような訴訟を認めることを是とする政策を示している制定法が数多くあることを強調した。）

(50) 私は、この点に関してアルバート・サックス（Albert Sacks）に負うところがある。

(51) D. Lyons, "Justification and Judicial Responsibility," 72 *Calif. L. Rev.* 178, 188 (1984). *See also* G.Hughes, "Rules, Policy and

Decision Making," 77 *Yale L. J.* 411, 421-26 (1968).

(52) 他の点では望ましく見えるルールの採用を、裁判所が差し控えるように仕向けることによって、政策は、しばしば否定的態様で機能するが、また肯定的にも機能しうる。いずれにせよ、「Sという事態とつながるので、Rというルールは採用しない」という否定的形態の命題と「非Sという事態を達成するために、非Rというルールを採用する」という積極的形態の命題の区別を試みることによって資するものはほとんどない。

(53) R. Dworkin, "Hard Cases," 88 *Harv. L. Rev.* 1057, 1067-68 (1975) (hereafter "Hard Cases"), reprinted in R. Dworkin, *Taking Rights Seriously* 81, 90, 91 (1978) (hereafter *Taking Rights Seriously*). この本の中でドォーキンは、目的を次のように定義した。ある事態を促進するか保護しそうな決定に有利となり、また、その事態を遅延させるか危険にさらしそうな決定に不利となると目されるような事態。またドォーキンは、権利を個別化された目的として、原理を個人ないしグループの権利を叙述する命題、政策を個別化されていない目的、すなわち、コミュニティ全体の目的を叙述する命題としてそれぞれ定義した。

R. Dworkin, *Law's Empire* 221-24, 244, 338-39 (1986) では、権利テーゼということばは使われておらず、やや異なった議論の立て方がなされているが、本質的には同じ立場がとられている。

(54) "Hard Cases" at 1060, 1063, *Taking Rights Seriously* at 84, 87. ドォーキンは、この論文の他の部分において、権利テーゼをやや異なった形で説明している。例えば、「権利テーゼは、その記述的側面において、難しいケースの司法判決が、その特徴として、政策ではなく原理によって生成される」とし、また「権利テーゼでは、裁判官は、具体的権利を確認もしくは否定することによって、難しいケースを解決するものとされる。」 "Hard Cases" at 1074, 1078, *Taking Rights Seriously* at 96-97, 101.

(55) "Hard Cases" at 1061, *Taking Rights Seriously* at 84.

(56) "Hard Cases" at 1061-62, *Taking Rights Seriously* at 84-85.

(57) 政策を斟酌した初期のケースとして、Chesterfield v. Janssen, 26 Eng. Rep. 191, 224 (Ch. 1750); Kellner v. Le Mesurier, 102 Eng. Rep. 883, 885 (K.B. 1803); Fletcher v. Lord Sondes, 130 Eng. Rep. 606, 640-41 (H.L. 1826)(Alexander, C.B.); Egerton v. Brownlow, 10 Eng. Rep. 359, 418 (H. L. 1853) (Pollock, C. B.).

（58）*See* Greenawalt, "Policy, Rights, and Judicial Decision," *supra* note 10, at 1004; 「実際、立法部は、コモンローのあらゆる領域の権利確立に従事する時間も興味ももちあわせていない。立法部は、特定の領域を裁判所による解明に実質的に委ねている。もし立法部が、そのような領域に踏み込んだとすれば、どのルールが一般的福祉を促進するかについて細心の注意を払うであろうと推定しうる。立法部がこのような領域を裁判所に委ねるとすれば、裁判所がそのような考慮事項にまったく注意を払わないということが可能であろうか。」 *See also* K.Greenawalt, "Discretion and Judicial Decision: The Elusive Quest for the Fetters That Bind Judges," 75 *Colum. L. Rev.* 359, 393-94 (1975).

（59）D. Reagan, "Glosses on Dworkin: Rights, Principles, and Policies," 76 *Mich. L. Rev.* 1213, 1232 (1978) (hereafter Regan, "Glosses on Dworkin").

（60）*Id.*

（61）さらに、ドォーキンは司法による政策衡量に反対しているが、その反対には整合性がない。ドォーキンは、裁判所が直接の当事者に対する恩恵と負担を比較して差支えないことを常に認めていた。*See* "Hard Cases" at 1075 -76, *Taking Rights Seriously* at 98-99, 191-92. しかし、ドナルド・レーガンが指摘しているように、「個人間の効率の比較に関する」関心は、「すべての問題に影響を与えるか、どの問題にも影響を与えないかのどちらかになるはずである。個人間の比較をすることに真にためらいがあるなら、二人の当事者に対する恩恵と不利益を比較することすら不可能になるであろう……。」 Regan, "Glosses on Dworkin," *supra* note 59, at 1250 n. 73. ドォーキンは、また、「明白かつ主要な」集団的利益がかかわっている場合は、政策はそれと抵触する原理に当然に勝ることを認めている。もちろん、これには衡量が必要となるが、彼の念入りな民主主義を出発点とする主張では、衡量が不適当であるとされている。*See* J. Bell 1, *Policy Arguments in Judicial Decisions* 210 (1983); Note, "Dworkin's 'Rights Thesis,'" 74 *Mich. L. Rev.* 1174, 1176-77 (1976).

（62）"Hard Cases" at 1061, *Taking Rights Seriously* at 84.

（63）"Hard Cases" at 1061-62, *Taking Rights Seriously* at 85.

（64）*See* Greenawalt, "Policy, Rights, and Judicial Decision," *supra* note 10, at 1005: 「とりわけ、複雑な社会制度が、生活のすべての領域を規律する文脈において請求がなされる場合、自らの不確定な権利請求の認容が、一般的福祉との整合性に依存するということを人々が理解していると想定するのはもっともである。……ある行為をする権利が、時として、その行為が一般的福祉と矛盾しないことを条件とすることに人々が気づいている場合、人々の請求を、一般的福祉にもとづいて否認することが、憤りをさそわないのは、議論の余地のある原理にもとづいて否認することが憤りをさそわないのと同じである。」

(65) "Hard Cases" at 1061, *Taking Rights Seriously* at 84-85.

(66) R. Dworkin, *Law's Empire* 67-68, 119-20, 228-31, 238-39, 248-50, 255-56 (1986).

(67) 第七章の「コモンローの非解釈的要素」における議論を参照。

ドォーキンの権利テーゼと大きく異なる立場は、最近出版された以下の本に代表される。John Bell, *Policy Arguments in Judicial Decision* (1983). ベルの中心的テーゼは、次のとおりである。「難しいケースにおける裁判官の任務は、……立法部の任務と根本的に同じ性格をもっている……。確固とした法的基準によって答えが出せない場合、裁判官は、ケースを解決するルールや基準の数多くの選択肢に直面するかもしれない。そのルールや基準の各々は、既存の法とむやみやたらに矛盾するものではないであろう。そのような状況で新しい法を創るにあたり、裁判官は、様々な選択肢の適切さについて自分自身の判断力を行使して、社会全体にとってどれが一番妥当であるかを決定しさえすればよい……。」「様々に生じうる法的帰結のどの一つをとっても法の他の部分と両立し、裁判官がそこから一つを選択する場合、英国議会の議員が、コミュニティ全体にとってもっとも有益であろうと自らが考える政策を選択するのとほぼ同様に、裁判官は、法的帰結を選択するのである。」*Id.* at 17, 227. *See also Id.* at 244-45.

このアプローチは、ベルが「間隙の立法者」モデル（*id.* at 17）とふさわしい名で呼んでいるが、グリーナワルトの道徳に対する立場をなぞらえていることはたやすく見てとれる。ベルのアプローチにも本質的に同じ批判が妥当する。第一に、もし裁判所が、自らが最良と考える政策ならばどんなものでも自由に用いることができるとすれば、専門家は、政策が関連するケースの裁判過程を複製することができなくなるであろう。したがって、そのようなケースにおいて、専門家は、計画立案と争いの解決という目的のために信頼できる形で法を確定することができなくなるであろう。第二に、もしある人が、自分か弁護士のどちらかが確定しうるかぎりで、広く実践されている道徳的ルールと法的ルールのすべてにしたがって振舞い、また、そのかぎりですべての社会政策に則って行為したが、その人の行動が、裁判所が望ましいと考える政策を促進しなかった場合、その人に責任が課されるとすれば、公正に関する重大な問題が提起されるであろう。

裁判所が、自らが最良であると考える政策を用いても差支えない領域を、狭く限定しようとすることによって、ベルはこれら難題の一つめに対処している。裁判官は、境界的なケースにおいて自分の個人道徳を適用できると、グリーナワルトが主張しているのとちょうど同じように、ベルも「限定されたケースの範囲内で、かつ比較的低い政策レベルにおいてのみ、裁判官がすべき創造的仕事がある」と主張する。*Id.* at 202. 裁判官は、「広範囲に及ぶ改革やルール創造に従事できる白紙委任状をもっていない。彼らは、既存の法的枠組みの小さな欠陥を補正することに第一義的にかかわるのであり、法的枠組みはそのままにしておかなければならない。」*Id.* at 19. しかし、ベルは、政策上の議論を次のように定義している。「法制度の基準やルールが、争いに対する明白な解決策を提供しない場合に、裁判官が手段として訴える実体的正当化」、すなわち「難しいケース」であり、そこでは「法的コミュニティによって受けいれられている基準を考え合わせて、裁判官が次の主張することが現実的可能性である。つまり、先例、制定法その他の法的基準からはっきりと選択をせまられる法的解決がまったくない、と」。*Id.* at 22-23, 25. *See also Id.* at 24. しかし、少なくともコモンローにおいては、社会命題に顧慮することなく純粋に教義命題によって結果が決まるケースは、あるにしてもきわめて稀である。第六～八章における議論を参照。さらに、社会命題は、もっとも深刻な問題が争点となっているケースにおいて、その特徴をもっともよく表す傾向がある。それゆえ、間隙の立法者のモデルおいて、裁判所が、自らが最良であると信じる政策を自由に用いることができるのは、ある種のケースにおいてのみならず、ほとんど、あるいはすべてのケースにおいてであり、また、既存の法的枠組みに小さな欠陥を伴っている「比較的低い政策レベルにおいて」のみならず、最大級の重大性をもつケースにおいてでもある。

公正の問題についてベルは、難しいケースは「法について不確定性があり、予見はすでに非常に困難になっている状況である」から、これらのケースにおいて当事者が正統な期待を積み重ねてきたとは言えないと主張する。*Id.* at 233-34. *See also* J. Raz, *The Authority of Law* 198 (1979); S. Munzer, "Right Answers, Preexisting Rights, and Fairness," 11 *Ga. L. Rev.* 1055, 1061-62 (1977). この主張は、難しいケースということばの意味の曖昧さに付け込んでいる。専門家のふつうの語法では、このことばは、直観に反する結果を生みだすように見えるケースか、あるいは結果がどのようなものになるかを確定することが難しいケースのいずれかを意味する。しかし、ベルが採用しているように見える語法では、このことばは、社会命題を参照することなく純粋に教義にもとづいて判決することができないケースを意味する。しかし、コモンローのケースがこのように判決できることはまずないし、いずれにせよ、あるケースについて不確定性があるからと言って、それがすこぶる予見し難いことにはならない。所与の判決が、完全に確定的であるとはいえないが、可能性がきわめて高い場合、正統な期待が裏切られることはある。

（68） *See, e. g., Restatement (Second) of Contracts* § 221 illustration 4 (1979):「4. 出版者が、Bとの間で、二巻本の作品の出版契約をする。その契約は、〃一万部を一部〇・五八三ドル〃で製本すると規定しており、これは、出版業界の慣習では、セットの数ではなく巻の数を指している。その作品がBの最初のものであり、Bがその慣習を知らない場合でさえ、それは契約の一部となる。」

See also id. § 222 illustrations 5 & 6:「5. AとBは、傭船契約を締結し、その中でAは〃一四日以内に〃船の荷卸しをすることを約束する。船舶業界の慣習は、これは一四営業日を意味することを示す。6. AとBは、〃砕木が含まれていないことが保証された上質重量書籍用紙〃の売買契約を締結する。製紙業界の慣習は、これは三％以上の砕木が含まれていないことを意味することを示す。」

（69） *See, e. g.*, Tropea v. Shell Oil Co., 307 F. 2d 757 (2d Cir. 1962); Murphy v. American Barge Line Co., 76 F. Supp. 276 (W. D. Pa. 1948); Roberts v. Indiana Gas & Water Co., 140 Ind. App. 409, 218 N. E. 2d 556 (1966); Bailey v. Baker's Air Force Gas Corp., 50 A. D. 2d 129, 376 N. Y. S. 2d 212 (1975), *appeal denied*, 39 N. Y. S. 2d 708, 352 N. E. 2d 595, 386 N. Y. S. 2d 1025 (1976); *Prosser and Keeton on Torts, supra* note 36, § 33, at 193-96.

（70） *See* G. Yale, *Legal Titles to Mining Claims and Water Rights* 58-70 (1867).

（71） *See* Swift v. Gifford, 23 F. Cas. 558 (D. Mass. 1872) (No. 13, 696); O. W. Holmes, *The Common Law* 212 (1881).

（72） *See* Norway Plains v. Boston & Me. R. R., 67 Mass. (1 Gray) 263 (1854).

（73） *See* American Law Institute, *Principles of Corporate Governance: Analysis and Recommendations* § 4.01 (Tent. Draft No. 4, 1985).

（74） *See, e. g.*, Smith v. Brown-Borhek Co., 414 Pa. 325, 333, 200 A. 2d 398, 401 (1964).

（75） *See, e. g.*, Joy v. North, 692 F. 2d 880, 885-86 (2d Cir. 1982), *cert. denied sub nom.* Citytrust v. Joy, 460 U. S. 1051 (1983).

(76) Joy v. North, 692 F. 2d at 886.

(77) *See* Batsakis v. Demotsis, 226 S. W. 2d 673 (Tex. Ct. App. 1949); Eisenberg, "The Bargain Principle," *supra* note 4, at 744-45.

(78) *See* Eisenberg, "The Bargain Principle," *supra* note 4, at 746.

(79) *See id.* at 745-46.

(80) 社会科学のほとんどの命題は、経験的であるが、中には道徳規範ないし政策と分類したほうがよいようなものもある。競争の効果に関する経済上の予測は、経験的である。これらの効果が良いと述べれば、それは政策である。

第五章　コモンローのための基準

コモンローの論証において鍵となる問題は、社会命題と教義命題の相互作用にかかわる。

コモンローの論証において、なぜ社会命題が重要な役割を担うのかを理解することは、比較的容易である。コモンローは、侵害と権利が錯綜する概念に大きくかかわり、道徳規範は何が侵害や権利を構成するかに関するわれわれの知見を大きく形成する。司法が政策を考慮することによって、法的ルールの供給を豊かにするという裁判所の機能が促進される。裁判所が、将来の社会行動を規律する法的ルールを確立するつもりであるなら、それらのルールが良い事態に資するのか、悪い事態に資するのかを考慮することが望ましい。一方の側の政策および道徳規範と、他方の側の法的ルールとを媒介するために経験的考慮が必要である。したがって、コモンローを道徳規範、政策、経験にもとづかせるという慣行に異を唱える者はほとんどいないであろう。

裁判所が用いるにふさわしい道徳規範、政策、経験命題という意味で「適用可能な社会命題」（applicable social proposition）ということばを用いることにする。[1] 少なくともある種のケースでは、教義命題は、適用可能な社会命題から帰結するであろうルールや結果とは異なるルールや結果へと導かなければならない。そうでなければ、いやしくも教義命題について考慮する理由が（おそらく運用の容易さを除いては）ほとんどなくなるように見うけられる。しかし、適用可能な道徳規範、政策、経験が、衡量の結果、Aというルールと A'という結果を指し示している場合に、裁判所が、それとは別のルールを確立し、別の結果に到達することを正当化するものは何か。どのような制度原理が、コモンローにおける社会命題と教義命題の相互作用を規律しているのであろうか。

これらの問題の解決は、第三章で検討した基礎原理と、コモンローが充足しようと努めるべき基準の両方にかかっている。この章では、これらの基準について検討し、それらが反映されるコモンローの二つのモデルを解明したい。

社会的融和と組織的整合性の基準および二重合一モデル

これらのモデルの一つめは、主に社会命題にもとづいている。これを二重合一（double coherence）モデルと呼ぶことにする。合一ということばには、それがあてはまる素材のタイプに応じて、いくつかの意味がある。このことばの一つの意味は、「整合した価値様式と、一まとまりに融和しているイデオロギー原理にもとづく社会的文化的要素の統合[2]」、つまり融和としての合一である。二つめの意味は、「〔特に〕論理的原理によって規律される時の、組織的ないし系統的結合性、あるいは相互関係性[3]」、つまり整合性としての合一である。二重合一モデルは、これら二つの意味を反映する二つの理念を具体化している。

第一の理念は、法を作り上げているルールの総体は、適用可能な社会命題のすべてに然るべき重みを与えることによって、また、そのような命題どうしが衝突する場合は最良の選択をすることによって、人がたどり着くであろう法的ルールの総体と一致すべきであるというものである。この理念が達成されれば、社会に滲透している基準のもとに争いが解決されることと、法がそのような基準にもとづいていることがいっそう確かになり、また法的帰結が私的行為者の合理的期待と調和するようになって、法の実体的合理性が実証されるので法の正統性が高まる。これを社会的融和（social congruence）の理念と呼ぶとしよう。

第二の理念は、法の総体を作り上げているすべてのルールは、互いに整合しているべきであるというものである。この理念が達成されれば、予見可能性と不偏性が促進され、法の形式的合理性が実証されるので法の正統性が高まる。これを組織的整合性（systematic consistency）の理念と呼ぶとしよう。

社会命題は、両方の理念において中心的役割を演じる。社会命題は、社会的融和においてのみ重要な役割を担うように見えるかもしれないが、そうではない。ふつう社会命題は、法の総体が組織的に整合しているか否かをも確定する。これを例証するために、交換取引は強制できるというルールを取り上げてみよう。このルールには、数多くの例外がある。一般的に言うと、例外が適用可能な社会命題を反映している場合のみ、ルールと例外は整合している。例えば、このルールの昔からよく知られた例外の一つに、未成年者によってなされた交換取引は、その未成年者にとって不利益な形で強制されないというものがある。契約責任という目的上、未成年者の同意と成人の同意は区別されるべきことを適用可能な社会命題が示唆するという理由で、そしてそれを唯一の理由として、この例外はルールと整合している。対照的に、仮に裁判所が、牧師によってなされた交換取引は、たとえその取引の性質が宗教にかかわるものでない場合でも、その牧師に不利益な形で強制されないと判示したとしよう。この例外は、ルールと整合していないとして疑いなく批判されるであろう。しかし、この批判は、形式論理にもとづいているのではなく、この目的のために牧師に格別の地位を与えるルールが、適用可能な社会命題によって支持されないという根拠にもとづいている。他の目的なら、あるいは別の社会や時代なら、社会命題が牧師に関する例外を支持する場合もあろうことは、たやすく想像できる。例えば、中世では、教会裁判所においてのみ牧師を重罪で訴追することができ、したがって牧師は極刑を受けることがなかった。[4] 今日でも、牧師が宗教にかかわる交換取引をした場合、その取引は強制しえないことが充分考えられる。しかし、世俗的な交換取引について牧師を例外扱いすることは、現代社会の適用可能な社会命題によって支持されないであろう。これが、その種の例外が交換取引のルールと整合していない理由であり、また唯一の理由である。[5]

（ここで、組織的整合性の強い意味と弱い意味を区別することが必要である。法的ルールは、適用可能な社会命題を基礎に他の法的ルールと整合している場合、強い意味において組織的に整合している。しかし、この条件が充足されない場合でも、法的ルールが一般的法概念によって支持されているなら、法的ルールは弱い意味において組織的に整合していると言える。この一般的法概念とは、適用可能な社会命題によって正当化されない弁別を正当化するものと伝統的に解されている概念のことである。このタイプの概念は、深い教義上の区別という形態をとるのが通常である。われわれの法制度において、物的財産取引と人的財産取引の間、海事取引と非海事取引の間に伝統的に設けられている区別がその例に含まれる。このような区別によって、一方の取引が人的財産を伴っており、他方が物的財産を伴っているという理由で、また一方が海上輸送を伴っており、他方が伴っていないという理由で、社会的に同等の二つの取引に対して異なる取扱いをすることが、弱い意味において整合しうる。その種の区別は、数に限りがある。適用可能な社会命題によって、それ自体支持されない深い教義上の区別は、ふつうそれが社会的に融和していた時代にその起源をもつ。適用可能な社会命題の支持を失う区別は、時とともに消滅していく傾向がある。そのような区別は、社会的に同等の取引に異なる取扱いをすることに、貧弱な正当化理由しか与えないからである。例えば、よく知られている現代法の傾向として、不動産契約と他の契約との間にある深い教義上の区別が徐々に消滅しつつある。）

次節で考察する理由から、二重合一モデルを充足するコモンローの総体は、架空の話の中でしかとらえられない。州政府の廃止を一つの特色とする連邦革命が起ったとしよう。再構築された国家の建国の父達は、従来コモンローが専ら実施されていた事物領域において、コモンローの方法を維持したいと望んでいるが、革命前のコモンローの総体を維持したいとは望んでいない。この目的を達成するために、建国の父達は、「主事裁判所（Master Court）」を創設し、この裁判所に、過去三〇年間に下された革命前の上訴判決をすべて再検討して、判決しなおし、指定された「判決の日」にそのすべての判決を言い渡すように命じる。弁護団が任命され、各ケースの各側の弁論を担当する。再判決の対象となるケースの原当事者は、新判決に影響されないが、判決の日の後、新判決によって確立したルールは、あたかも一般に受容されたコモンローであるかのように扱われることになり、したがってコモンローの伝統的方法で発展することになる。主事裁判所は、判決に到達するにさいして、革命前のコモンローに準拠してはならないという指示を受けているが、採用しうるルールを示唆したり、別のルールではなくあるルールを採用することがもつ意味あいを示したりなどするために、革命前のコモンローを供給源とする場合は例外である。主事裁判所において、革命前のコモンローのもとで判決されたケースがもつ位置づけは、大陸法のもとで判決されたケースより、またこのことに関しては、評釈者の見解より、上でも下でもなくなる。

判決の日以降、架空の法の総体は、二重合一モデルを反映するであろう。おそらく主事裁判所は、判決意見を書くにあたり、社会的融和の理念と組織的整合性の理念の両方を充足する法の総体を構築することをめざすであろう。判決の日に下される法の総体は、適用可能な社会命題すべてに然るべき重みが与えられているという意味において、社会的に融和したものとなるであろうし、すべてのルールが互いに整合しているという意味において、組織的に整合したものとなるであろう。

二重合一モデルは、進展するわれわれの法制度を充分にとらえていないが、それでもこのモデルは、二つの基本的タイプの法的ルール批判に反映されており、その批判は、一体となって専門家の談論の主要部分を構成する。第一のタイプの批判は、法的ルールが、適用可能な道徳規範、政策、経験に然るべき重みを与えていないから、社会的な面で欠けているところがあることを証明することに向けられている。このタイプの批判は、社会的融和の理念を反映している。第二のタイプの批判は、法的ルールが、他の法的ルールと整合していないから、教義的な面で欠けているところがあることを証明することに向けられている。このタイプの批判は、組織的整合性の理念を反映している。

これら二つの理念は、法的ルールを評価する基礎となるから、これ以降、これらの理念を基準（standard）と呼ぶことにする。一般的に言うと、これらの基準は、二項対立というよりはむしろ連続性をもって適用される。すなわち、ふつう問題となるのは、所与のルールが社会に融和しており、組織的に整合しているか否かではなく、二つの競合するルールのいずれがより社会的に融和しており組織的に整合しているかということである。

教義的安定の基準とコモンローの実世界モデル

コモンローの第二のモデルでは、社会命題のみならず教義命題にも主要な役割が与えられる。このモデルが反映しているのは、実世界において、裁判所は、社会的融和と組織的整合性のみならず第三の理念、すなわち、時を隔てた教義の安定をも計算に入れなければならないという事実である。

この理念の表れとしてもっとも重要なもの、すなわち、先例拘束性という制度原理を考察すれば、この理念のもとにある考慮事項がもっとも有効に検討できる。伝統的な定式にしたがえば、この原理のもとでは、先例が、関連管轄内の定められたレベルの裁判所によって下されているなどの、特定の形式的条件を充足する場合、先例の「判決理由（ratio decidendi）」（判決の根拠）、「判示（holding）」、「ルール」が、後のケースにおいて広い範囲で拘束力をもつ。(6)この制度原理は、数多くの考慮事項によって支持されている。
支持と複製可能性の原理のもとで、裁判所は、社会の一般的基準、または法制度の特殊な基準によって支持されたルールを確立し、適用しなければならず、専門家によって複製可能な論証過程を採用しなければならない。先例を出発点とする論証は、これら両方の原理を充足する。
客観性の原理のもとで裁判所は、普遍的な命題、すなわち、目下の争いの当事者のみならず、類似の状況下にあって、将来裁判所にやって来るかもしれない係争者すべてに適用する用意のある命題、を出発点とする論証を行う義務を負う。先例拘束性は、この概念にも実効性を付与する。先例拘束性のもとで、裁判所は、その日の訴訟当事者間の争いを解決するのに所与の命題を適用することを選んだなら、将来類似の状況下にある係争者に対して、それと同じ命題を適用する義務を負うであろうことに留意している。したがって先例拘束性のために、裁判所は、ある命題を類似の状況下にあるすべての係争者に対して、進んで適用する気にならない場合は、その命題にもとづいてケースを判決することを差し控えるようになる。[7]
客観性の原理が必然的に伴うもう一つの概念は、この領域においていっそうその特質を際立たせる。すなわち、同様のケースは同様に扱われるべきであるとする不偏性（evenhandedness）の概念がそれである。普遍性（universality）の概念は、類似の状況下にあるすべての係争者に対して進んであるルールを適用する用意のないかぎり、そのルールにもとづいてケースを判決しないよう裁判所に教示する。不偏性の概念は、他のすべての事柄が等しい場合、いったん裁判所があるルールを採用してケースを判決したなら、類似の状況下の係争者にそのルールを実際に適用すべきことを裁判所に教示する（しかし、不偏性は普遍性よりも複雑である。一つには、他のすべての事柄が等しくないことが多いからである。また、不偏性を充足できるのは、同様のケースに対して整合的な処理をすることによるのみならず、ケースがどう判決されるべきであるかを確定する制度原理を、整合的に適用することにもよるからである。これら二つのタイプの不偏性は、常にではないが、ふつうは収斂する[8]。

また先例拘束性は、法的ルールの供給を豊かにするという裁判所の機能の基礎としての役割を果たす。先例は、先例拘束性のもとで拘束力があることを主たる理由として、法として観念される。したがって、先例拘束性によって、法にもとづく計画立案がより信頼できるものになり、法にもとづく私人の争い解決がより容易になる。先例拘束性がもつこの役割のもっとも顕著な側面は、正当な信頼の保護である。そのような信頼には、特殊なものと一般的なものがある。

特殊な信頼ということばを、裁判中の訴訟当事者で、法的ルールにもとづいて自らの行動を特に計画した人の信頼という意味で用いることにする。一般的な信頼ということばを、法的ルールの制度にもとづいて自らの行動を計画していそうな社会人で、訴訟当事者以外の人々の信頼という意味で用いることにする。一般的な信頼は、三つの異なる形態をとることがある。第一に、裁判中の訴訟当事者は、問題にされているルールにもとづいて自らの行動を計画しなかったけれども、他の行為者の相当数は、そうしていそうであるかもしれない。次に、行為者の相当数は、問題にされているルールを反映する他の法的ルールや制度的取極めにもとづいて計画していそうであるかもしれない。最後に、裁判所は、問題にされているルールを採用した先例にしたがわなければ、他の先例の信頼性について行為者が不安を覚えそうであることを懸念するかもしれない。

特殊な信頼か一般的な信頼のいずれかが生じるからといって、それが先例拘束性を支持する論拠となるわけではない。先例拘束性がなければ、信頼は正当化されないであろうからである。しかし、信頼を生む能力は、先例拘束性を支持する論拠となる。法的ルールの供給が豊かになるのは、先例拘束性によるからである。先例拘束性は、信頼を引き出すことを意図している部分があり、いったんこの原理が確立すれば、それは信頼によって強力に補強される。

正当な信頼を保護する価値と鏡像関係にあるのは、法的ルールを正当に信頼した人々に対する不公正な不意打ちを防止する価値である。[9]

教義の源泉を利用する法的論証のすべてが、先例拘束性の原理によって規律されるわけではない。先例拘束性のもとで、裁判所は、自らの先例と、自らの管轄内にある上級裁判所の先例に拘束される。しかし、裁判所は、自らの管轄内にある等位の裁判所が下した先例や、他の管轄の先例、判例評釈のような二次的源泉などの、他の教義源泉を出発点として論証する慣行にもしたがう。裁判所がこの慣行にしたがうのは、先例拘束性を正当化する理由が、より射程の広い理念、つまり裁判所は時を隔てた教義的安定を維持すべきであるという理念をも裏付けるからである。この理念は、法批判の第三の基本型、すなわち、時を隔てても整合した論証をしていないという批判に反映されている。この理念は、専門家による批判の根本的基礎としての役割を果たすから、これ以降、この理念を基準、教義的安定の基準と呼ぶことにする。

この時点で、コモンローの実世界モデルが、なぜ二重合一モデルと異なるかが見てとれる。実世界においては、コモンローのモデルは、社会的融和や組織的整合性の基準のみならず、教義的安定の基準もまた包摂していなければならない。結果として、二重合一モデルにもとづいてある法的ルールを批判する場合、その批判は、特定のケースにそのルールを適用する法的論証に関して決定的でないことがある。したがって、例えば、適用可能な社会命題とより融和しており、他の法的ルールとより整合した代替ルールがあるという根拠で、ある法的ルールを批判しながら、同時に、教義的安定の基準のもとでは、そのルールを適用するにあたり、裁判所は適切な論証を行ったと結論することがあるかもしれない。

(1) この目的のために、適用可能な社会命題には、裁判を規律する制度原理が含まれないが、そのような原理は、その権威が社会の受容に立脚するかぎりで、他の目的のために社会命題と考えられることがある。

(2) *Webster's Third New International Dictionary* 440 (1981).

(3) *Id.* at 440.

(4) *See* 1 F. Pollock & F. W. Maitland, *The History of English Law* 441-57 (2d ed. 1898).

(5) 私は、この部分やこの本の他の部分で、コモンローが、そのカバーする事物領域において、コミュニティの道徳規範や政策のもつ意味あいを、コミュニティの部分部分に教示することはあっても、そのような道徳規範や政策それ自体は、法的ルールによって有意義な形で確定されないという推定に立っている。この推定は、ほとんどの私的行為者は、ほんの少ししか法を知らないという事実にもとづく部分と、われわれの社会におけるコモンローのルールと社会命題の関係に関する判断にもとづく部分がある。

(6) 先例のルールに拘束力があると言うことが何を意味するのか、したがって先例拘束性の輪郭がどのようなものであるかは、第六章と第七章で分析する。

(7) *See* M. Golding, *Legal Reasoning* 98 (1984); N. MacCormick, *Legal Reasoning and Legal Theory* 75 (1987).

(8) 二つのタイプの不偏性が収斂しないケースは、第七章の「コモンローの非解釈的要素」で議論する。

(9) 先例拘束性は、階層制的行政の目的にも資する。この原理は、上級審の裁判所が下級審の裁判所をコントロールするための粗けずりであるが、すぐに使える手法を提供するからである。しかし、司法指揮の原理もまたこの目的に資することができる。この原理のもとで、上級審の裁判所の判決は、下級審の裁判所に対して、拘束力のある指示として扱われるが、その上級審裁判所自身に対しては拘束力があるものと扱われない（比較のために、会社役員が命令を出し、彼の部下はその命令にしたがわなければならないが、その上司は、自分が適当であると信じるところにしたがって、自由にそれを変更したり無視したりできる場合を考えよ）。

先例拘束性のもとにある他の要因について、R. Summres, *Instrumentalism and American Legal Theory* 163-65 (1982) 参照。

第六章　法的論証の様式

コモンローは、社会的融和、組織的整合性、教義的安定という三つの基準に合致しようと努めるべきである。しばしば、これら三つの基準は同じ方向を指し示す。そうでない場合に法的論証の中心的問題が生じる。これらの問題は、この章と次章で検討するが、両方の章を合わせて、コモンローにおいて用いられる法的論証の基本様式のほとんどが考察される。これらの様式を規律する制度原理は、第三章で考察した基礎原理に、そして適用可能な社会命題と教義的命題の相互作用に、もっと特定して言うと、コモンローが合致しようと企図すべき三つの基準の相互作用に、立脚することを示すつもりである。

第六章では、先例、原理、類推、専門文献、仮説を出発点とする論証を探求する。第七章では、先例更改やその他の形態の先例変更を探求する。これらの様式の各々は、個別に扱うに値するほどの特殊な性格をもっている。しかし、これらの様式は、形態において非常に異なるものの、しばしば実体において、すこぶる類似していることが見てとれるであろう。

先例を出発点とする論証

おそらく、先例を出発点とする論証は、コモンローの中でもっとも特徴的な論証様式であろう。事実、コモンローの「簡単なケース」について語る評釈者は、(あるルールを適用するために、そのルールが社会命題を明示的に必要としている場合を例外として)社会命題を用いることなく、単に拘束力のある先例において確立したルールを適用することによって判決できるケースを念頭においているのがふつうである。先例拘束性の原理のもとでは、先例が特定の条件に合致する場合に、その先例のルールが拘束力をもつが、この原理については、すでに予備的に検討した。先例を出発点とする論証それ自体を検討するにあたり、絡み合った二つの問題が考察されなければならない。(1)先例に向き合う裁判所は、その先例がどのようなルールを表象しているかをいかにして確定するのか。(2)先例拘束性の原理の中に表されている概念、すなわち、先例のルールが拘束力をもつという概念は、何を意味しているか。説明の簡便のために、以下の議論において、関連するルールは単一のケースで確立するということと、そのケースは先例拘束性の規準に合致しており単一の争点にかかわっていることを仮定する。このようなケースを判決した裁判所を、先例裁判所(precedent court)と呼び、このようなケースの効果を検討することを求められる裁判所を、判決裁判所(deciding court)と呼ぶことにする。

先例のルールを確立すること

実際問題として、先例拘束性の原理の力は、先例がどのようなルールを表象しているかを確定する判決裁判所の裁量の程度と、反比例の関係にある。このような関係があるために、数多くの評釈者が、この問題に関して判決裁判所にはまったく裁量の幅がないことを示そうと努力し、先例のルールを確定するための機械的ルールを定式化するに至った。機械的ルールを定式化しない評釈者でさえ、判決裁判所の裁量の幅は極端に制限されていることを示す語法をたびたび使用する。例えば、多くの評釈者が、またこの事に関しては多くの裁判所が、先例を「解釈すること」についてよく語るが、あたかも、判決裁判所のすることは、先例裁判所が、先例となる判決を下した時点で、その後のケースも審理していたとしたらどう判決したかを確定することにつきるかのように語る。この語法は、誤解を生じさせやすい。なるほど判決裁判所は、先例によって明示的に定められたルールを所与として受けとめることがよくあるが、判決裁判所が先例によって明示的に定められたルールを再定式化する場合でさえ、先例裁判所がしたであろうことをしていると充分言えることもまた真実である。ジョゼフ・ラズは、次のように指摘している。

実のところ修正されたルールは、もとの裁判所が念頭においていたが、はっきりと明言しなかったルールであったと、ついつい言いたくなるものである。実際、これが実情であると見てよいであろう。〔先例〕裁判所は……〔第一のケースには存在したが、第二のケースにはなかった何らかの特徴〕によって影響されたが、おそらく何らかの理由で、先例裁判所は、この特徴をあまりに当然と考えたので、判決理由の機能条件の中にその存在を特定しなかったのであろう……。裁判所は、ルールを定式化するにさいして、少々不注意になりうるものであるし、実際しばしば不注意である。[1]

しかしながら、解釈者に成文典拠を再定式化するか、根本的に再構築することを許すとすれば、それは一風変った類の解釈となろうが、まさしくそれが先例を扱うさいの判決裁判所の権能である。さらに、「解釈」ということばは、先例裁判所の意図が支配的であることを示唆するが、これは誤解を招きやすい。したがって、例えば、ラズはさらに次のように述べる。

修正ルールは、もとのルールを正当化する論証と非常に類似する論証によってのみふつう正当化できる……。判決理由は、その基本的な理由付けにおいて、もとの文脈に適用される限度で拘束力をもつ。しかし、裁判所は、判決理由の根本的理由づけを維持するかぎり、異なった文脈に対して判決理由を修正適用できる。[2]

しかし、実のところ、先例の中で採用されたルールの継続適用は、その先例自身の中で用いられた根拠と非常に異なる根拠にもとづいて合理化しうる。[3] 実際の慣行では、ある先例がどのようなルールを表象しているかを確定するためには、それぞれの文脈中の文言に示されている先例裁判所の意図を考察する必要があるのみならず、その先例に関する専門家の談論や、その先例が下された後の社会命題と教義の変化、そして、どのルールが、より社会的に融和しており組織的に整合しているであろうかということに関する判決裁判所の判断、を考察する必要があるのが典型的である。したがって、先例がどのようなルールを表象しているかを確定するにあたり、判決裁判所は、その先例によって何を表象することが意図されたかを確定するというよりは、むしろその先例が何を表象してきたか、何を表象するようになるであろうかを確定する役割を負っている。この過程をとらえるために、「先例のルールを確立すること(establishing the rule of a precedent)」という特別の用語を用いるが、この用語は、「解釈」ということばよりも、はるかによく判決裁判所の決定的役割を映し出している。

判決裁判所が先例のルールをどのように確立するかに関するたいていの理論は、三つの基本的アプローチをもとにしたヴァリエーションとなっている傾向がある。それら三つのアプローチを、ミニマリスト(minimalist)のアプローチ、結果中心(result-centered)のアプローチ、宣言的(announcement)アプローチと呼ぶことにする。

「ミニマリスト」のアプローチのもとでは、先例のルールは、先例裁判所の判決意見によって宣言されたルールのうち、判決に必要であった部分から成る。このようにして確立するルールは、先例の判決理由（ratio decidendi）ないし判示事項（holding）と性格づけられ、拘束力があると見なされる。判決意見の中で述べられた他のすべての事柄は、傍論（dicta）と性格づけられ、拘束力がないと見なされる。このようなアプローチを論理的に帰結させれば、それは、先例裁判所が宣言したルールを最小限度ぎりぎりまで切り詰める。

「結果中心」のアプローチのもとでは、先例のルールは、先例の事実（または、そのいくつか）にもとづけば、先例の結果に到達するはずであるという命題から成る。このアプローチで重要なことは、先例裁判所が何をしたかであり、何を言ったかではない。判決裁判所の見解では、先例裁判所の直観が、その理由付けよりも優れているということが、しばしばこのアプローチの暗黙の了解となっている。

少なくとも表面上は、ミニマリストのアプローチと結果中心のアプローチの両方は、法的ルールを確立するさいの裁判所の役割に関する副産物モデル（争い解決機能の副産物としてのみ、法的ルールが生成されるとするモデル）にその根拠があるように見える。おそらく、裁判所がこのモデルにしたがっていると公言することが多いという理由から、先例のルールは、先例裁判所が言ったことよりも行ったことにもとづいているということが、しばしば約束事のように受けとめられるのであろう。ミニマリストのアプローチと結果中心のアプローチは、この約束事にきれいに当てはまる。しかし、司法慣行を完全に説明するにしては、両者のアプローチには足らないものがある。先例の中で宣言された法のルールが、判決裁判所によって、先例裁判所の判決に必要な最小限度ぎりぎりまで切り詰められることは稀にしかない。先例の事実と結果から紡ぎ合わされるルールを優先して、法のルールが完全に無視されることは、もっと稀である。これらのアプローチのもとで、先例の単一ルールを信頼できる形で確立することは通常不可能であるから、いずれのアプローチにせよ、もし厳格に用いられれば法がすこぶる不安定になることが、この希少さの主たる理由である。このことをうまく例証しているのは、アーサー・グッドハートの理論に対するジュリアス・ストーンの批判[4]である。グッドハートの理論とは、先例のルールは、先例裁判所が重要であると考えた先例の事実にもとづいて到達する結果であるとするものである。[5]グッドハートは、自分の理論が、ケースのルールを確立するための機械的テストとなるようにと、先例裁判所がどの事実を重要であると考えたかを確定する機械的ルールを展開しようとした。ストーンは、グッドハートの理論がほとんど適用不可能であることを実証した。あるケースの重要な事実すべては、異なる一般性のレベルで叙述することができ、それぞれの一般性のレベルに応じて、異なるルールが生まれる傾向があり、また、先例裁判所が意図した一般性のレベルを確定するために、いかなる機械的ルールも考案できない、というのがその理由である。

ストーンは、例証のために ***Donoghue v. Stevenson*** [6]という有名なイギリスのケースを用いた。あるカフェで、原告の友人が原告に瓶に入ったジンジャービアを奢った。その瓶は半透明であった。原告は、ジンジャービアを少し呑んだ後、瓶に腐ったカタツムリが入っているのに気づいた。原告はショックを受け、重い胃腸炎にかかり、製造者を訴えて勝訴した。***Donoghue*** 判決以前は、過失によって欠陥製品を生産した製造者は、通常、直接の買主に対してのみ責任を負った。***Donoghue*** 判決がこのルールを放棄したことは、明らかである。原告が直接の買主でないにもかかわらず、製造者に責任があると判示したからである。しかし、ストーンが指摘しているように、グッドハートの理論のもとでは、***Donoghue*** の裁判所がどのようなルールを採用したのか、まったく明らかにならないであろう。このケースの様々な重要な事実は、大幅に異なる一般性のレベルで性格づけうるからである。例えば、***Donoghue*** における損害の媒体は、ジンジャービアの半透明の瓶とも、飲物の半透明の瓶とも、飲物の瓶とも、人の消費に供される動産の容器とも、動産あるいは物とも性格づけうる。被告は、全国的に流通している商品の製造者とも、製造者とも、利潤を求めて商品を手掛ける人とも、商品を手掛ける人とも性格づけうる。被害は、人身被害とも、人身または精神的被害とも、被害とも性格づけうる。したがって、グッドハートの理論のもとでは、様々な一般性のレベルに応じて重要な事実を組み替えていくことによって、ほとんど無数のルールが構築され、*Donoghue* はそれらすべてを表象しうる。例えば、人の消費を意図して作られた全国流通商品の製造者が、その商品を製造するにあたって過失のある場合、その製造者は、その結果生じる人身または精神的被害に対して責任を負う、というルールを表象しうるし、また、利潤のために商品を手掛ける人に過失がある場合、その人は、欠陥が隠されるような方法で商品を梱包したなら、その結果生じる人身被害に対して責任を負う、というルールを表象しうる。(7)

グッドハートの理論は、本質的に結果中心のアプローチであるが、ミニマリストのアプローチとも強い結びつきをもっており、ストーンの批判は、前者と同程度に後者にも妥当する。仮に、*Donoghue* の裁判所が、商品を製造するにあたって製造者に過失のある場合、その製造者は商品の欠陥が原因となった被害について責任を負う、というのがルールであると述べたとしてみよう。このルールのどの要素も（過失を例外として）、厳密にはこの判決に必要ではなかったであろう。すべての要素は、より限定的に述べることができたであろうからである。この裁判所は、より狭いルールを採用することによって、同じ結果に到達しえたであろう。例えば、食品を製造するにあたって製造者に過失のある場合、その製造者は、食品の欠陥によって生じる人身被害のうち、合理的に予見可能なものについて責任を負うという狭いルール。あるいは、全国に流通している食品の製造者に食品を製造するにあたって過失があり、かつ合理的な検査をしても欠陥が暴かれないような方法で梱包する場合、その製造者は、消費者、または消費者がその食品を買い与えた人に対する人身被害のうち、合理的に予見可能なものについて責任を負うというさらに狭いルール。

先例のルールを確立するための第三の基本的アプローチは、私が「宣言的」アプローチと呼ぶものであるが、これにはストーンの反論の効力が及ばない。このアプローチのもとでは、先例のルールは、先例が述べたルールから成る。ただし、そのルールが、審理中の争いが提起する争点に関連することを条件とする。

ミニマリストのアプローチや結果中心のアプローチとは対照的に、宣言的アプローチが黙示的にもとづいているのは、法的ルールを確立するさいの裁判所の役割に関する豊富化モデルである。一方で宣言的アプローチは、裁判所が宣言したルールに対して、それが宣言されたというだけで重みを付与するものであり、したがって、このアプローチのもとでは、法的ルールの供給を豊かにすることそれ自体が、貴重な機能であると認識されている。他方、宣言的アプローチは、ルールと争いの間に何らかの関係があることを要求するものであり、したがって、このアプローチのもとでは、法的ルールの供給を豊かにする機能は、それ自体尊重されているものの、争いを解決する機能と重要な点で結びついていることが認識されている。

豊富化モデルに現実をとらえる力があることをいくぶん反映して、宣言的アプローチの現実をとらえる力は、ミニマリストのアプローチや結果中心のアプローチよりもずっと大きい。後者二つのアプローチの厳格な適用を受ければ、無傷で逃れる先例は、ほとんどないであろう。しかし、よく観察してみると、裁判所は、先例が宣言したルールを出発点とすることによって、先例を出発点とする論証をするのがふつうであり、先例が宣言したルールを最小限の輪郭のみとどめるまで切り詰めたり、そのルールをまったく無視して、その代わりに先例の事実と結果からあるルールを構築したりするのではないことが分かる。このアプローチは、非常によく用いられているので、こと細かに例証する必要はない。判例集に載っているケースのどれを拾い上げても、容易にその例を手にすることができるであろう（純粋将来的な先例更改として知られている手法を伴うケースが、とりわけ劇的な例となる。この手法は、裁判所が過去の一連のケースを先例更改するが、新ルールをそのルール宣言後になされた取引に限って適用させるものである。[8] 新ルールは、裁判中の当事者に適用されず、それゆえ審理中のケースの判決にとってまったく不必要であるが、宣言的アプローチでは、判決を決定づけるルールと同じく専門家によって尊重される[9]。

宣言的アプローチは、その卓越性にもかかわらず、司法慣行のすべてをとらえているわけではない。実際多くのケースは、先例裁判所が宣言したルールを再定式化するために、ミニマリストのアプローチか結果中心のアプローチをゆるやかに解釈したものを部分的に利用することによって、先例を取り扱っている。さらに重要なことには、われわれにとってもっとも重要な数々のケースを含めて、ケースの中には、先例にしたがうと称しているものの、先例を根本的に再構築し、先例が宣言したルールを先例変更するために、二つのアプローチを厳密に解釈したものを用いるものがある――ミニマリストのアプローチと結果中心のアプローチをこのように用いることを、「先例変形（transformation）」と呼ぶことにする。

先例変形を実現するために、ミニマリストのアプローチを厳格に用いる一つの例として、*Sherlock v. Stillwater Clinic*[10] における *Christensen v. Thornby*[11] の取扱いが挙げられる。*Christensen v. Thornby* では、クリステンセンの申し立てによれば、彼の妻が一人目の子供を生むのに非常な困難が伴い、そのため二人目を生むことは危険であると告げられた。外科医のソーンビーは、クリステンセンに精管切除をすれば彼の妻を妊娠から守れるであろうと忠告し、実際にその手術を施した。精管切除の後、ソーンビーは、クリステンセンに手術が成功したことを告げ、生殖不能を保証した。その後になって、クリステンセンの妻は、妊娠して子供を生んだ。彼の妻は死ななかったが、彼は多大な心労を味わい、妻の妊娠と出産の結果として相当の出費を被った。クリステンセンは、ソーンビーに過失があったとは主張しなかったものの、ソーンビーが表示のとおりに精管切除しなかったことを根拠に、訴訟を提起した。事実審裁判所は訴えを棄却し、ミネソタ州最高裁判所は原審を維持した。

最高裁の判決意見は、そのほとんどが精管切除の契約は公序に反しないことを立証することにふり向けられた。事実審裁判所による棄却を支持した判決意見の部分は、二つの別個の要点を指摘している二つのパラグラフから成る。第一の要点は、訴状の中でソーンビーの不法行為が申し立てられていないというものであった。最高裁によれば、クリステンセンは、訴状が詐欺を根拠としていると主張するが、ソーンビーの表示が詐欺的意図をもってなされたとは申し立てていない。

……〔原告は〕彼が契約した手術が施されたと申し立てている。そのような手術が適切に施されれば、当然の成り行きとして生殖不能が実現することは、誰でも知っている事柄である……。能力のある内科医や外科医なら誰でも、原告にその趣旨の助言を当然に与えていたはずである。[12]

第二の要点は、健康な母親に健康な子供が生まれることは、クリステンセンに対する侵害を構成しないというものであった。

手術の目的は、出産に付随する生命の危険から原告の妻を救うことであった。妊娠と分娩に付随する費用がかからないようにすることは、目的として申し立てられていなかった。彼の妻は死ななかった。彼は妻を失うのではなく、新たな子供の父親となるという恩恵に浴した。かかったと申し立てられている費用は、子供を生むことに付随しており、その費用を避けることは、手術の目的として公言されたものからかけ離れている。（原告がその費用を被告に請求しうるとすれば）、生まれた子供が未成年の間の養育費と教育費も請求しうることになるであろう。[13]

このケースを公正に読めば、第二の要点が判決に関連したことがうかがえる。同時にそれは、判決に必要でもあったかもしれない。ソーンビーがまったく不法行為を行っていないという結論と同じ程度に、クリステンセンがまったく被害を被っていないという結論に、結果がかかっているように見えるからである。実のところ、前者の結論はあやしい。判決意見の最後で最高裁は、訴状が詐欺に根拠づけられると原告が主張していると、述べているが、それより前の部分からは、訴訟が契約違反によるものであることがうかがえる。[14] クリステンセンは、その申し立ての中で、ソーンビーが手術は成功するであろうと事前に約束したか否か、その後生殖不能を保証したか否か、その約束や保証がもしなされたとすれば、強制可能であるか否か、という正統な争点を提起していたようである。

Sherlock v. Stillwater Clinic は、際立って類似したケースであるが、*Christensen* の約四〇年後にミネソタ州で起きた。七人目の子供が生まれた後、シャーロック夫妻は、スティルウォーター・クリニックのメンバーであるストラット医師に相談した。三人は、夫妻の家族が確実にこれ以上増えないようするために、施しうる種々の医学的措置について話し合い、シャーロック氏が精管切除手術を受けるという結論になった。手術は、一二月半ばにストラット医師によって行われた。夫妻は、シャーロック氏の精液に精子がまったくないことが、手術後の検査によって最終的に確定されるまで、性交を慎むか、あるいは追加的な避妊手段を講じるようにという助言を受けた。一月二三日にシャーロッ

ク氏は、検査のため精液のサンプルをクリニックに持って行った。その日のうちに、ストラット医師は、シャーロック宅に電話をかけ、検査結果は「陰性」、すなわち、精液に精子がまったくないと報告した。ストラット医師の報告は誤っており、実際はシャーロック氏の精液に自発運動能力のある精子がいくらかいることを検査は示していた。シャーロック氏は、精管切除手術が成功したものと思いこんでいたので、避妊しないで通常の性生活を再開した。数カ月後、シャーロック夫人に生理が来なくなった。八月五日にシャーロック氏は、二度目の検査のために再びクリニックを訪れたが、今度は精管切除手術が有効でなかったという正しい助言を受けた。次の日、シャーロック夫人が妊娠していることが確認され、やがて彼女は健康な子供を生んだ。

その後、シャーロック夫妻は、ストラット医師とクリニックを相手に訴訟を提起し、生むつもりのなかった八人目の子供が生まれたことは、ストラット医師の手術後のケアに過失があった直接の結果であると主張した。妊娠および分娩の間にシャーロック夫人が味わった苦痛と苦悩、子供が成人に達するまで子供を養育し教育するための費用、シャーロック氏が妻に対して有する配偶者権（consortium）（つまり夫婦の親交）を一時的に喪失したこと、に対して損害賠償が求められた。裁判所は、ミニマリストのアプローチを用い、健康な母親に健康な子供が生まれることは侵害を構成しないという *Christensen* の結論、すなわち「原告は、被告に子供の養育費と教育費も請求しうることになるであろう」という結論を傍論として却け、シャーロック夫妻は、求めた損害賠償を回復できると判示した。事実、裁判所は、ストラット医師が使ったメスより鋭いメスを使って、*Christensen* のルールがシャーロック夫妻の訴状を裏付けるように *Christensen* を根本的に再構築した。

〔*Christensen* においてなされた〕技術的処置の問題をおくとしても、〔そのケースで裁判所は〕生殖不能手術は公序に反せず、訴状が適切であれば、その種の手術が適切に行なわれなかったことについて、医師に対して訴訟を提起しうると明示的に判示した。

その実相を正しく見れば、*Christensen* は、生殖不能手術が適切になされなかったことについて、訴訟原因が存在するという命題を表象しているにすぎない。[15]

先例変形を実現するために、結果中心のアプローチを厳密に用いた範例として、*MacPherson v. Buick Motor Co.*[16] において、カードウゾ裁判官が、製造者の過失に関するニューヨーク州の先例をいかに扱ったかが挙げられる。*MacPherson* は、一九一六年に下された。*Donoghue* 以前のイギリスがそうであったように、当時のアメリカでは、欠陥製品について過失のある製造者は、通常直接の買主に対してのみ責任を負うというのが一般的ルールであった。しかし、製品が「本来的に危険な」タイプのものである場合は、このルールの例外であった。*MacPherson* は、原告が購入した新車のビューイックの車体が突然崩れ、その結果原告が傷害を負ったことから発生した。この自動車の車輪一つが欠陥のある木材を材料としており、車輪のスポークが粉々に砕けたために自動車が崩れてしまった。この自動車は、ビューイック自動車会社が製造してディーラーに卸し、ディーラーがマクファーソンに販売したものであった。マクファーソンは、ビューイック自動車を訴えた。ビューイック自動車は、車輪を作っておらず、別の製造者から購入していた。しかし、ビューイック自動車が、相応の検査をしていたとすれば、その車輪の欠陥を発見できたはずであるという証拠があった。マクファーソンは、ビューイック自動車敗訴の陪審評決を勝ちとり、ビューイック自動車は上訴した。

まずカードウゾ裁判官は、一八五二年に判決された *Thomas v. Winchester*[17] を手はじめに、過失のある製造者が、直接の買主以外の人に対して負う責任にかかわったニューヨーク州の主要なケースを再検討した。*Thomas* では、被告は、毒物のベラドンナの入った広口瓶に、過って薬のタンポポのラベルを貼ってしまった。原告は、それを買って重い病気にかかった。裁判所は、製造者をその過失について訴えることができるのは、通常直接の買主のみであると判示した。「もしAが荷馬車を作ってBに売り、BがCの荷馬車をCに売り、CはそれをDに賃貸し、荷馬車を作るにあたってAに重大な過失があったために、Dが荷馬車もろとも転倒して負傷したとしても、Dは製造者であるAから損害賠償をえることができない。荷馬車を忠実に製造するというAの義務は、AがBとの間に結んだ契約からのみ生じる。一般の人々は、その契約と何ら関係がない。契約当事者ではない第三者にふりかかる災難は、製造者の過失から自然に生じる必然的な結果ではないであろう。そのような過失は、人命に対して差し迫った危険を及ぼす行為ではない。[18]」

こう述べながらも裁判所は、「被告の過失は、人命を差し迫った危険にさらした[19]」から、本件には一般的ルールは適用されないという根拠で、被告に責任を負わせた。

ここでカードウゾは、その後のニューヨーク州のケースの検討に移る。一八七〇年に判決された *Loop v. Litchfield*[20] では、まる鋸のはずみ車を製作するさいに被告に過失があった。鋸がもとの買主によって賃貸に出された後、解体して飛び散り、賃借人に致命傷を負わせた。原告は、鋸が *Thomas v. Winchester* における毒と同様に、危険な道具であると申し立てた。裁判所は、この主張を却け、製作者は賃借人に対して責任を負わないと判示した。[21] 一八七三年に判決された *Losee v. Clute*[22] では、蒸気ボイラーを製造するさいに被告に過失があったために、そのボイラーが爆発し、原告の財産を破壊した。原告は、被告からそのボイラーを買ったのではなかった。ここでも裁判所は、製造者に責任はないと判示した。

これと対照的に、一八八二年に判決された *Devlin v. Smith*[23] では、塗装工の足場を建設するさいに被告に過失があったために、その足場が崩れて一人の作業員が死亡した。裁判所は「〔過失が原因となった欠陥について〕建築業者や製造者が負う責任は、概して、それらの者が契約した相手に対してのみ向けられている」という一般的ルールを繰りかえした。こう述べながらも裁判所は、足場が欠陥によって「差し迫って危険な」[24]ものとなったという根拠で、被告に責任があると判示した。同様に一九〇九年に判決された *Statler v. George A. Ray Manufacturing Co.*[25]では、レストラン用のコーヒー沸かし器を製造するさいに被告に過失があったために、この沸かし器が爆発し、原告に重度の火傷を負わせた。原告は、この沸かし器を卸商から買っていた。裁判所は、沸かし器は「本来的に危険」であり、かつ被告の過失によって「差し迫って危険な」[26]ものとなったという根拠で、被告に責任があると判示した。

以上のような背景のもとに、カードウゾ裁判官は、*MacPherson* において原告勝訴の判決を維持したが、それは、次のルールにもとづいていた。

したがって当法廷は、*Thomas v. Winchester* の原理が、毒、爆薬、その他同様の性質の物、つまり破壊の手段として通常使用されるような物に限定されないと判示する。ある物が、その性質上、作られるさいに過失があれば、生命や身体を危険にさらすことが相当に確実である場合、それならそれは危険物である……。危険性の要素に加えて、その物を買主以外の人が、新たな検査なしに使用するであろうことを知っているとすれば、この危険物の製造者は、契約にかかわらず、それを注意深く作る義務を負う。[27]

この定式は、製品が「危険物」であるか否かに製造者の責任がかかっているとしたかぎりにおいて、古いルールの衣を借りたことになるが、それは古いルールの実質を完全に変更した。*MacPherson* における定式のもとで、争点は、製品が過失の有無にかかわらず第三者にとって本来的に危険なタイプのものであるか否かではなく、製品を作るさいに過失がある場合に、その製品が第三者にとって危険であるか否かになった。そして、いかなる製品も、それを作るさいに過失があれば危険になりうる。それゆえ、事実上 *MacPherson* は、直截な過失ルールを採用したのであり、このルールのもとでは、欠陥製品について過失のある製造者は、自分の直接の買主であろうとなかろうと、自らの過失の結果負傷するであろうことが予見しえた人すべてに対して責任を負う。

しかし、カードウゾは、形式上は従来のケースを先例更改しなかった。その代わりに、結果中心のアプローチを用い、先例を根本的に再構築することにより、従来のルールを先例変形した。彼は、*Thomas v. Winchester, Devlin v. Smith, Statler v. Ray* が、*MacPherson* 判決で確立したルールを裏付けると結論づけた。これらすべてのケースは、過失のある製造者に責任を負わせたからである――これらの判決が、異なる理論にもとづいていたことは気にしない。欠陥まる鋸の製作者勝訴の判決をした *Loop v. Litchfield* と、欠陥蒸気ボイラーの製造者勝訴の判決をした *Losse v. Clute* は、これらのケースの被告が、過失に関する標準的抗弁によって、責任から絶縁されていたという根拠で、区別された。これらのケースの全状況に鑑み、カードウゾが示唆したことは、製造者は相応の注意を欠いていなかったであろうこと、たとえ欠いていたとしても、製造者の直接の買主が危険を負担した、あるいは危険について自らが責任を負うようにしたということである。[28]

Sherlock や *MacPherson* のようなケースを、宣言的アプローチを用いるおびただしい数のケースと一体のものとして見ると、先例のルールを確立する様々なアプローチは、理論というよりはむしろ手法であることが分かる。所与のケースにおいて、どの手法を判決裁判所が用いるべきであるかという問題は、手法を説明したり列挙したりすることによっては解決できず、独立の制度原理に依拠しなければならない。これらの原理の解明は、次の問いからはじめなけ

ればならない。すなわち、先例拘束性の原理の中で用いられるかぎりで、「拘束力」という概念の意味は何であるか。

拘束力の意味：形式的制約

先例が拘束力をもつという概念は、比較的形式的な二つの制約を課すので、最初にこれらの制約に言及するのがおそらく良いであろう。[29] 第一の制約は、判決裁判所が確立したルールは、先例が到達した結果と両立しうるものでなければならないというものである。例えば、*Sherlock v. Stillwater Clinic* で確立したルール——親は、不法行為による出生に付随する費用の支払いを求めて、過失のある医師を訴えることができるというルール——は、*Christensen v. Thornby* の結果と両立させることができた。*Christensen* の原告は、過失を申し立てていなかったからである。同様に、*MacPherson* で確立したルール——製造者は、その過失について直接の買主以外の当事者に対しても責任を負うというルール——は、*Thomas v. Winchester, Devlin v. Smith, Statler v. Ray* の結果と両立させることができた。これらすべてのケースは、製造者に責任を負わせたからである。また、*Loop v. Litchfield* や *Losse v. Clute* とも両立させることができた。少なくともカードウゾが事実関係を説明するかぎりにおいて、これらのケースの製造者は、過失に関する標準的抗弁によって保護されていたからである。*Christensen* と *MacPherson* が例証するように、この第一の形式的制約は、比較的ゆるやかである。判決裁判所は、どのようなルールであれ、自らが採用しようとするルールと、先例の結果を両立させるようなやり方で、関連先例の事実を解きほぐすことができるのがふつうであるからである。

第二の形式的制約は、判決裁判所は、先例にしたがうか、先例を区別するかのいずれかをしなければならないというものである。この制約もゆるやかである。先例を区別する過程は、先例にしたがう過程で用いられているのとまったく同じ手法によって、先例のルールを確立することに依存するからである。

区別は、二つの体裁に分かれる傾向がある。一つめは、宣言的手法によって先例のルールを確立し、それからその宣言ルールが、審理中のケースと関連性をもたないことを証明する、という体裁をとる。二つめは、判決裁判所が言い渡そうとする判決と矛盾するように見える宣言ルールを採用し、それからミニマリストの手法や結果中心の手法を用いて、そのルールを判決と矛盾しないように再定式化するか、根本的に再構築する、という体裁をとる。それゆえ、区別の過程に固有の特徴は、先例のルールを確立するために用いられる手法にあるのではなく――これは先例にしたがうべき場合に用いられる手法と同一である――この過程の形式的な目的にある。判決裁判所は、二つの形式的目的の一つを達成するために、先例のルールを確立することができる。すなわち、自らの判決を裏付けるためにか、または、先例のルールが自らの判決と矛盾しないことを証明するためにかである。先例のルールを確立するさいの判決裁判所の目的が、言い渡そうとする判決を先例が裏付けていることを証明することにある場合、われわれは、判決裁判所が先例にしたがっていると言う。先例のルールを確立するさいの判決裁判所の目的が、言い渡そうとする判決と先例が矛盾しないことを証明することにある場合、われわれは、判決裁判所が先例を区別していると言う。

先例にしたがうことと、先例を区別することは、先例のルールを確立するためのまったく同じ手法を伴っている。これら手法のうちの二つは、裁判所に広い裁量の幅を認めているから、判決裁判所は、先例にしたがうか、先例を区別するか、いずれかをしなければならないという制約は、ほとんど何の制限も課しておらず、判決裁判所の確立したルールは、先例が到達した結果と両立できるものでなければならないという制約の域を出ない。

拘束力の意味：実体的制約

先例に拘束力があるという概念が課す形式的制約が、いかにゆるやかであるかを考えると、もし実体的制約、つまり真に意味のある制約が、判決裁判所に課されていないとすれば、この概念は、限られた意義しかもたないであろう。実体的制約は、先例のルールを確立するさいに、判決裁判所が選択できる手法のメニューの中には見いだせないことは確かである。むしろ、先例に拘束力があるという概念が課す実体的制約——翻って先例拘束性の完全な意味——は、裁判に関するいっそう制度的な原理に依存している。とりわけ、これらの実体的制約は、適用可能な社会命題と教義命題の相互作用、もっと特定して言うと、社会的融和、組織的整合性、教義的安定の基準の相互作用を規律する制度原理に依存している。

これらのいっそう制度的な原理は、先例を出発点とする論証がなされる実践的文脈の中で考察されなければならない。まず、裁判所が先例を出発点とする論証をする場合、審理中のケースに直接適用できるように見える宣言ルールからはじめるのが通常である。別言すれば、通常、先例を出発点とする論証は、宣言的手法を出発点として用いる。これには、もっともな理由がある。象徴的な問題として、先例裁判所が言ったことを無視することが広く行われれば、それは、裁判所による裁判所の尊敬に悖ると暗に受けとられるであろうし、他の者の裁判所への尊敬の念を醸成するには、思慮の足りない態度となろう。さらに重要なことは、実践上の事柄として、宣言的手法は、裁判所の裁量を最小にし、複製可能性を最大にする傾向がある。このことは、逆説的に見えるかもしれない。先例拘束性に対する伝統的な見方では、裁判所が何を言うかは、何をするかよりも重要性が低いという概念によって、先例裁判所がもつ法創造権能の手綱が締められていることが強調されるからである。しかし、この見解を十全に活かすとすれば、判決裁判所は、先例のルールを確立するためにミニマリストの手法か、結果中心の手法のいずれかを用いることを求められるであろう。これらの手法によれば、どのような先例であれ、たった一つの先例からほとんど無数のルールを構築することができる。それゆえ、判決裁判所が、これらの手法を用いることを当然に要請、さらには奨励されるとすれば、法は極端に不確定になるであろう。通常、宣言ルールを出発点とする論証過程を複製するほうが、通常、ミニマリストないし結果中心の手法の適用を出発点とする過程を複製するよりも、専門家にとってずっと容易である。

裁判所は、通常、宣言ルールを出発点として用いるから、実践上の事柄として、判決裁判所が先例を扱うさい、これと言った選択肢の数は限られていそうである。すなわち、判決裁判所にできることは、宣言ルールを受けいれて適用すること、綿密な検討にもとづき宣言ルールが関連しないと確定すること、ミニマリストないし結果中心の手法を用いて宣言ルールを再定式化、もしくは根本的に再構築し、そのようにして確立したルールを適用または区別すること、である。さらに、新たな争点が生じるまでは、宣言ルールが望ましく見えることが多いから（これが、宣言ルールが宣言される理由である）、実践上の事柄として、先例を出発点とする論証について、しばしば問題となるのは、新ケースが提起する争点を度外視した時に望ましく見えたルールが、その争点を考慮してもなお望ましく見えるか否かである。したがって、判決裁判所が判断すべき問題は、新たな争点に照らして、先例の宣言ルールを、(i) そのルールの定められた適用範囲に入るケースに適用すべきか否か、(ii) そのルールの定められた適用範囲外にあるケースに拡張すべきか否か、(iii) 再定式化ないし根本的に再構築して、はじめに定められた適用範囲に入ったケースに適用しないようにすべきか否か、であるのがふつうである。

次に、これらの実践的文脈の中で、制度原理をいくつか考察する。これらの原理は、社会的融和、組織的整合性、教義的安定という諸基準の相互作用を規律し、またそれによって、先例に拘束力があるという概念が課す実体的制約の確定において、重要な役割を担う。同時に、これらの制度原理を反映するコモンローのルールの発展モデルを素描する。

(i)　社会的融和と組織的整合性の基準を完全に充足する宣言ルールは、整合的に適用され拡張されるべきである——整合性の意味——発展の線状モデル。　この種の制度原理の一つは、先例で宣言されたルールが、社会的融和と組織的整合性の基準を完全に充足するなら、整合的に適用され、拡張されるべきであるというものである。この原理の理由は、自明である。つまり宣言ルールが、社会的融和と組織的整合性の基準を完全に充足するなら、先例拘束性を考慮せずとも、整合的に適用され拡張されるべきである。しかし、この原理の適用は、次の二つの問題を提起する。すなわち、先例の宣言ルールが、社会的融和と組織的整合性の基準を充足するか否かを、どのようにして確定すべきかという問題と、この文脈において、整合的な適用と拡張が、何を必然的に伴うかという問題である。

第一の問題は、すでに第四章で検討した。必要があれば裁判所は、関連する判断を自ら行うことができる。しかし実際には、ケースが判決される前に、仕事のほとんどが、裁判所に代わって相対的に広い場裡の談論において行われてしまっていることが多いであろう。宣言ルールが、社会的融和か組織的整合性を欠いている場合、それは、学術論文や法律雑誌、他の管轄のケース、そのルールを修正する制定法、その他の方法で取り上げられていそうである。相対的に広い場裡において、そのような談論が起らなかった場合でさえ、相対的に狭い場裡における批判もしくは批判の欠如が、裁判所の判断を助ける。これらの場裡において、有意義な批判が不在である場合、宣言ルールが、社会的融和と組織的整合性の基準を充足するとまず推定してもよい（これが、不可避の推定でないのはもちろんであるが）。

第二の問題は、整合的な適用と拡張が、この文脈において何を必然的に伴うかという問題である。明らかにそれは、同一ケースの同一処遇以上のものを必然的に伴う。整合性の要件が必然的に伴うものが、同一ケースの同一処遇につきるのであれば、どの二つのケースをとっても同一のものはないから、この要件には、真に食い込んでくるものが何もないであろう。われわれが、日常の活動の中で整合性を求める時、ふつう言いたいのは、どのような相違であれ、二つのケースに取扱いの相違がある場合、それは、背景にある何らかの関連命題によって正当化されなければならない、ということである。[30] 同じことは、コモンローの論証についても言え、この場合、背景にある関連命題は、主として適用可能な社会命題から成る。それゆえ、整合的な適用、拡張を求める制度原理は、通常次のことを必然的に伴う。つまり、そのルールを支持している社会命題に鑑み、そのルールのもとで二つのケースに異なる取扱いをすることが、適用可能な社会命題によって正当化されない場合、そのルールは、新ケースに適用され拡張されなければならないということである（ここでは、そのルールを現在支持している社会命題に言及しているのであり、そのルールが創られた時に、そのルールを支持した社会命題に言及しているのではない）。だから例えば、交換取引の約束は強制できるというルールは、牧師の行う世俗的取引に適用されなければならない。そのルールが、社会的融和と組織的整合性の基準を完全に充足するからであり、交換取引のルールを支持している社会命題に鑑み、牧師の世俗的取引に対して、他の人々の取引とは異なる取扱いをすることが、適用可能な社会命題によって正当化されないからである。[31] 同様に、昔、船と荷馬車が運送手段のほとんどを占めていた頃、どの人の品物でも喜んで運ぶ旨を公に表示した人は、公共運送人の地位を取得し、その地位に付随する義務を負うというルールが確立した。[32] 鉄道が建設された後、このルールは鉄道にも適用された。[33] このルールの目的にとって、一方の船と荷馬車に対する取扱いと、他方の鉄道に対する取扱いを異にすることが、適用可能な社会命題によって正当化されなかったからである。

コモンローの論証を規律する制度原理を考察するにあたり、その原理が適用可能な時に生成される発展の方向性を描きだすモデルを考えることが、有用なことがある。単一のモデルを用いて、コモンローのルールの発展を描く傾向が時々見られる。概して、そのようなモデルは、ダーウィンの進化論の古典的モデルと強い類似性をもっている。すなわち、ルールは、一連の漸進的段階によって発展し、その発展は、非常に数多くの段階が踏まれて新ルールが現れたと言えるようになるまで続く。[34] しかし、現実には、コモンローのルールの発展は、数多くの異なる道筋をたどり、様々なモデルによってはじめてとらえられる。この節で検討している原理のもとで、法的ルールの発展は、線状モデル（linear model）とでも呼べるようなもの、すなわち、整合的な適用と拡張のモデルによって描きだせる。

整合的な適用の例は、すでに検討した。次に挙げるのが、整合的な拡張の例である。雇用主が違法に雇用契約を終了させた場合、従業員は、契約上支払われるべき給料のすべてを回復できないことが、契約法のルールとして確立している。その代わりに、従業員が回復できるのは、(i) 契約上の給料と、代わりの仕事で実際に稼いだものの差額に、代わりの仕事を見つけるために合理的に費やした金額を加えたもの、あるいは(ii) 契約上の給料と、従来の仕事に匹敵する代わりの仕事を見つけ出すために、相応の努力を払っていたなら、稼げたであろうものとの差額、のいずれかのみである。[35] このルールは、契約違反の犠牲者は、自らの損失を軽減するために相応の努力を払う義務を負うという一般的原理を反映している。このルールが確立した後、従業員は、たとえ代わりの仕事を首尾よく探しだすことができなかったとしても、そのために合理的に費やした金額を回復できるという判決が下された。[36] これは、このルールを整合的に拡張したものであった。雇用主の損害賠償を軽減する目的で、新たな仕事を探す義務を従業員が負っているなら、雇用主は、仕事探しの費用を負担すべきである。この目的のために、仕事探しが成功したかしなかったかで、取扱いを異にすることは、適用可能な社会命題によって正当化されないであろう（この章の後半にある「類推による論証」という節で、宣言ルールの拡張についてより詳細に検討する）。

(ii) 社会的融和と組織的整合性の基準を完全に充足する宣言ルールは、そのルールの定められた適用範囲に入るケースではあるが、そのルールを支持する社会命題に鑑み、異なる取扱いが求められるものが生じた時、再定式化される

べきである――発展の分立モデル。 先例を出発点とする論証を規律する第二の制度原理は、先例で宣言されたルールが、社会的融和と組織的整合性の基準を完全に充足する場合でも、そのルールの定められた適用範囲に入るケースではあるが、そのルールを支持する社会命題に鑑み、異なる取扱いが求められるものが生じた時は、その宣言ルールは、然るべく再定式化されるべきであるというものである。ここで整合性が求めるのは、宣言ルールが適用ないし拡張されることではなく、例外が設けられることである。交換取引の約束は強制できるというルールから、未成年が除外されていることが、その一つの例である。交換取引は強制できるというルールは、同意の意義に関する社会命題によって支持されている部分があり、未成年の同意と成人の同意との間に区別を設けることが、適用可能な社会命題によって求められる。

他に次のようなもっと複雑な例がある。契約を締結する標準的な方法は、申込と承諾である。申込に対する返答が、承諾を構成するか否かという争点が、しばしば生じる。申込者の立場にある通常人なら、申込に対する返答を承諾と解釈するであろう場合、たとえ被申込者が承諾の意図で返答したのではなくても、その返答は承諾を構成する、という宣言ルールがあるとしよう。さらに、このルールは、社会的に融和しており組織的に整合していると仮定しよう。このルールは、道徳規範と融和している。自分のことばについて、無理のない意味以外の何かを意図している人は、ことばを不注意に使用したことになるからである。このルールは、政策と融和している。自分は自らの表現に何か特殊で無理な意味を主観的にもたせたと、事実認定者を説得することによって、契約上の責任から逃れられるとすれば、取引の安全（それゆえ、信頼できる形で計画を立てる能力）が損なわれるであろうからである。このルールは、法体系と整合している。法は、しばしば通常人の基準によって行為を評価するからである。

さて次のようなケースが起きたとしよう。ＡはＢに申込をし、Ｂは返答をするが、承諾を意図したものではない。

Aと同じ情報をもっている通常人なら、Bの返答を承諾と解釈するであろう。しかし、Aはそう解釈しない。Bは履行しない。Aは、Bの返答を承諾と解釈したと虚偽の主張をして、Bを契約違反で訴える。両当事者が同じ主観的理解を共有しているこの新ケースに、例外を設けることによって、宣言ルールは再定式化されるべきである。[37] 宣言ルールは、落度にかかわる道徳規範と、取引の安全を促進する政策によって支持されている。落度にかかわる道徳規範は、この新ケースに例外を設けることを求める。Bに落度があったかもしれないが、それはAに何の侵害も及ぼしていない。むしろ、落度があるのはAのほうである。Bに契約締結の意図があるとはまったく考えていなかったにもかかわらず、Bに契約責任を負わせようとしたからである。この新ケースに例外を設けても、取引の安全と抵触しない。Bは自分自身の内心の状態のみならず、Aの内心の状態を証明することによってのみ、責任を回避することができるからである。また、宣言ルールを新ケースに適用すれば、法体系と矛盾することになるであろう。宣言ルールは、もし新ケースに適用されれば、侵害が存在せず、また政策上の正当化理由がないにもかかわらず、責任を負わせることになるからである。

この節で検討した制度原理が生成する発展の方向性は、分立モデル（hiving model）とでも呼べるようなものによって描きだせる。このモデルでは、確立したルールを支持する社会命題と整合した手法で、そのルールの取扱い対象から特定のタイプの活動を分立させることによって、発展が進行する。例を挙げると、支配株の所有者は、市場価格より高いプレミアムで自分の株を売却できるが、非支配株の株主は、このプレミアムを利用できないことが、会社法のルールとして確立している。[38] このルールは、支配株が通常非支配株より高い価格で売買されるという経験命題を反映しており、比較的効率の悪い者の手から、より効率の良い者の手に支配権が移転することを促進する点で、政策に資する。このルールから数多くの例外が分立してきた。例えば、買主が目先を利かせて、会社から不正利得をえることを企図して支払ったプレミアム[39]、あるいは、会社の役職を移譲することを売主が合意したために支払ったプレミアム[40]、を売主は吐き出さなければならない。これらの例外は、もとにあるルールと整合している。このようなケースのプレミアムは、株を支配する価値以外の何かを反映しており、このようなケースのプレミアムを吐き出すよう売主に求めても、より効率の良い者の手に支配権を移転することを阻害しないであろう。

(iii) 社会的融和と組織的整合性の基準を実質的に充足する宣言ルールは、整合的に適用され拡張されるべきである。

宣言ルールが、社会的融和と組織的整合性の基準を実質的に充足する場合、たとえ、それらの基準をもっとよく充足するであろうルールが他にあるとしても、そのルールは整合的に適用され拡張されるべきである。社会的融和や組織的整合性の小さな差異は、その存在について大いに異論があるか、認知し難いか、あるいはその両方でありそうである。それゆえ、裁判所が、競合する代替ルールよりも社会的融和と組織的整合性の度合がわずかに劣るという理由で、宣言ルールを整合的に適用し拡張することを控えるとすれば、裁判過程を複製することや、宣言ルールに大きな信頼をおくことが、非常に難しくなるであろう。社会的融和と組織的整合性に関して、二つの競合ルールの差異が小さい場合、これらの基準のもとにある価値よりも、教義的安定の基準のもとにある価値のほうが重みをもつ。

例証として、次の仮設例を想定してみよう。この例は、少なくとも法とのおおまかな類似性をもっている。

ケースAにおいて、相手方が信頼しなかった贈与約束は強制できない、というルールを裁判所が宣言したとする。これを基本ルールと呼ぶとしよう。このルールは、適用可能な社会命題によって強力に支持される。社会的重大性に関する政策が関連する。相手方が信頼しなかった贈与約束が守られないとしても、その結果生じる侵害は、比較的軽微になりそうであり、そのような約束が、一つの類型として、何らかの重要な社会的利益とかかわり合うということが、まるで明らかでないからである。私的自治に関する政策が関連する。贈与約束は、個人の信頼と信用の領域に入るものと考えて然るべきであるからである。運用可能性に関する政策もまた関連する。贈与約束が強制できるとすれば、その種の約束がなされていたという虚偽の主張に反駁することは、困難なことが多いであろう。さらに、贈与約束が創り出す道徳上の義務は、被約束者の忘恩や約束者の困窮によって免除されるのが通常である。しかし、何が忘恩や困窮を構成するかを確定することは、極端に難しい。あるルールが、忘恩と困窮の抗弁に服することを条件として、贈与約束を強制可能なものとするなら、そのルールは、非常に困難な運用上の問題を創り出す。最後に、単に自分の意思を行使したというだけで、人が法的義務を負わされるようになるのであれば、少なくとも、その意思がたぶん熟慮の末行使されたのであろうということが、要件とされるかもしれない。しかし、贈与の取引にかかわる行為者は、しばしば情緒的なかかわり方をし、贈与の約束者は、主として被約束者の利益に目を向けがちであるから、贈与約束は、熟慮してなされると言うよりは、むしろ計算なしになされそうである。

ケースAで基本ルールが宣言された後、ケースBにおいて、相手方が信頼しなかった贈与約束が、書面によってなされており、法的に拘束される旨の明示の意図が述べられている場合について、例外を設けるべきであるか否かという争点がもち上がった。どちらに判決したにしても、その判決は、社会的融和と組織的整合性の基準を実質的に充足することになったであろう。約束が書面による場合、虚偽の主張に対処するという問題は重大ではない。約束者が法的に拘束されることを意図していることが約束の中で明示的に述べられている場合、約束者が熟慮して行動したという保証と、自分の約束の強制を個人的な信頼と信用の領域に委ねることを、約束者が望まなかったという保証の両方が存在する。さらに、虚偽の主張と熟慮に関する懸念がいったん解消されると、個人が強制可能な贈与にコミットできる便宜を図ることが、社会的に望ましいと思えるかもしれない[41]。他方、困窮と忘恩が抗弁を構成する体制を運用する難しさは、実質的なものとなろう。それゆえ、ケースBの裁判所は、その種の約束のために基本ルールの例外は設けられるべきでないと結論した。

さて、ケースCにおいて別の争点がもち上がった。書面による贈与約束が、故意に（しかし偽って）交換取引の形態をとらせてなされる場合、基本ルールに例外が設けられるべきであろうか。交換取引の形態を故意に偽って使用することは、法的に拘束されることを約束者が意図していると述べることと同じ機能を果たす。それゆえ、法的に拘束される意図が述べられている書面の贈与約束（ケースB）と、交換取引の形態をとらせてなされた書面の贈与約束（ケースC）の区別は、基本ルールの文脈において、適用可能な社会命題によって支持されない。ケースCの判決裁判所の見解では、ケースBで宣言されたルール、つまり、法的に拘束される意図が述べられている書面の贈与約束は強制できないというルールは、その種の約束が強制できるというルールよりも、社会的融和の度合が劣る。それゆえ、ケースCの判決裁判所なら、ケースBに対して反対の判決を下していたであろう。これと軌を一にして、仮にこの判決裁判所が、白紙の状態で判決を書くとすれば、交換取引の形態をとらせてなされた書面の贈与約束は強制できると判示することによって、ケースCを判決したであろう。しかしながら、ケースBで宣言されたルールには、実質的な社会的融和があり、このルールの文脈において、ケースBとケースCを区別することは、適用可能な社会命題によって支持されないであろうから、判決裁判所は、ケースBを区別すべきではなく、逆にケースBのルールを整合的に拡張して、書面による交換取引の形態をとらせてなされ、相手方が信頼しなかった贈与約束は、同様に強制できないと判示すべきである。

説明の仕方の問題として、次の場合は、状況が少し異なるかもしれない。宣言ルールが、社会的融和と組織的整合性の基準を完全には充足しない場合、裁判所は、時おり次のように努めることが予見できる。つまり、あるケースをそれが属すにふさわしい範疇に分類するよりも、ふさわしくない範疇に分類するほうが、より社会的に融和している結果につながるとして、ふさわしくない範疇にケースを分類することによって、宣言ルールの適用を回避しようと努める。例えば、ケースCにおいて裁判所は、交換取引の体をなしているだけの約束を、あたかも真の交換取引であるかのように扱って、そういう根拠でその約束を強制するように努めるかもしれない(42)。このように、社会的融和と組織的整合性の基準を実質的に充足するルールは、線状に発展すべきであるし、また概してそのように発展するであろうが、実務レベルでは、何らかの逆行的な動きが時おり起りそうである。

(iv)　社会的融和と組織的整合性の基準の充足を実質的に欠いている宣言ルールには、整合的な適用と拡張がなされるべきでない――発展の曲折モデル。　宣言ルールが、社会的融和と組織的整合性の基準の充足を実質的に欠いている場合、そのルールには、整合的な適用と拡張がなされるべきでない。社会的融和と組織的整合性について主としてえられるものの重みは、時を隔てた教義的安定について失われるものの重みより大きい。また、そのルールが、常に社会的に融和しておらず、組織的に整合していなかったか、あるいは、後にそうなったのかもまた重要でない。おそらく、そのルールは、もともと確立した時でさえ、社会的融和と組織的整合性の基準の充足を実質的に欠いていたのであろう。おそらく、そのルールは、もともと確立した時は、それらの基準を実質的に充足していたが、規範や政策や経験命題が変化してきたために、もはや充足しないのであろう。おそらく、そのルールの現実の効果は、そのルールがもともと確立した時に合理的に期待されていた効果とは、不本意ながら異なったのであろう。いずれであるかは、問題でない。大事なことは、ルールが採用された時点において正当化されたか否かではなく、現時点において正当化されるか否かである。

ある制度原理が、裁判所に対して、整合的態様で教義命題を適用し拡張することを常に求めるわけではない場合、その制度原理は、支持と複製可能性の原理と調和する。社会的融和と組織的整合性は、両方とも客観的支持に左右される。そのような支持があるか否かは、観察可能であるから、ある原理の適用の如何が、これらの基準の充足を実質的に欠いていることに左右される場合、その適用は複製可能である。

宣言ルールが、社会的融和と組織的整合性の基準の充足を実質的に欠いている場合、そのルールには、整合的な適用と拡張がなされるべきでない、という制度原理に実効性を与えるために、裁判所は、いくつかの異なる手法を用いる[43]。おそらく、これらの手法のうちで最も常套的なものは、形の上ではもっともらしく見えるが、宣言ルールを支持する社会命題に鑑み、実質的にその宣言ルールと矛盾する区別、あるいはケースが整合的態様で取り扱われるように運用することが不可能な区別、を例外の形で行うことである。裁判所は、宣言ルールの働きからできるかぎり多くの活動を省こうとする努力の中で、この区別を行う。しばしば立法部もまた、少なくとも部分的に介入する。その結果、曲折的（jagged）と言い表すのが最もふさわしい発展モデルと、崩壊と衰退に特徴づけられる発展の道筋ができる。

例えば、契約法における法的義務のルールのもとでは、一方当事者の履行が、その当事者がすでに履行することを契約している行為からのみ成る場合、その交換取引は強制されない[44]。しかし、この分野の法が発展するにつれて、裁判所は、このルールに整合していない例外を数多く作った。一つの例外として、先にかわされた契約上の義務が、約束者以外の当事者に向けられた義務である場合、このルールは適用されない[45]。もう一つの例外として、弁済義務を負っている金銭債務の総額に争いのある場合に、弁済義務のあることが承認されている分割部分を支払うことが、履行の内容である時でも、このルールは適用されない[46]。裁判所の中には、審理にあたったケースでは、当事者は、先にかわした契約を「解除」して、それから「新たな」契約を締結したと結論して、このルールが適用されないと判示したものがある。[47] これは、裁判所が望みさえすれば、このルールの範囲に入るどんなケースからでも引き出せる結論である。近年の法では、先の契約がかわされた時点では予見されなかった状況に鑑み、その契約の公正で衡平な修正から交換取引が成る場合は、その取引は強制できる。[48] おそらく、この例外は、法的義務のルールが適用できると称される大半のケースをカバーする。立法部もまた介在してきた。多くの制定法において、このルールの範囲に入る約束が、書面でかわされていれば強制できると規定されており、[49] 統一取引法典（Uniform Commercial Code）のもとでは、動産売買契約を修正する約束は、このルールにかかわらず拘束力をもつ。[50]

法的義務のルールの発展は、崩壊と衰退に特徴づけられる曲折した道筋をたどってきた。このルールが、社会的融和と組織的整合性の基準の充足を実質的に欠いているからである。このルールは、道徳規範との融和を欠いている。約束を破ることを是認しているからである。AがBに、継続中の契約のもとでBに支払う金額を、物価上昇のため増額すると強迫されずに約束し、それからその約束を破ったなら、公正さを欠く振舞いをしたと見られるのは、通常AでありBではない。Bが負う金銭債務の全額の弁済として、その一部の支払いをBから受け取ることにAが同意し、その支払いを受け取った後に、残額の支払いを求めてAがBを訴えた場合にも同じことが言える。このルールは、政策との融和を欠いている。このルールによって強制できなくなった取引には、交換取引に付帯する社会的価値、少なくとも交換取引を促進する約束に付帯する社会的価値、が通常あるからである。このルールは、社会的に融和していないから、他のルール――特に交換取引は、その約定どおりに強制できるというルール――と整合してもいない（これは、法体系との整合性が、通常いかに社会的融和に依存しているかを示す別の例である。既存の契約上の義務を履行する交換取引の約束に対して、他の交換取引の約束に対するのと異なる取扱いをすることに、充分な社会的理由があるとすれば、法的義務のルールと交換取引のルールは矛盾しないであろう）。したがって、裁判所が法的義務のルールに整合していない例外を採用してきたこと、立法部がこのルールを、その適用の多くについて覆してきたことは、驚くにあたらない。社会的融和が実質的に欠如していれば、裁判所は、整合していない例外を採用するようになる。そのような例外は、少なくとも社会的に融和しているからである。同じ理由から、立法部が介入するようになる。

同様に、会社法のルールとして早くから確立していたものに、取締役ないし役員は、自らの地位を通じて知った重要な内部情報を開示せずに、株の売買ができる、というルールがある。[51] しかし、この分野の法が発展するにつれて、裁判所は、「特殊な事実」が存在する場合は、このルールは適用されないという例外を採用した。[52]「特殊な事実」を伴うケースと、そうでないケースの間に差異を見いだす有意味な方法がなかったので、この例外によって、ルールが食い尽されるか、整合的態様で運用することが不可能になるかした。結局、証券取引委員会（Securities and Exchange Commission）は、ルール一〇(b)-五[53]を採用した。このルールは、連邦裁判所によって広い解釈が施され、このような場合、取締役と役員は完全な情報開示を求められた。この分野の発展は、崩壊と衰退に特徴づけられる曲折した道筋をたどった。宣言ルールが、社会的融和と組織的整合性の基準の充足を実質的に欠いていたからである。このルールは道徳規範との融和を欠いていた。代理人が、自分の地位に由来する情報を、自分自身の利益になり、究極的に本人にあたる人に不利になるように窃用することは、不公正であるからである。このルールは政策との融和を欠いていた。内部情報を隠して取引することは、有益な社会目的に資するところがまったくなく、資本市場に対する投資家の信頼を萎えさせる。このルールは、社会的に融和していないから、取締役と役員の信任義務に関する他の法的ルールと整合していない。したがって、州の裁判所が、ルールを食い尽すか、ルールの整合的な運用を不可能にするか、のいずれかである例外を採用したこと、ルール一〇(b)-五が採用されたこと、連邦裁判所が、コモンローのルールをほぼ無効にするような形でルール一〇(b)-五を解釈したことは、驚くにあたらない。

さらに別の例証として、*MacPherson* 判決以前のルール、つまり、欠陥製品について過失のある製造者は、ふつう直接の買主に対してのみ責任を負うというルールが挙げられる。「本来的に危険な」製品に対して、このルールの例外が作られたが、この例外は、ルールと整合しておらず、同時に、製造者の責任に関するケースが整合した態様で取扱われるように、運用することが不可能であった。塗装工の足場や、コーヒー沸かし器などの製品に対して、例外を適用したことがその証左である。このルールは、曲折をへて発展した。社会的融和と組織的整合性を実質的に欠くようになったからである。このルールをもともと正当化していたのは、黎明期にある産業を広範囲にわたる責任から保護するという政策と、このルールがなければ、裁判所は訴訟の洪水に見舞われるという確信であったようである。おそらくまた、消費者は、遠く離れた所にいる売り手が、相応の注意を払っていることよりも、自分達の取引相手が、相応の注意を払っていることを少なくともあてにするという信念もあった。しかし、世紀が変るまでに、これらの政策や経験命題のどれをとっても有効であるとは見られなくなったはずである。産業は成熟していたし、成熟した産業が、通常の過失責任に対して格別の保護を受けるべきであるという政策が、実質的な支持をえていたというのは考えにくい。訴訟の洪水という主張は、常に根拠薄弱であり、おそらくこの場合の主張も、まったくの最初から現実の中にほとんど基礎をもっていなかった。商標名の付いた商品が全国的に流通する状況が出現し、消費者は、小売商よりも製造者に頼りはじめていた。このルールは、社会的に融和しなくなってきたので、法体系との整合性も欠くようになった。適用可能な社会命題が、製造者の責任を他の者の責任と区別することに対して、充分な理由を提供しているように見えていた時には、製造者の特別扱いは、過失原理と整合していた。もはやそのような区別に充分な社会的理由を見いだせなくなった時、特別扱いは、過失原理と整合しなくなった。したがって、ルールと整合しておらず、整合した態様で運用することが不可能な例外を裁判所が採用したことは、驚くにあたらない。

曲折した発展の道筋をたどる法的ルールは、すこぶる不安定になる傾向がある。そのようなルールは、曲折した発展が始まる前でさえ不安定なものである。社会的融和と組織的整合性の基準の充足を実質的に欠いているであろうからである。曲折した発展が進むにつれて、不安定さが目立って増大するものである。第一に、整合していない例外があるために、組織的整合性の基準を充足しないことが、いっそう際立つものである。第二に、しばしば、そのようなルールは、教義的安定の基準すらも充足しないものである。裁判所が、ルールを適用するか、整合していない例外の一つを適用するか、さらに別の整合していない例外を発展させるか、を確定することが、困難ないし不可能になるであろうからである。この目立った不安定性の結果、曲折した発展の道筋は、ルール一〇(b)-五の場合のように、立法部ないし行政府による廃止、あるいは完全な先例変更という形で、終わりを迎えるのが通常である。後者の過程については第七章で考察する。

ここに至って次のことを見てとることができるであろう。つまり、判決裁判所が確立したルールは、先例が到達した結果と調和しうるものでなければならないという形式的制約をこえて、また、先例にしたがうか区別するかのいずれかを判決裁判所がしなければならないという形式的制約をこえて、先例に拘束力があるという制度原理は、実体的意味をもつということである。実体的意味というのは、先例で宣言されたルールが、社会的融和と組織的整合性の基準を実質的に充足する場合、たとえ他にそれよりかろうじて良いと思われるルールがあるとしても、整合的に適用され拡張されるべきであるということである。組織的整合性は、ふつう社会的融和に依存するから、この実体的意味は、次のように言い替えれば、ほとんどの実際上の目的にかなう。宣言された先例ルールは、それが社会的融和の基準を実質的に充足しており、そのルールを支持する社会命題に鑑み、新ケースに適用または拡張しないことが、適用可能な社会命題によって正当化されない場合、新ケースに適用し拡張すべきである。

さてここで、なぜ社会命題がすべてのコモンローのケースで関連するのか、社会命題を用いず教義命題のみにもとづいて判決できるという意味で、簡単なケースはなぜないのか、の検討に入ることもできる。

第一に、どの二つのケースも同一でないから、すべての新ケースは、先例で宣言されたルールが、整合的に区別できるか否かという争点を提起する。先例が整合的に区別できるか否かは、先例のルールを支持する社会命題に鑑み、二つのケースに異なる取扱いをすることが、適用可能な社会命題によって正当化されるか否かに主に左右される。

第二に、ふつう裁判所は、いかなる宣言ルールに対しても、適用、拡張、区別（したがって再定式化）、根本的な再構築、さらにこのことに関しては更改、のいずれかをする相当な形式的権能をもっている。社会的融和の基準を実質的に充足するルールを、社会的に融和しているルールと呼び、この基準の充足を実質的に欠いているルールを、社会的に融和していないルールと呼ぶとしよう。判決裁判所が宣言ルールを適用、拡張、再定式化、根本的に再構築、あるいは更改するか否かは、そのルールが社会的に融和しているかしていないかに依存する部分があるのが常である。宣言ルールが社会的に融和している場合、裁判所は、そのルールを整合的に適用、拡張し、適用可能な社会命題によって正当化される区別のみを採用すべきであり、通常そうするものである。宣言ルールが社会的に融和していない場合、裁判所は、何か他の方途をとるべきであるし、通常そうするものである。例えば、形の上ではもっともらしいが実質において整合していない区別をするか、ミニマリストや結果中心の手法を通じてルールを根本的に再構築するか、あるいはルールを先例更改する。

もちろん、多くの判決意見は、社会命題に言及することなく、単に先例の宣言ルールを適用する。概して、こうなるのは、宣言ルールが社会的に融和しているからである。そのようなケースにおいても適用可能な社会命題は計算に入れられるが、明示的にではなく黙示的に計算に入れられる。裁判所が、社会的に融和していない宣言ルールを適用する場合、そうする理由は、判決されるべきケースをもっともらしく区別することすらできず、また先例更改も不適当であるというのがふつうである。後者の判断自体が、明示的または黙示的に立脚するのは、所与のケースにおいて、社会的融和と教義的安定の基準に付与されるべき相対的な重みにかかわる社会命題、宣言ルールが社会的に融和していない程度、および先例拘束性のもとにある道徳的、政策的価値の関係性である。[54] このように、拘束力のある先例で宣言されたあらゆるルールの法的地位は、単にそれが宣言されたという事実にのみ依存するのではなく、明示または黙示に考慮される適用可能な社会命題とルールが融和しているか否かにも依存している。

原理を出発点とする論証

裁判論証という文脈において、「原理」ということばは、時として道徳基準という意味で使われ、また時として法的基準という意味で使われる。このことばが第一の意味で使われているのか、第二の意味で使われているのかがしばしば不明瞭である。[55]

このように明瞭さを欠いていても、原理の相異なる二つの意味が言い表す基準が、同一の広がりをもっているなら、厄介な問題でないかもしれない。しかし、実際はそうではない。第一の意味の原理——道徳基準——は、裁判論証の中で重要な役割を担うが、それ自体は法ではない。第二の意味の原理——法的基準——は、仮説上、法である。なるほど、いくつかの基準は、両方の意味の原理である。その一つの例は、何人も他人の費用で不当に利得すべきでないという基準である。しかし、多くの基準は、二つのうち一方の意味においてのみ原理である。すべての道徳基準が、法として採用されているわけではなく、すべての法的基準が道徳に根拠をもっているわけではないからである。例えば、約束を破るべきではない、リスクを伴わないなら、死や傷害の危険にさらされている人を救助すべきである、というのは道徳基準であるが、コモンローの基準ではない。これと呼応して、相手方が信頼しなかった贈与約束は強制できない、リスクを伴っていないのに見知らぬ人を救助しなかったことについて責任は問われない、というのはコモンローの基準であり、道徳の基準ではない。

多くの基準は、関連する二つの意味の一方においてのみ原理であるから、裁判論証を分析するにあたり、二つの意味を分けてとらえることが不可欠である。この趣旨で、道徳基準に対して「道徳規範」ということばを、法的基準に対して「原理」ということばをあてることにする。

法的基準の世界では、原理と呼びうる基準と、ルールと呼びうる基準の間に論理的区別はない。[56]「法的ルール」ということばは、法的基準のすべてを適切にとらえており、たいていはそれでこと足りる。またそれは、私がこれまで用いてきた語法でもある。しかし、趣意によっては、原理とルールとの間に、有益で機能的な線引きができる。すなわち、原理は比較的一般的な法的基準であり、ルールは比較的特化した法的基準である。[57] この節では、この区別を用いることにする。

このように原理とルールをとらえる時、原理は、ルールに対する説明になっていると見てよいだろう。つまり、通例われわれは、より特化した命題を説明するために、より一般的な命題を援用するという意味である。しかし、原理の力は、単に説明することにとどまらない。原理は、ルールと同様、拘束力のある法的基準であり、しばしばルールの媒介なしに結果を確定する。したがって、例えば単純な事故のケースは、しばしば過失原理の適用によって解決される。なるほど原理は、関連するあらゆるケースを完全に確定するわけではないであろう。行為者が、過失原理によって求められるとおりに相応の注意を払うことを怠る場合でも、*MacPherson v. Buick Motor Co.* 以前に製造者の責任を規律していたルールのような何らかの特別ルールのもとで、責任を免れることがある。しかし、原理は、たとえ関連するあらゆるケースを完全に確定するわけではないとしても、拘束力をもちうる。通常言われるように、ルールもまた関連するあらゆるケースを完全に確定するわけではない。[58] したがって、詐欺防止法のルール（特定のタイプの契約は、書面によってかわされ、債務者の署名がなければ強制できないとするルール）を充足しない契約も、信頼の原理のもとで強制されることがある。

原理を出発点とする論証を、単に先例を出発点とする論証の特殊なケースとして、狭く説明することが可能である。例えば、原理がはじめて司法的に確立する時、その原理は、関連先例でなされた理由付けよりも、それらの先例の結果をうまく説明するという根拠で、正当化されそうである。このタイプの正当化は、先例ルールを確立する結果中心の手法の特殊なケースとして説明しうる。同様に、原理がいったん司法的に取り込まれれば、その後にその原理を用いることは、先例ルールを確立する宣言的手法の特殊なケースとして説明しうる。しかし、このように狭い説明をすれば、原理を出発点とする論証の重要な性質を見落とすことになろう。実際の慣行として、司法による原理の確立が、もっぱら先例の結果を説明する原理の力のみに立脚して行われることはほとんどない。同様に、後の原理の使用が、一つまたはそれより多くの先例の中でその原理が宣言されてきたことに立脚して行われることもほとんどない。

原理のたどる道筋を考察するにあたって、トーマス・クーンが『科学革命の構造』の中で展開した科学的パラダイムの概念を援用することが教示を与える。クーンは、「パラダイム」ということばを、次のようなモデル、原理、理論という意味で使っている。すなわち、その範疇に入るほとんど、あるいはすべての現象を説明するが、さらなる問題と曖昧さを解決する余地を残すほど充分に開かれたモデル、原理、理論である。パラダイムは、一つには、その時に広く用いられている科学的原理のもとで変則的な現象を説明する方法として、一人ないし二人の理論家によって定式化されるという特徴をもっている。パラダイムは、定式化の時点において、過去と未来の両方を指向する。パラダイムは、過去を指向することによって、従来の説明を再構築することを許容し、また事実それを要求する。パラダイムは、未来を指向することによって、明確化と特化を進めながら適用、拡張され、さらなる問題と曖昧さを解決し、新たな現象を発見するか、これまで無視されていた現象を説明する。しかし、このようにパラダイムが適用、拡張されるにつれて、そのパラダイムでは説明できない現象が発見される。はじめこれらの現象は、パラダイムによって説明されないというまさにその理由で、変則として扱われる。しかし、変則が存続し蓄積すれば、それらを説明する新たなパラダイムが最終的に定式化されることになる。[59]

同様に、新しい法的原理は、一つには、その時に広く用いられている法的原理のもとで変則的な現象、先例の形をとっている現象、を説明する方法として、一人ないし二人の理論家によって、はじめて明示的に定式化されることが多い。例えば、契約法における信頼の原理は、サミュエル・ウィリストンを主な起草者とする第一次契約法リステイトメントの九〇条[60]と、ロン・フラーを主な著者とする画期的論文、『契約法における信頼利益』[61]において、はじめて明示的に定式化された。この原理を正当化している主な理由は、(一、三の純粋に歴史的な例外はあるが)交換取引の約束のみが強制できるという理論が広く用いられているにもかかわらず、特定の非交換取引の約束を強制したケースの結果を説明したことと、契約違反に対する損害賠償は、侵害を受けた当事者の期待によって算定されるべきであるという理論が広く用いられているにもかかわらず、侵害を受けた当事者の信頼(つまり、その当事者のアウトプット、あるいは逸失機会)によって損害賠償を算定したケースの結果を説明したことであった。非良心性という現代的原理は、カール・リウェリンを主な起草者とする統一取引法典の第二編において、はじめて明示的に定式化された。[62]この原理を正当化している主な理由は、交換取引は公正さと無関係に強制されるという理論が広く用いられているにもかかわらず、交換取引をその公正さについて糺したケースの結果を説明したことであった。厳格製造物責任の原理は、*Escola v. Coca Cola Bottling Co.*(63) におけるロジャー・トレイナー裁判官の同意意見と、ウィリアム・プロッサーを主な起草者とする第二次不法行為法リステイトメントの四〇一A条(64)において、はじめて明示的に定式化された。この原理を正当化している主な理由は、保証（warranty）、または過失の積極的な立証のいずれかを欠いている場合でも、欠陥製品の製造者に責任を負わせたケースの結果を説明したことであった。

新たに定式化された原理は、その時広く用いられている原理のもとで変則的に見えるケースを説明することを根拠の大部分として正当化されることが多い。それゆえ、先例のルールを確立する結果中心の手法を、その種のケースに適用することによってのみ、結果として原理の定式化と確立が生じるのだと信じたい誘惑にかられる。この誘惑には抗うべきである。新たに定式化される原理は、変則的先例が適用可能な社会命題から滋養を引き出す場合にのみ、その先例から滋養を引き出す。変則的先例は、適用可能な社会命題が変化したために、広く用いられている原理が、社会的融和を失った時に現れる傾向がある。その後、裁判所は、その時の潮流となっている社会命題にもとづいた結果に到達するようになるが、これらの命題は、裁判所が説明として援用しうる原理の中にいまだ反映されていないから、法は曲折した発展の道筋をたどる。その結果、適用可能な社会命題が間接的に表現されている黙示的法体系が創り出される。最終的に、この黙示的法体系は、適用可能な社会命題が直接的に表現されている明示的な法的教義、新しい原理の形をした法的教義、へと変貌をとげる。例えば、契約法は、信頼の原理が定式化される以前でさえ、信頼を黙示的に保護しており、また、非良心性という現代的原理が定式化される以前でさえ、非良心的契約の強制を黙示的に拒否していた。他方、不法行為法は、厳格製造物責任の原理が定式化される以前でさえ、黙示的に厳格製造物責任を課していた。このように、新たな原理が定式化され確立するのは、単にそれが従来の原理ではできないやり方で、変則的先例を説明するからだけでなく、従来の原理にはないやり方で適用可能な社会命題を反映するからでもある。対照的に、先例が変則的であることが単に司法の誤りによるものである場合、それらの先例を説明するためにいかなる原理も定式化されないであろう。そのような先例は、黙示的法体系の基礎とはならず、その代わりに法体系から隔離され衰退するにまかされる。

理論家によって明示的に定式化される原理に妥当することは、漸進的拡張を通じて徐々に出現してくる原理にも妥当する。どのような出現の仕方をするにせよ、すべての原理は、適用可能な社会命題から活力を引き出し、その支持を失えば長くは存続しない。

また、原理と適用可能な社会命題の間に直接的な関係があることから、原理がはじめて定式化され確立した後に果たす役割が説明しやすくなる。そのような役割の一つは、新たな法的ルールの基礎として働くことである。一つのレベルにおいて、比較的一般的な基準が、比較的特化した基準の基礎として働くという意味において、原理は、新たな法的ルールの基礎として働く。例えば、交換取引契約の違反があれば、侵害を受けた当事者は、期待利益の賠償を受ける権利をもつという原理は、様々な特化ルールの基礎として働いてきた。そのようなルールの一つに、買主がサーヴィス契約に違反した場合、売主の損害賠償は、契約代金から、まだ費やされていないコストを差し引いたものによって算定されるというルールがある。より深いレベルにおいて、原理は、法的ルールと社会命題を仲介することによって、新たな法的ルールの基礎として働く。原理は、その実質的部分において適用可能な社会命題に立脚するから、そのような命題を法の内部に取り込んで、制度的価値に変える効果をもつ。したがって、裁判所が、新たな法的ルールの基礎として原理に依拠する時は、直接的には教義命題（原理）に依拠しており、間接的には（その原理を生成する）適用可能な社会命題に依拠している。

はじめて定式化され確立した後に、原理が果たすもう一つの役割として、以前に確立したルールを再検討し、形成しなおすための基礎としての働きがある。このような原理の役割のおかげで、裁判所は、制度化された価値に照らして、確立ルールを批判し、説明しなおし、再定式化できる。原理と適用可能な社会命題の間に直接的な関係があるために、新たな原理を用いて確立ルールを再検討することによって、かつ社会的融和の基準を充足する比較的一般的な教義命題に訴えることによって、裁判所は、社会的融和の基準を充足しない比較的特化した教義命題を形成しなおすことができる。このように、確立ルールを批判的に再検討し形成しなおすために新たな原理が用いられることは、法に自浄作用があるという概念に反映されている。

裁判所は、新たなルールを形成するためにも、古いルールを形成しなおすためにも原理を用いるから、新たな原理の射程は、新たなパラダイムの射程と同様に、もともとその原理が教義的に正当化されていた範囲をはるかにこえて長期に及ぶのが典型的である。例えば、そもそも契約法における信頼の原理は、裁判所が、非交換取引の約束を強制し、信頼利益に対する賠償を認めたケースの説明として教義的に正当化された。しかし、後にこの原理の射程は、申込と承諾などの領域において新たなルールを形成することや、[65]詐欺防止法などの領域において古いルールを形成しなおすことにまで及んだ。[66]同様に、そもそも非良心性という現代的原理は、特に定型書面契約において、公正さを欠く不意打的約定が用いられたケースの説明として、教義的に正当化された。[67]しかし、後にこの原理の射程は拡張され、他のタイプの詐取的行為について交換取引を審査し、[68]一方的錯誤などの領域において、古いルールを形成しなおすことを裁判所に許すまでに及んだ。[69]そもそも厳格製造物責任は、消費者や使用者に絡むケースの説明として、教義的に正当化されたが、後に製品の傍にいる人にまで及んだ。

原理のたどる道筋は、拡張ばかりではなく、限定も伴っているのが典型的である。二つの原理が、それぞれ規律するとされる妥当領域を持っているが、二つが重複する領域では、それぞれが異なる方向を指し示す場合に、それらの原理間の衝突から、限定が生じることがよくある。そのようなケースでは、裁判所は、二つの原理のうちより重要なほうの射程を拡張し、それに応じてより重要でないほうの射程を限定することがある。例えば、贈与約束は強制できないという原理と、合理的な信頼は保護されなければならないという原理の間の衝突から、相手方が信頼した贈与約束は、信頼が予見可能な限度で強制できるというルールが現れた。[70] その他のケースでは、ラズが指摘したように、裁判所は、それぞれの原理を適用することによって、その原理の目的が促進される程度、または、その原理を拒絶することによって、その原理の目的が損なわれる程度を衡量し、より重要でないほうの原理を適用することがある。そうすることによって「〔その〕原理の目的が大幅に促進される一方、より重要なほうの原理の目的に対して、ほんのわずかしか害を及ぼさない」[71]からである。さらには、裁判所が、両方の原理を反映するルールを形成する場合もある。例えば、会社の経営は、取締役によって管理されるべきであるという原理と、取締役は、自分の会社と公正に取引すべきであるという原理との間の衝突から、取締役と会社との取引が、利害関係のない取締役によって承認された場合、その承認によって、取引が判定されるさいの公正さの基準が変ってくるが、取引が公正さの審査から完全に免れるものではないというルールが現れた。[72]

原理間の衝突の結果、特別ルールの定式化を通じて、種々の取引が原理の完全な効力から徐々に分立するようになる。また分立は、原理と適用可能な社会命題の直接的な相互作用を反映する特別ルールの定式化を通じて生じることがある。この種の特別ルールが定式化されるのは、適用可能な社会命題によって次の知見が生じるときである。すなわち、あるタイプの取引は、ある原理の定められた適用範囲に入るが、その取引は、充分に特殊であるので、その原理の完全な効力から免れるべきであるという知見である。例えば、取締役による経営判断の行使や、裁判官の司法機能の行使を伴うケースにおいて、過失責任を限定する――すなわち、過失原理の完全な効力を限定する――特別ルールが、政策にもとづいて定式化されてきた(73)。同様に、契約が締結された時点において損害の要素が合理的に予見できなかった場合、あるいは、原告が自らの損害を軽減することを怠った場合に、期待利益賠償の原理の完全な効力を限定する特別ルールが、政策と道徳規範にもとづいて定式化されてきた(74)。

原理は、裁判論証において数多くの役割を果たす。原理は、法的ルールを説明する。原理は、それ自体拘束力をもつ法的基準であり、ある種の取引の結果を直接に確定する。原理は、適用可能な社会命題と法的ルールを仲介する。

究極的には、原理がたどる道筋は、適用可能な社会命題との融和に立脚する。原理が社会的に融和しなくなるような仕方で、適用可能な社会命題が変化する場合、裁判所が新しい社会命題に対応するにつれて、新たに判決されるケースは、原理から乖離しはじめるようになる。最初は古いルールは廃止されず、それゆえ、新たなケースは変則的に見える。しかし、結局は、変則的なケースを説明し、それらのケースを生成した社会命題を表現する新しい原理が定式化される。新たなルールの射程は、徐々に拡張されるであろう。原理がその仕事をすべてなし終えるまで、古い原理が生成したルールは、新たな原理が生成するルールと共存することがある。新たな原理の働きが、法制度全体に浸透する頃には、その原理自体も入れ替わりの過程に入っているかもしれない。

原理の発展には、拡張のみならず限定も伴う。限定が生じるのは、裁判所が特別ルールを定式化し、そのルールが、関連する原理の完全な効力からある種の取引を分立させる効果をもつ時である。そのような限定は、二つの原理の衝突から、あるいは原理と適用可能な社会命題の相互作用の結果として、生じることがある。法的論証の主な継続的任務は、適用可能な社会命題に照らして、充分に特殊であるので、本来なら関連するはずの原理の完全な効力を免れることが正当化されるのは、どの取引であるかを確定することである。

これら様々な力学の結果として、取引の中には、原理の拡張によってカバーされるもの、原理の限定によって特殊な取扱いを受けるために分立するもの、さらには、特殊な取扱いを受けるためにいったんは分立したが、後に再び吸収されるものがでてくるので、時の経過とともに、所与の原理の射程は、ある点では増大し、またある点では減少しそうである。例えば、様々な行為者をその過誤の完全な帰結から絶縁してきた免責ルールが廃止されたことによって、この四〇年の間、過失原理の射程が大幅に拡張されてきた。しかし、同じ時期に、欠陥製品の製造者の責任は、いったんは特別ルールのもとで過失原理の完全な効力から分立し、*Donoghue* と *MacPherson* などのケースを通じて、再び過失原理に吸収されたが、厳格製造物責任の原理のもとで取扱われるために再び分立した。適用可能な社会命題に照らして特殊であり、それゆえ原理の範囲外にあると一度は見られたものが、後に特殊でなく、それゆえ原理の範囲内にあると見られることがある。特殊でなく、それゆえ原理の範囲内にあると一度は見られたものが、後に特殊であり、それゆえに原理の範囲外にあると見られることがある。

類推による論証

コモンローにおける類推による論証は、単にケース間の類似点と相違点を比較することから成る、あるいは単に「実例」による論証から成る、ととらえられることが時々ある。このようなとらえ方が正しいとすれば、類推による論証は、先例や原理を出発点とする論証と質的に異なることになるであろう。先例や原理を出発点とする論証は、両方とも基準を出発点とする論証に依拠しているからである。しかし、このとらえ方は誤っている。類推による論証が、先例や原理を出発点とする論証と異なっているのは、単にその形態においてのみである。

最初のとらえ方――コモンローにおける類推による論証は、単にケース間の類似点と相違点を比較することから成る――の誤りは、簡単に証明できる。(1)一九八七年一月一日に、(2)クリーヴランドの、(3)セメント漆喰機の、(4)製造者が、(5)セメント漆喰機を、(6)クリーヴランドの、(7)機械工場経営者に売ったが、(8)その機械に欠陥があった結果、(9)三月一日に、(10)その経営者がその機械使用中に手を負傷した、と仮定しよう。裁判所は、厳格製造物責任の原理のもとで、製造者に責任があると判示する。さて、第二のケースが起きる。二つのケースは、傷害が機械の欠陥の結果として生じたのではないという点においてのみ、最初のケースと異なる。二つのケースには、九つの類似点と、たった一つの相違点があるが、明らかにその相違点が決定的であり、たとえ、さらに九〇の類似点が追加されたところで、その相違点が決定的となるであろう。コモンローでは、ただ単に類似点と相違点を比較することによってのみ、ケースの結果が決るわけではない。[75]

第二のとらえ方――コモンローにおける類推による論証は、実例による論証から成る――は、エドワード・レヴィの『法的論証序説』[76]の中心的テーマとなっているが、この著作は、類推による論証のみならず、コモンローの論証すべてを実例による論証であると性格づけている。レヴィは、このとらえ方を例証しようと試みた。欠陥製品の製造者は、直接の買主に関する一連のケースによって、*MacPherson v. Buick Motor Co.*[77]によってニューヨーク（そして実質的にアメリカ）において、また*Donoghue v. Stevenson*[78]によってイギリスにおいて、頂点を極めた製造者の過失責任に対してのみ過失責任を負うが、ただし、製品が慎重に製造されたとしても「本来的に危険な」タイプのものである場合は、この限りではないというルールが、一九世紀初頭に現れた。このルールのもとで審理にあたったイギリスとニユーヨークの裁判所は、欠陥のある馬車、まる鋸、オイルランプ、ボイラー、半田ごて、について過失のある製造者に対する損害賠償請求を認めなかったが、実際には毒であったが薬として売られたもの、欠陥のあるコーヒー沸かし器、洗髪剤、炭酸ソーダの瓶、建築用足場、について過失のある製造者に対する損害賠償請求を認めた。二〇世紀初頭に、*MacPherson* を先駆とするアメリカ法と、*Donoghue* を先駆とするイギリス法の両方が、製造者に与えられていた格別の保護を完全になくし、製品が「本来的に危険」であるか否かにかかわらず、製造過程に過失のあった製品から結果として生じた侵害に関する訴訟を許容するようになった。

レヴィは、この素描をパラダイムケースとして用いて、コモンローが「実例による論証」を通じて、そしてそれを通じてのみ発展すると論じる。

その手順は、以下のとおりである。ケース間の類似点が見いだされ、次に最初のケースに固有の法ルールが宣言され、それから第二のケースにその法ルールが適用できるようになる。これが法に必要な論証方法である……。

法のフォーラムは、何を必要とするのか。それは、競合する実例が提示されることを必要とする。法のフォーラムは、競合する類似例が法廷に出されることを確保することによって、当事者とコミュニティを保護する。[79]

レヴィは、実例の比較というより、むしろ一般的命題を出発点とする論証によって、法が発展するという考えをあざ笑う。

このように法的論証を分析すれば、ケースの比較があまり強調され、創り出される法概念があまりに軽視されるという反論がなされるかもしれない……。

その過程は……制度の建前に逆行する。それゆえ、何らかの全般的ルールへ逃避しようとする企てがなされる……ことは、避け難いように見える……。そのルールは、役に立たないであろう。そのルールは、それが意味をもたない水準で、機能しなければならなくなるであろう。そのルールは、陳列窓の装飾である。しかもそれは、非常に誤解を生じさせやすくもある。とりわけ、ある概念が破綻し、実例による論証によって別の概念が立てられようとする時、教科書の著者は、古いルールの非現実的側面に充分気がついていながらも、同様に曖昧で無意味な新ルールを宣言する。法の過程は、ルールとともに働くのではなく、それよりずっと低い水準で働くということを忘れているのである。[80]

レヴィは、*Heaven v. Pender*[81] におけるブレット記録長官の同意意見のために、とっておきの侮蔑を用意していた。この判決は、*MacPherson* や *Donoghue* の先ぶれとなった一般的原理を定式化した。つまり、製品の供給者が、その製品の状態について通常の注意と技量を用いなければ、使用者に傷害を及ぼす危険があると認識すべき時はいつでも、通常の注意と技量を用いる義務が生じる、という原理である。この原理を定めたことによって、「ケースを分類するはずの法的範疇をこえたルールへ」[82] ブレットが「飛躍」したことになる、とレヴィは言う。「帰納的論証の論理によれば、二つの命題がまったく同様の前提に到達する場合は、その主要命題を両方とも包摂する、より遠隔的でより大きな前提が存在するはずである」[83] と愚かにも考える裁判官によって、その飛躍は「捏造」された。

同様の批判の矛先が、*MacPherson* に対しても向けられる。

〔本来的に危険のルールが〕破綻すれば、過失ルールのような、一般的ルールが可能になると信じるとすれば、それは間違っている……。ルールがそのように定められるとすれば、ブレットの飛躍と同等のものとなろう。過失それ自体が、そのもとに含められるべき実例によって意味が与えられなければならない……。実例による論証の過程が、決定的となるであろう。[84]

レヴィの立場には、思い違いがある。なるほど発見という直観的跳躍において、実例がある役割を演じるかもしれない。しかし、裁判所は、それでよしとすることはできない。裁判所は、特定の規準に合致する客観的理由によって、自らの結果を正当化しなければならず、また、そのように正当化できない直観的結論を拒絶しなければならない。規範的文脈において、正当化のための論証は、基準を出発点としてのみ進めることができ、「実例による論証」は、そのままの形では、ほとんど不可能である。まず実例から格率ないしルールを引き出すことなく（同じことであるが、まず実例が、格率ないしルールを「表象する」と結論することなく）、実例にもとづいた規範的結論を正当化するために、論証を用いることはできない。[85]

実際、規範的文脈において、実例が直観的発見につながらないことすらあるであろう。次のような欠陥製品があって、それ以外には何もない広大な部屋を想像してみよう。左側には、馬車、まる鋸、オイルランプ、ボイラー、そして半田ごてがおかれている。右側には、コーヒー沸かし器、洗髪剤の入った瓶、炭酸ソーダの入った瓶、薬の瓶とされているが実際には毒が入っているもの、そして建築用足場の一部がおかれている。部屋の中心には、欠陥電気ブロイラーがおかれている。一人の裁判官が、この部屋に送りこまれ、左側にある物か、右側にある物、どちらと一緒にブロイラーをおくべきか決めるまで部屋を出てはならないと告げられる。その裁判官は、たぶん気が狂うであろうし、間違いなく餓死するであろう。これ幸いとそこにある毒をあおって自らの命を絶つのでないかぎり。もしその裁判官が、部屋にある物一つ一つの話を聞かされ、右側にある物を作った製造者は、負傷者に補償する義務を負ったが、左側にある物を作った製造者は、その義務を負わなかったと教えられ、それらの実例から、ブロイラーの製造者の責任について、論証し結論をだすように求められたとしても同じ結果になるであろう。

実際、レヴィが *MacPherson* に先立つ一連のケースによって、自分の理論の例証を試みるはめになったことは、とりわけ皮肉なことである。これらのケースのほとんどは、「実例による」論証を企てようとさえしなかった。*Losee v. Clute*[86] において、裁判所が、蒸気ボイラーの欠陥について過失のある製造者が責任を免れると判示したのは、蒸気ボイラーがまる鋸に似ているという理由からではなかった。*Statler v. George A. Ray Manufacturing Co.*[87] において、裁判所が、コーヒー沸かし器の欠陥について過失のある製造者に責任を負わせたのは、コーヒー沸かし器が建築用足場に似ているという理由からではなかった。むしろ、これらのケースや、その他ほとんどの *MacPherson* 以前のケースは、法的ルールを出発点とする論証をしようとした。そのルールが、社会的に融和しておらず、かつ、整合していない自家撞着に近い例外に服していたから、*MacPherson* 以前のケースは、法的論証のパラダイムとはならずに、法病理学のパラダイムとなって、裁判所が社会的に融和していない曲折ルールを出発点として論証しようとする時はいつでも、いかにめんどうな結果になるかを例証している。

コモンローの類推による論証が、ケース間の類似と相違を比較することから成るのでなく、また実例による論証から成るのでもないのであれば、それは、何から成るのであろうか。本質的には、コモンローにおける類推による論証は、基準を出発点とする論証の特殊なタイプであって、先例や原理を出発点とする論証と同様である。これらの過程と同様に、コモンローにおける類推による論証には、いくつかの様式に分かれる。類推による論証は、その中核において、区別の過程が鏡に映し出されたものである。裁判所は、区別するにあたって、以前のケースで宣言され、文言上審理中のケースに適用可能なルールから始めて、それから審理中のケースに異なる取扱いをするもっともな理由があると確定するのが通常である。それゆえ、裁判所は、二つのケースに異なる取扱いが求められるように、宣言ルールを再定式化（同じことであるが、例外を定式化）する。裁判所は、類推による論証をするにあたって、以前のケースで宣言され、文言上審理中のケースに適用可能でないルールから始めて、それから審理中のケースに異なる取扱いをするもっともな理由がないと決定するのが通常である。それゆえ、裁判所は、二つのケースに同様の取扱いが求められるように、宣言ルールを再定式化（同じことであるが、新ルールを定式化）する。

整合的な拡張

類推による論証の一つの様式は、以下のとおりである。先例裁判所が、文言上事項Ｘをカバーするルールｒを宣言したとする。次に、判決裁判所が事項Ｙにかかわるケースに直面する。事項Ｙは、ルールｒの定められた適用範囲に入らない。事項ＸとＹは同一でないから、それらに異なる取扱いをすることは、形式論理の問題として整合するかもしれない。しかし、判決裁判所は、ＸとＹに異なる取扱いをすれば、裁判論証の問題として、整合しないであろうと決定する。適用可能な社会命題も、深い教義上の区別も、二つのケースに異なる取扱いをすることを正当化しないからである。要するに判決裁判所は、比較的一般的なＲという形ではなく、比較的狭いｒという形で宣言ルールが言明されていることは、偶有的であった、あるいは偶有的になったと確定する。おそらく、ルールを比較的狭い形で言明する特殊な理由はまったくなかった。例えば、先例に伴った事実は狭く、先例裁判所は、それらの事実に対処する形でルールを言明したが、ルールをそれらの事実に故意に限定するつもりはなかったのかもしれない。あるいは、おそらく、ルールが宣言された時には、そのルールを狭く言明するもっともな理由があったが、適用可能な社会命題が変化したか、あるいは深い教義上の区別が解消されたかで、狭い言明がもはや理にかなったものでなくなったのかもしれない。いずれにせよ判決裁判所は、事項Xのみをカバーするルールrを、もはや事項XとYの両方をカバーするルールRの特殊なケースにすぎないと見なすべきであると結論する。それゆえ判決裁判所は、宣言ルールを一般化することによって再定式化し、それにしたがって審理中のケースを判決する。

例えば一九世紀末までは、夫は第三者による妻の愛情の離間（alienation）、すなわち、妻の愛情を夫から引き離すこと、について訴訟を提起することができるというルールがあった。なぜこのルールが、夫の愛情が離間した妻をカバーしなかったのかはまったく明らかではなかった。狭い定式化には、実体的基礎があったかもしれない。すなわち、裁判所は、当時適用可能であった社会命題にもとづき、夫の愛情が離間したとしても、妻は法的侵害を被らないと信じたかもしれない。あるいは、狭い定式化は、手続的、実際的問題にもとづいていたかもしれない。すなわち、結婚している女性は、当時いかなるタイプの訴訟も自らの名で提起することができず、夫は自分の愛情が妻から離間したとしても、妻に代わって自分の情婦を相手に訴訟を提起する動機をもたなかったであろう。法が変って、結婚している女性が自らの名で訴訟を提起することが許されるようになった後、夫の愛情が離間した場合に、妻が法的侵害を被るか否かという問題に解決が迫られた。*Bennett v. Bennett*[88]においてニューヨーク州の裁判所は、妻は現にそのような侵害を被ったと判示したが、この目的のために妻に夫と異なる取扱いをすることは、適用可能な社会命題によって支持されないことをその理由とした。

配偶者権の喪失によって、妻に生じる現実の侵害――これが訴訟の基礎となっているのだが――は、同じ原因から夫が受ける現実の侵害と同一のものである。妻と夫婦の親交をもつことに対する夫の権利は、夫と夫婦の親交をもつ妻の権利よりも重大であるというわけではない。婚姻は、その点に関して双方に同一の権利を与えている。双方は、他方の慰め、親交、愛情を受ける権利をもっている。一方の権利と他方の義務は、婚姻契約から発生し、その性質上相互的なものであり、夫としての夫および妻としての妻に付帯する……。夫が受けた不正を是正するために長い間救済が存在してきた……。妻が受ける不正は、夫の受ける不正と原理上同じものであり、夫の場合と同じ性質の行為が原因となるのであるから、救済も同じであるべきである。区別にどのような理由があるであろうか。一方のケースに他方のケースと同じ喪失と侵害が発生していないであろうか。夫との親交をなくしたことについて訴訟を提起する権利が妻にもあるのでなければ、妻との親交をなくしたことについて訴訟を提起する権利がどうして夫にあるのであろうか……。妻との親交について損害賠償の算定が可能な価値が夫にあるのに、なぜ夫との親交について法的価値が妻にはまったくないのであろうか。この点に関して、妻は、少なくとも夫と同程度に法の保護を必要としてはいないであろうか。法は、夫には援助の手を差しのべるが、妻にはそれを差し控えるのであろうか。[89]

要するに裁判所は、愛情の離間について夫が訴訟を提起できるというルール（ルールｒ）を、配偶者がその種の訴訟を提起できるという、より一般的なルール（ルールＲ）の特殊なケースにすぎないと見るべきであると結論したのである。おそらく、宣言ルールの狭い定式化は、最初から偶有的であった。それは、妻が自らの名で訴訟提起できないことから生成された人工物であった。おそらく——こちらのほうがずっとありそうなことであるが——狭い定式化は、当初は社会的に融和していたが、社会命題が変化するにつれて後に偶有的になった。いずれの説明のもとでも、結果は同じである。夫を一般化して配偶者にすることによって、ルールを再定式化し、先例と審理中のケースの両方をカバーするようにしなければならない。

Bennett v. Bennett の約三〇年後に *Oppenheim v. Kridel*[90] が起きた。このケースにおいて、かつては正当化されると見られた狭い定式化が、後に正当化されないと見られるようになったために、類推による論証が有効に働く様子がいっそう明白に示されている。*Oppenheim* の争点は、妻が不法行為上の姦通(criminal conversation)について訴訟を提起できるか否かであった。これは、愛人に対して、単に配偶者との姦淫にもとづいてなされた訴訟であり、配偶者の愛情が離間したという証明は求められなかった。ここでも伝統的ルールは、夫のみがその種の訴訟を提起できるということであった。しかし、このケースでは、ルールを狭く定式化する理由が実質的であることが明らかであった。「夫は、妻の身体に財産権を有し、妻を個人的に享受する権利を有していると言われた。その権利の侵害に対して、夫として訴訟を提起することが法によって認められた[91]。」伝統的ルールのもとにある見解によれば、妻は対応する利益をもっていないと見なされていた。しかしながら、*Oppenheim* の裁判所は、類推による論証を行って、妻は不法行為上の姦通について訴訟提起できると判示した。夫がその種の訴訟を提起しうるのであれば、妻もしかりである。この目的のために夫と妻とで取扱いを異にすることは、適用可能な社会命題によって正当化されなかったからである。

妻を相手とする姦淫について訴訟を維持する権利を、コモンロー上その夫に認めることにいかなる理由があったにせよ、今日ではその理由は、夫を相手になされた同様の違法行為について女性のためにも存在する。そのような不適切な行為によって傷つく感情や名誉を、夫がもっているのに、妻は、同じものをもちあわせていないと、自分自身や家庭に加えられた不正に対しておそらくいっそう鋭敏な感覚をもっていないと、今日いったい誰が言えようか。夫がそれを夫婦の契を汚すものと考えるとすれば、なぜ妻もそれを同じ観点から見てはいけないのか。夫が妻の身体に財産上の利益をもち、妻を個人的に享受する権利をもつという所説は、現代にふさわしい洗練された意味で用いられるのでなければ、古風であり、現代では、夫に関して妻にも同じ利益が与えられる……。夫を保護し、夫による訴訟の維持を認めるにあたり、すべての先例は、子供の嫡出性に対して疑義が投げかけられる危険があることを主な理由としたようであるが、それは子供が嫡出子である場合に、その子供の身体的、精神的健康について妻がもっている利益によって相殺されるであろう……。

私が見るかぎり、不法行為上の姦通という訴訟原因を夫に認めておきながら、妻には認めないことに健全かつ正統な理由はない。間違いなく妻は、家庭と健康で清潔な愛情深い関係を維持することについて、夫と同程度の利益をもっている。妻の感情は、夫の感情と同程度に侵略者に対して敏感であるにちがいない。これらの事実を無視するなら、裁判所として単に見たくないものに目をつぶっていることになろう……。[92]

以前に宣言されたルールを一般化するにあたり、その一般化をどの程度広くすべきかということが、しばしば思慮を要する難しい問題となる。*Bennett v. Bennett* と *Oppenheim v. Kridel* では、「配偶者」という範疇に一般化の自然な終了点が示されていた。しかし、自然な終了点がないことが多い。例えば、数多くの評釈がなされてきたイギリスのケースに、*D v. Natural Society for the Prevention of Cruelty to Children*[93]がある。NSPCCは、ボランティアの団体であり、訴訟を提起して子供の保護のための法を強制することを一つの目的としていた。この目的のためにNSPCCは、「子供と若者に関する法律（Children and Young Persons Act）」に授権されて、少年裁判所で「ケア手続」を行っていた。NSPCCは、その目的実現の一助として、虐待から保護する必要があるかもしれない子供に関する情報の提供を一般の人々によびかけた。そのパンフレットの中に、その種の情報は秘匿されるという約束があった。NSPCCの仕事は、子供の虐待の疑いに関する一般の人々の情報提供に頼っており、秘匿について実効性のある約束がなされなければ、近隣の人々や他の情報提供者は、その種の情報を提供しそうになかった。一九七三年一二月に、NSPCCは、ある人からDの娘が以前からひどい扱いを受けているとの情報を受け、Dの家に調査員を派遣した。その調査員は、その子供が大事に育てられていると判った。Dは、身に覚えのない咎を受けて健康を害した。彼女は、苦情を自分に知らせる前に、その調査を行うことについて、相応の注意を怠ったとしてNSPCCを訴え、情報提供者の身元の開示をNSPCCに要求する命令を求めた。

警察への情報提供者の身元を、民事訴訟において開示する必要がないことは、ルールとして確立している。もし情報提供者の身元が裁判所での開示に服するとすれば、情報源が枯渇して、警察は、犯罪の防止と捜査に支障をきたすであろうというのがその理由である。また初期のケースにおいて、貴族院は、賭博委員会（Game Board）への情報提供者の身元が保護を受けることも確立させていた。これら二つのルールにもとづいて、NSPCCは、次のような「広い提案」をした。つまり、当事者が、情報の開示を差し控えることによって助長される公の利益があると主張する場合はいつでも、裁判所は、その利益と、それと対抗する公の利益、すなわち、特定のケースにおける司法運営の利益を衡量し、そのバランスが開示を拒否する側に傾けば、開示を拒否しなければならないという提案である。貴族院は、ここまで広いルールを定式化する気にならなかった。しかし、実際には貴族院は、類推による論証を行って、子供の虐待の疑いについて警察に知らせた人を保護するルールを拡張して、このルールに代えて、より一般化されたルール、すなわち、公的、私的をとわず、ケア手続を開始する権限のあるいずれかの機関に対して、子供の虐待の疑いについて知らせた人を保護するルール、を再定式化した。

見捨てられた、あるいはひどい扱いを受けている子供に関して、ケア手続を開始する権限を与えられている者には、三つの範疇がある。すなわち、地元の関係当局、警察官、それにＮＳＰＣＣである。子供が見捨てられている、あるいはひどい扱いを受けているという疑いを警察に知らせる人々の匿名性は、既存の法をまったく拡張せずとも保たれるであろう。この点に関して、警察に与えられる情報と、地元の関係当局ないしＮＳＰＣＣに直接伝えられる情報との間に区別を設けるとすれば、あまりに不合理であり、この成り行きが「子供と若者に関する法律」を制定したさいに、英国議会の念頭にあったとはとうてい言えないように見うけられる……[94]。

ここで貴族院が、比較的低いレベルの一般化を選好したことは、異例なことではないが、類推による論証を求められた裁判所は、しばしば比較的高いレベルの一般化によって、新ルールを定式化するものである。極端な場合、この手法は、従来の変則的先例を説明する——すなわち、合理化し拡張する——ことで広い新原理を確立するケースの中で用いられる。例えば、贈与約束は、それに対する信頼がある場合、強制しうるものになるという原理が確立したのは、特定のタイプの贈与約束（もっとも顕著であるのは、代理人として行為する約束、慈善寄付、結婚を前提とした約束、寄託の約束、土地を譲渡する約束）が、それに対する信頼がある場合は強制しうるものになると判示した諸ケースの一般化にもとづいている部分があった[95]。

裁判所は、ルールを一般化するさいの適切なレベルをいかに確定すべきであるか。あまりに高いレベルにも、あまりに低いレベルにも、社会的コストがかかることがあることを承知しておくことが大切である。Rnは、あるルールの比較的開かれた定式化を表し、Roは、そのルールの比較的狭い定式化を表し、限定された事例のみをカバーするとしよう。RnとRoが両方とも、ふつうなら禁止されている数多くの事例をカバーするとしよう。また次のように仮定しよう。Rnと整合的に区別できないように見える特定の行為を許容している／裁判所が定式化Rnを採用する／時の経過とともに、Rnと整合的に区別できないと考える新たなケースが生じるにつれて、裁判所は、類推による論証によってn+1, n+2, n+3という特化した行為が許容されるように定式化Rnを拡張する／最終的に裁判所は、定式化Roに移行する。Roが採用されるまでの期間に、依頼人に対して、Roのもとで許容されるn+4, n+5という特化した行為が禁止されているという誤った助言をした専門家がいたかもしれない。結果として、私的行為者は、過剰な予防的措置を講じたり、この経緯がなければ従事していたはずの活動を差し控えたりしたかもしれない。この場合、最初にRoではなく、Rnを採用したことに社会的コストがあったと言える。

他方、裁判所が、最初から定式化Roを採用し、時の経過とともに、Roと区別する必要があると見るケースが生じ、活動o−1, o−2, o−3について例外を設けることでRoを制限すると仮定しよう。Roが採用された後、例外が採用されるまでの期間に、依頼人に対して、Rnのもとでは禁止されることになる活動o−1, o−2, o−3が許容されるという誤った助言をした専門家がいたかもしれない。結果として、私的行為者は、予防的措置をおろそかにしたり、この経緯がなければ差し控えていたはずの活動に従事したりしたかもしれない。この場合、最初にRnではなく、Roを採用したことに社会的コストがあったと言える（もちろん、有能な弁護士は、RnにせよRoにせよ、依頼人に対して正しい助言をするかもしれないが、ルールが定式化される一般性に応じて異なる助言をする人が、専門家の中に少なくとも何人かいるであろう）。

このように、一般性のレベルが最適か否かは、比較的開かれた定式が堅実なものであり、したがって数多くの例外に服するようなことはないという裁判所の自信にかかってきそうである。開かれた定式が採用されるまでに、蓄積されている特化ルールの数が多ければ多いほど、この評価が自信に満ちたものになることは明らかである。しかし、特化ルールが数多く蓄積されていない場合でさえ、適用可能な社会命題や、リステイトメントなどの専門家による権威ある談論によって、開かれた定式化が強固に支持されているという理由で、その定式化が正当化されることに裁判所が自信をもってもよい時がある。[96]

組織的整合性

コモンローにおける類推による論証の第二の様式は、第一の様式と密接に関係しているのであるが、一つのルール、ルールAを、それと競合するルール、ルールBに優先して採用すべきであると決定することから始まる。適用可能な社会命題によっても、深い教義上の区別によっても、以前宣言された何か別のルールに固執しながら、ルールBを採用することは正当化されないことが、その決定の理由となる。例えば、*Oppenheim v. Kridel* において、裁判所は、妻が愛情の離間について訴訟を提起できるという *Bennett v. Bennett* で確立したルールに固執しながら、他方で、妻は不法行為上の姦通について訴訟を提起できないというルールを維持することは、整合していないと結論した。

夫の愛情を離間させたことについて、妻が訴訟を維持できると認める時、妻は不法行為上の姦通についても訴訟を維持できるのだとほとんど容認しているようなものである。姦淫は、後者の唯一の基礎であるのに対して、前者では、ほぼ例外なく証拠の主要要素である。[97]

同様のケースに *Ploof v. Putnam*[98] がある。プルーフの主張によれば、彼は家族と一緒にスループ帆船で航海している時、突然激しい嵐に見舞われ、帆船と家族が大きな危険にさらされた。プルーフは、破壊や負傷を避けるために、帆船をプットナムのドックに繫留することを余儀なくされた。ところが、プットナムの代理人がこの繫留を解いてしまった。その後、帆船は嵐によって海岸に打ち上げられ、内部が壊れ、プルーフと家族が負傷した。裁判所は、プルーフが救済を受けるべき請求をつくしたと判示した。裁判所は、必要に迫られて他人の土地に入ることを余儀なくされた人は、不法侵入者（trespasser）でないと判示したケースを出発点として論証し、それに大きく立脚してこの結論に到達した。

> 公道の旅人が、突発的な一時的原因によって道が遮断されていると判った場合、その人は、隣接する土地の上を通っても不法侵入者とならない。必要に迫られているからである。Henn's Case, W. Jones, 296.... 水や火によって、喪失や破壊の危険にさらされている品物を救うために土地に入ることは、不法侵入ではない。21 Hen. VII, 27……Proctor v. Adams, 113 Mass. 376, 18 Am. Rep. 500では、被告は、水際までもっていかれ波にさらわれる危険にさらされていた船を救い、合法的所有者に戻してやる目的で、原告の砂浜に入ったが、これは不法侵入ではないと判示された……[99]。

引用されたケースで確立したルールが、*Ploof* の結果を直接確定するとおそらく受けとられたのは、人は不法侵入者でなければ、土地に入る権利をもつという理論にもとづいていたのであろう。しかし、土地所有者は、必要に迫られて自分の土地に入った侵入者から、無権限の立入りについて損害賠償をえることはできないが、自力救済を行使してその侵入者を立ち退かせることはできると判示したとしても、形式論理の問題として、整合しないことにはならなかったであろう。それゆえ、*Ploof* における問題は、必要に迫られて自分の土地に入った侵入者に対して、自力救済を行使することを土地所有者に許すルールが、侵入者は無権限の立入りについて損害賠償の責任を負わないというルールと、裁判論証の問題として、整合していることになるか否かということであった。その答えは否である。適用可能な社会命題にもとづいて、二つのケースを区別することができないからである。土地所有者が、必要に迫られた侵入者に対して、無権限の立入りについて損害賠償を求めることを法が認めないのは、生命や財産を救うという目的が、財産に不可侵の地位を与えるという目的よりも重要であるからであり、また、土地所有者が立入りを拒否すれば、道徳的に妥当でないであろうからである。これらの理由は、土地所有者が、侵入者を立ち退かせるために自力救済を行使できるか否かが争点である時にも、等しく当てはまる。したがって、損害賠償と自力救済は、この目的のために区別できない。それゆえ、土地所有者は損害賠償をえることができないというルールに固執しながら、土地所有者は自力救済を行使できるというルールを採用すれば、それは整合していないことになろう[10]。

類推による論証と先例を出発点とする論証が、実体的に等しいものであることは、もはや明らかなはずである。裁判所が、類推による論証を行うか、先例を出発点とする論証を行うかは、先例において宣言されたルールが、どのレベルの一般性をもって叙述されたかに依存するところが大きい。

例えば、ある時代に、申込の撤回は、受信時に有効であるというルールが確立していたが、承諾が受信時に有効であるか、発信時に有効であるかについては、まだルールがなかったとしよう。そのような時に、裁判所は、以下のような一連の出来事を伴うケースAに直面した。郵便は、二日かかる。月曜日にヴェアリィは、ステッドファストに申込を郵送した。ステッドファストは、その申込を水曜日の午前に受け取った。水曜日の午後、ステッドファストは承諾を郵送した。木曜日の午前に、ヴェアリィは電報で申込を撤回した。ステッドファストは、電報による撤回を木曜日の午後に受け取り、ヴェアリィは、郵送による承諾を金曜日に受け取った。ステッドファストは、契約が成立したと主張し、ヴェアリィは成立していないと言う。確立したルールのもとで、電報による撤回は、それが受け取られた木曜日に有効になった。したがって、もし承諾が発信時（水曜日）に有効であったなら、契約は成立したが、受信時（金曜日）に有効であったなら、契約は成立していない。裁判所は、契約が成立したと判示した。

その後、ケースBが起きる。このケースでは、ある州で、イーストが申込を郵送し、それを別の州でウエストが受け取った。ウエストは、ただちに承諾を郵送した。その承諾は、遅れずにイーストに届けられた。撤回がなかったので、契約は間違いなく成立したが、イーストの契約上の義務の範囲に関して、争いが生じた。イーストとウエストが住んでいるそれぞれの州の法に相違があった。イーストが住んでいる州の法が規律するとすれば、イーストが勝訴し、ウエストが住んでいる州の法が規律するとすれば、ウエストが勝訴する。確立したルールのもとでは、契約は、それが成立した州の法によって規律され、申込が承諾された時に成立する。それゆえ、どちらの州法が規律するかは、ウエストの承諾が、ウエストの州で発せられた時に有効であったか、イーストの州で受け取られた時に有効であったかによって決る。

ケースAで宣言されたルールが、「承諾は、発信時に有効である」という広いルールであったと仮定しよう。この時、判決裁判所は、先例を出発点とする論証を行うであろう。(i) 承諾が申込の撤回と交差する場合、いつ承諾が有効になるかという争点を提起するケースと、(ii) 承諾がある州で郵送され、別の州で受け取られる場合、どちらの州の法が規律するかという争点を提起するケースを区別することが、適用可能な社会命題によって求められるのでないかぎり、判決裁判所の論証は、ケースAで宣言された広いルールを適用するという形をとるであろう。

今度は、ケースAで宣言されたルールが、「承諾が撤回と交差する場合、承諾は発信時に有効である」という狭いルールであったとしよう。この時、判決裁判所は、類推による論証をするであろう。適用可能な社会命題によって、二つのケースの区別が正当化されないなら、判決裁判所の論証は、ケースAで宣言されたルールをケースBに拡張するという形をとるであろう。それゆえ、ケースBにおける判決裁判所の論証の形は、ケースAで宣言されたルールが、どのレベルの一般性をもって定式化されたかに応じて異なるであろう。しかし、ケースAで宣言されたルールが高いレベルの一般性をもって定式化され、ケースBの裁判所が、先例を出発点とする論証を求められるにせよ、あるいは、低いレベルの一般性をもって定式化され、ケースBの裁判所が、類推による論証を求められるにせよ、ケースBにおける裁判所の論証は、実体的において同一になるはずである。いずれの場合においても、実体的な争点は、ケースAとケースBが適用可能な社会命題によって区別しうるか否かである。

先例を出発点とする論証を規律する制度原理が、類推による論証をも規律することも、もはや明らかなはずである。特定的には、先例拘束性の原理のもとにあり、一般的には、教義的安定のもとにあるすべての理由は、先例を出発点とする論証に妥当するのと同程度に過不足なく、類推による論証にも妥当する。先例を出発点とする論証と同様、類推による論証は、複製可能性と支持の原理に反映された価値を促進する。先例を出発点とする論証と同様、類推による論証は、同様のケースが同様に扱われることを確保する一助となる。先例を出発点とする論証と同様、類推による論証は、専門家による複製が可能であり、裁判所がその過程を用いることによって、法的ルールの供給が豊かになり、ひいては、法にもとづく計画立案がより信頼できるものとなって、法にもとづく争いの解決がより容易になる。

もっとも重要であるのは、類推による論証が、先例を出発点とする論証と異なるのは、単に形においてのみであり、実体においてではないから、後者の慣行を規律する制度原理の一体性は、それらの原理が、前者の慣行も同様に規律するのでなければ、有意味に維持されえないことである。したがって、先例の宣言ルールが、社会的融和と組織的整合性の基準を実質的に充足しており、それゆえ、そのルールの定められた適用範囲に入るケースに適用されるべきであり、かつ整合的な区別ができないのであれば、そのルールは、定められた適用範囲に入らないが整合的な区別ができないケースにも拡張されるべきである。先例拘束性の要件に合致する先例は、直接に適用される場合と同程度に、類推によって拘束力をもつ。[10]

専門文献の中で確立した教義を出発点とする論証

先例を出発点とする論証は、判決裁判所の管轄において下され、判決裁判所に対して拘束力をもつ先例を出発点とするのが通常である。これらを地域的先例（local precedents）と呼ぶとしよう。類推による論証も地域的先例を出発点とするのが通常であり、またほとんどの場合、原理を出発点とする論証もそうである。しかし、しばしば裁判所は、教義を出発点として論証する。公式には判決裁判所に対して拘束力をもたないが、それでも専門家によって権威ある法源として一般的に認知されている成文典拠の中に、それらの教義は見いだされる。これらの成文典拠には、管轄外の裁判所、下級審および同一審級の裁判所が下した判決などの公式の源泉、リステイトメント、学術論文および法律雑誌の論文などのように専門家や研究者が著した二次的な源泉が含まれる。これらの成文典拠を、個別的には専門的源泉と呼び、全体としては専門文献と呼ぶことにする。専門文献は、相対的に広い場裡における専門家の談論の実質的部分を構成している。専門文献の重要性は、一九四〇年から一九七〇年にわたる一六の州最高裁の判決意見に関する研究から、うかがい知ることができる。その研究によると、州のケースでなされたすべての引用のうち、州外のケースの引用が約四分の一を占め、二次的な源泉は、ほぼ半数の判決意見で引用されている[102]。

多くの場合、裁判所が専門文献を引用するのは、主にそれが地域的先例に関係性をもつからである。例えば、その文献が、地域的先例で宣言されたルールを批判しているか、あるいは、地域的先例がどのようなルールを確立したかを確定するのに関連するからである。しかし、専門文献は、地域的先例を批判ないし解釈するにとどまらず、特定の教義を法として受容していることがたびたびあり、これと呼応して、裁判所も単に批判と理解の源泉としてだけでなく、教義の源泉としても専門文献に頼る。このことは、専門文献が地域外の裁判所が下した判決から成る場合にもっとも明白に妥当するが、リステイトメントや学術論文などの二次的な源泉にも妥当する。

専門文献から引き出される教義を、コモンローの論証に用いることについて考察するさい、その文献の中で支持されている教義と、その文献の中で確立している教義を区別することが必要である。ある教義が専門文献の中で確立しているか、単に支持されているにすぎないかは、その教義を受容している源泉の数と性格、専門家がそれぞれの源泉に付与している重み、および、その源泉が相互に補強しあっているか否かに依存する。

教義が専門文献の中で確立しているのではなく、支持されていると言えるのは、次のいずれかの場合である。つまり、その教義が他の専門的源泉によって反駁されていないが、ほんの二三の専門的源泉によってのみ法として受容されているにすぎない場合、教義を受容している源泉に専門家が大きな重みを付与していない場合、その教義が数多くの源泉によって法として受容されているが、他の源泉によって拒絶されている場合、である。教義が専門文献の中で支持されている場合、少なくともその教義に反する地域的先例がないのであれば、裁判所は、応答性の原理にしたがってその教義を真剣に受けとめるべきである。最小限度、裁判所は、その教義を拒絶する場合、なぜそうするのかを説明すべきである。

教義が数多くの地域外のケースによって、また（関連するリステイトメントや指導的論文などの）重みのある二次的な源泉によって、法として受容されており、かつ源泉相互に重大な抵触がない場合、その教義は専門文献の中で確立していると言えるであろう。専門家の談論の中で確立している教義は、それと相入れない地域的先例がなければ、地域的先例とほぼ同様に法として扱われる。そのような教義を受容しているケースは、ほとんどすべてのロースクールで使われる全国的なケースブックに掲載されるであろう。ロースクールの学生は、それらの教義が法である、つまり、その教義が地域的先例によって確立した州において法であるというにとどまらず、一般的に法であると教えられるであろう。これらの学生が実務弁護士や裁判官になる時、彼らは、法として学んだ特化した教義、および、専門文献の中で確立している教義が、地域的先例とほぼ同様に法として扱われることになっているという制度原理、の両方をたずさえているであろう。例えば、申込の撤回と交差する承諾は発信時に有効か、受信時に有効か、という争点を規律する地域的先例がなく、専門文献の中で、発信時ルールが確立している場合、裁判所は、そのルールを地域的先例の中で確立している場合とほぼ同様に用いるであろう。

事実、専門文献の中で確立している教義は、たとえそれが地域的先例の示唆する結果と異なる結果に導くとしても、その先例が正面から矛盾するものでないかぎり、法として扱われるべき特質をもっている。地域的先例が、贈与約束は強制できないというルールを確立しているとしても、それでも裁判所は、その特質として、専門文献の中で確立しているルール、贈与約束は相手がそれを信頼した場合は強制できるというルールを用いる。地域的先例が、確定申込も撤回できるというルールを確立しているとしても、それでも裁判所は、その特質として、専門文献の中で確立しているルール、確定中込は、相手がそれを信頼した場合は、強制できるというルールを用いる。地域的先例が、法的義務のルールを確立していても、整合していないが、専門文献の中で確立している例外の範囲に入るケースに直面した場合、裁判所は、その特質として、ルールではなく例外を適用する。

専門文献の中で確立している教義を、地域的先例とほぼ同様に扱う慣行は、教義的安定という広い基準と、その基準のもとにある諸要素を反映している。一つには、この慣行は、どの単一の法域においても法的ルールの供給を著しく豊かにし、それによって、法にもとづく計画立案と争いの解決を容易にする。二つめに、この慣行は、整合性という理念の特殊な側面、すなわち、全国レベルでの整合性を促進する。マーチン・シャピロは、政治学者の視座から不法行為法を眺めて、この慣行の結果を巧く要約している。「組織的政策形成に関する研究にとって、不法行為がこれほど興味深いのは……、五二個の不法行為政策があるのではなく、まさに真の意味で単一の不法行為法が……、確かに地方的な変異はあるものの、驚くほど均一な中核をもって、合衆国全体に行き渡っているということである。[103]」これが、あるべき姿である。結局、この国は、一つの国である。単に州境のどちらかの側で起ったという理由で、他の点では同等な取引が、異なる取扱いを受けて然るべきであるという考え方は、適用可能な社会命題自体が州ごとに異なる場合を除いて、ある意味で単により深い教義上の区別にすぎず、今日では社会的融和の基準によって支持されない。

仮説を出発点とする論証

仮説を出発点とする論証は、裁判論証の常套的な方法であり、法と法的論証をロースクールの学生に教える中心的方法である。この章の先の部分で考察した論証様式と同様に、適用可能な社会命題は、仮説を出発点とする論証において、中心的役割を演じる。

仮説を出発点とする論証の常套的形態は、次のように進められる。裁判所は、競合しあうルールのいずれを選ぶかが難しいとされているケースに直面する。それから裁判所は、少なくとも自身の見解では、三つの決定的な性格をもっている一つの仮説を述べる。第一に、仮説は、ケースと異なる。第二に、仮説は、ケースよりも決定しやすいように見える。すなわち、仮説では、競合しあうルールのうちの一つがより好ましく見えることが明らかである。第三に、仮説はケースと異なるが、適用可能な社会命題に照らして、ケースは仮説と区別できない。したがって、競合しあうルールのうちの一つが仮説を規律すべきであるとすれば、それは、ケースも規律すべきである。

例えば、*Vincent v. Lake Erie Transportation Co.*[104]では、レイク・イーリー・トランスポーテイションは、船荷を降ろす目的でヴィンセントのドックに船を繋留した。荷降ろしの途中、激しい嵐が起った。損害を避けるために、レイク・イーリーは、より強力なとも綱で船をドックに繋留しなおし、荷降ろしが完了した後も、船を繋留したままにしておいた。しかし、嵐が引き起した波が強い力で船を襲い、船は絶え間なくドックに打ちつけられ、その結果ドックに五〇〇ドルの損害が生じた。裁判所は、必要性の教義のもとで、レイク・イーリーには、船をドックに繋留したままにしておく権利があったことを黙示的に認める結論を下したが、それでもレイク・イーリーには損害賠償責任があると判示した。裁判所は、主に仮説を出発点とする論証によって、この結果に到達した。

餓死しかかっている人が、命をつなぐために必要なものを取っても、道徳上罪を負うことはないと神学者は言う。しかし、その人が、そうして取った財産の代価を支払うことができるようになった時に、彼にそうする義務が課せられないとは到底言えないであろう……。

このケースで、船の管理を任されている人達が、もっとしっかりと船を繋留するために、ドックに横たわっている高価な錨鎖を盗用したとしてみよう。そのような盗用が、いかに正当化できたとしても、錨鎖の所有者は、状況の圧倒的な必要性のために、その代価を回復できないという主張はなされないであろう。(105)

Vincent 自体がそうであるように、裁判所は、なぜ仮説が現実のケースよりも容易であるのかということと、仮説とケースに相違があるのに、なぜその二つを区別することが正当化されないのかということを両方とも明示しないままにしておくことがよくある。しかし、裁判所の黙示の論証は、ふつう相当程度の確度で解明できる。*Vincent* について、その解明をすれば、以下のようになるであろう。

第一に、仮説は、ケースと異なる。ケースでは、(i) 被告の財は維持されたが増大せず、(ii) 被告は、原告の品物を占有せず、(iii) 被告に、原告の財の一部を盗用しようという意図はなかった。対照的に、仮説では、(i) 原告の費用によって被告の財が増大し、(ii) 原告の品物を占有することを通じて、(iii) 盗用という被告の意図的な行為があった。

第二に、仮説は、ケースよりも決定しやすいように見える。万やむをえない理由がある場合でさえ、他人の品物を盗用する人が補償すべきであることは当然である。

第三に、適用可能な社会命題に照らして、ケースは仮説と区別できない。以下の区別は、適用可能な社会命題によって支持されない。(i) Bの財の増加という結果をもたらすAの財の減損と、Bの財の減損を防ぐためのAの財の減損との間の区別、(ii) 他人の品物を占有することと、結果的にその価値を減損させることが予見しうるような仕方で、他人の品物を使用することとの間の区別、(iii) Ｂの意図的な盗用から結果的に生じるＡの財の減損と、（現に生じた）Ａの財の減損の原因となりそうだった（その意図はなくとも）Ｂの行為から結果的に生じるＡの財の減損との間の区別。

したがって、仮説において責任が帰結すべきであるから、ケースにおいても責任が帰結すべきである。

仮説を出発点とする論証の常套的形態の二つめは、提唱されているルールは、同様の仮説ケースに拡張されれば不適切であろうから、拒絶されるべきであることを立証する。第一の形態では、ケースが仮説と区別できず、仮説の中でルールが明らかに妥当であるように見えるから、そのルールが採用されるべきことを立証することが目的である。第二の形態では、ケースが仮説と区別できず、仮説の中でルールが明らかに妥当でないように見えるから、そのルールが拒絶されるべきことを立証することが目的である。二つめの形態の論証は、以下のように進められる。第一に、仮説は、ケースと異なる。第二に、仮説は、ケースよりも決定しやすいように見える。第三に、適用可能な社会命題に照らして、仮説はケースと区別できない。それゆえ、裁判所が特定の仕方でケースに判決する場合、仮説が将来現実のケースになったとすれば、その仮説にも同じ仕方で判決しなければならなくなる。将来の仮説上のケースは、そのように判決されるべきでないから、現在の現実のケースもそのように判決されるべきでない。

例えば、*Roberson v. Rochester Folding Box Co.*[106] というケースがある。原告の申し立てによれば、小麦粉の製造と販売に従事する被告が、原告の同意をえずに、彼女の写真を宣伝目的で使用した。結果として、原告は著しく辱められ、病気になり、重い神経性ショックを患った。原告は、被告が彼女のプライバシーの権利を侵害したという理論にもとづいて訴訟を提起した。裁判所は、部分的に仮説にもとづいて救済を拒んだ。

そのような原理が、エクイティ裁判所という便法によって、法体系に組み込まれるとすれば、その原理を論理的に適用しようとする試みによって……ほとんど愚劣と言ってよいような訴訟が、結果として生みだされるのは必至であろう。プライバシーの権利は、いったん法的教義として確立すれば、肖像の公表に対する制約に限定されえず、絵画的文章表現の公表や、人の容姿、行為、家庭関係、習慣に関する論評の公表をも必然的に包含するにちがいないからである。そして、もしプライバシーの権利の存在がいったん法的に確認されるとすれば、前述の物が印刷されるのではなく、話される場合も、プライバシーの権利に含まれると必然的に判断されるであろう。一方は、他方と同様に、まったく自分一人にしておかれる権利を侵害するからである……。

公的人物と私的人物の間に区別を設けることは、到底できない。どのような原理にもとづいて、作家や芸術家が、プライバシーの権利を奪われ、偉大な演説家や偉大な説教師や偉大な唱道者は、その権利を保持するのか。誰が公的人物と私的人物の間に分界線を引くことができるのか。その線は、好きなように揺れ動き不規則であるにまかされているのに……。プライバシーの権利は、凡人のみの所有物であり、人が自分の能力を闊達に働かせ、勤勉さに拍車をかけ、人格に威厳を加えれば没収されるものであろうか。ある種のヒロイズムないし自己犠牲の行為によって、ある婦人の名前と名声が一般大衆の耳をみたす時、その婦人は家庭のプライバシーの中で人生を送っているかもしれない。彼女は、それまで所有していたプライバシーの権利を善行によって没収されることになるのであろうか。これらの考慮事項が手助けとなって……いっそう明らかになるのは、……立法部の立法によらずにこのテーマを扱うことがまったく不可能であり、裁判所ならば一般的司法作用の一部として公告すべきではないような恣意的な区別も、立法によればできるということである[107]。

仮説を出発点とする論証において問題になりやすいことは、仮説が実際にはケースと区別できるということである。例えば、*Roberson*における仮説は、正しい情報の伝達に関するものであり、原告をその意志によらずに無報酬で被告の商品のモデルにしたことにかかわるケースと区別できた。仮説を出発点とする論証の手法は、特にその第二の形態においては、慎重に用いなければならない。

仮説を出発点とする論証は、二つのケースを区別できるか否かという問題にかかっているから、形の上では類推による論証と比肩できる。しかし、仮説を出発点とする論証は、実質において、類推による論証とも、この章ですでに考察した他の論証様式とも異なる。それらの様式は、適用可能な社会命題、現実の教義命題、ケース間の相互作用に依存しているが、仮説を出発点とする論証は、適用可能な社会命題、想定された教義命題、ケース間の相互作用に依存している。したがって、仮説を出発点とする論証は、先例拘束性という特定の原理によっても、教義的安定という一般的基準によっても、直接には支持されていない。それゆえ、そのような論証は、決定過程の手法というよりも、レトリックであるように見えるかもしれない。ケースによってはその通りであるかもしれない。しかし、説得ではなく指導することが通常の目的である法学教育において、仮説を出発点とする論証が中心的な役割を演じていることを見れば、そのような論証が裁判所の決定過程の進歩に正統に役立ちうることがうかがえる。例えば、裁判官は、仮説を出発点とする論証を通じて、日常経験を伴っているので自然と感情移入できる社会命題から出発して、そもそもは自分の経験からもっとかけ離れているのだが、すでに仮説によって喚起されている感情移入を投射しうる社会命題に乗りかえることができるかもしれない。この他に、仮説を出発点とする論証は、未来から現在へと逆流する一種の教義的安定の基準として役立つかもしれない。そのような論証によって、裁判所は、競合する法的ルールの採用から、教義的安定の基準のもとで、帰結するであろう代替的法制度を紡ぎだし、さらにそれらの制度のうちから最良のものを生産する見込みのあるルールを選ぶことができる。

（1）J. Raz, *The Authority of Law* 188 (1979). 先例を出発点とする論証に関する、重要で示唆にとむ議論として、A. Simpson, "The Ratio Decidendi of a Case and the Doctrine of Binding Precedent," in *Oxford Essays in Jurisprudence* 148 (A. G. Guest ed., 1961) (hereafter Simpson, "The Doctrine of Binding Precedent."), と J. Raz, *supra* at 183-89 参照。

（2）J. Raz, *The Authority of Law* 187-88 (1979).

（3）例えば、交換取引の約束は、被約束者がすでに履行することを契約している行為を履行することと引き替えになされる場合は、強制できないというルールがある。かつてこのルールは、その種の契約には、法的な「不利益」が伴わず、それゆえ約因を欠いているという技術的根拠で合理化された。このルールは、現在次のように再合理化されている。「法的義務の履行が、約束に約因を提供したという主張がなされれば、取引が無償ではなかったのか、錯誤によるものではなかったのか、あるいは非良心的ではなかったか、という疑念を生じさせることが多い……。その種の約束は、法的義務の履行を取り止めるという明示または黙示の強迫によってえられた蓋然性があるので、交換取引に通常見られる推定的な社会的効用をもたない。」*Restatement (Second) of Contracts* § 73 comment a (1979). *See also, e. g.*, Kidd v. Thomas A. Edison, Inc., 239 F. 405 (S. D. N. Y.) (L. Hand, J.), *aff'd*, 242 F. 2d 923 (2d Cir. 1917).

（4）J. Stone, "The Ratio of the Ratio Decidendi," 22 *Mod. L. Rev.* 597 (1959). *See also* A. Simpson, "The Ratio Decidendi of a Case," 20 *Mod. L. Rev.* 413 (1957), 21 *Mod. L. Rev.* 155 (1958), 22 *Mod. L. Rev.* 453 (1959).

（5）A. Goodhart, "Determining the Ratio Decidendi of a Case," 40 *Yale L. J.* 161 (1930). *See also* Goodhart, "The Ratio Decidendi of a Case," 22 *Mod. L. Rev.* 117 (1959).

（6）M'Alister (or Donoghue) v. Stevenson, [1932] L. R. App. Cas. 562 (H. L. 1932).

（7）グッドハートは、先例で用いられた一般性のレベルが、裁判所が意図した一般性のレベルを確定すると主張したが、ストーンは、このアプローチが機能しないことを立証した。

これとは別に、グッドハートの理論を適用する難しさは、(i) 物理的発生事という意味における事実と、(ii) 法的ルールを反映する評価を含んだ結論、とを分けることが、この文脈において実践不可能であることが多いということである。例えば、*Donoghue* は、(i) 死んだカタツムリが、瓶に入り込むことを防止する装置をつけなかったことに対する製造者の責任と、(ii) 過失に対する製造者の責任、のいずれにかかわったのであろうか。

(8) *See, e. g.*, Rosenberg v. Lipnick, 377 Mass. 666, 389 N. E. 2d 385 (1979); Osborne v. Osborne, 384 Mass. 591, 599, 428 N. E. 2d 810, 816 (1981).

(9) 将来的先例更改については第七章で議論する。

(10) Sherlock v. Stillwater Clinic, 260 N. W. 2d 169 (Minn. 1977).

(11) Christensen v. Thornby, 192 Minn. 123, 255 N. W. 620 (1934).

(12) *Christensen*, 192 Minn. at 126, 255 N. W. at 622.

(13) *Id.*

(14) 裁判所が冒頭に詳述した事実関係は、次のとおりである。「原告の主張によれば、原告は被告に近付き……原告に対する断種手術は、専門的には精管切除と呼ばれるのであるが、原告の妻を、妊娠とその結果生じる危険——これについては、彼女はすでに警告を受けていたが——から守るであろうという診断を被告から受けた。一九三一年八月一日に、被告は原告に手術を施したが、訴状には手術に不手際があったという主張はなく、現在も原告は、不手際があったと主張していない。被告は、手術が成功したという診断を原告に伝え、断種を保証したと、原告は主張する。手術後しばらくして、被告の診断と表示を信頼して、原告は妻と性的関係を再開し、手術にもかかわらず彼の妻は妊娠した、と原告は主張する。*Christensen*, 192 Minn. at 123-24, 255 N. W. at 621.

(15) *Sherlock*, 260 N. W. 2d at 172. 多くの裁判所は、*Sherlock* のように子供の養育費のために損害賠償を認めるところまで至ることは拒んでいるものの、現在 *Sherlock* 判決は、不法行為による出生の責任に関する多数ルールを代表している。*See, e. g.*, "Survey of Washington Law: Wrongful Pregnancy," 20 *Gonz. L. Rev.* 613 (1984/85).

(16) MacPherson v. Buick Motor Co., 217 N. Y. 382, 111 N. E. 1050 (1916).

(17) Thomas v. Winchester, 6 N. Y. 381 (1852).

(18) *Id.* at 407-08.

(19) *Id.* at 409.

(20) Loop v. Litchfield, 42 N. Y. 351 (1870).

(21) 裁判所は、次のように述べた。「毒は、危険物である。火薬も同じである。魚雷は、ばね銃や装弾されたライフル、その他これに類するもののように危険な道具である。これらの物は、その性質上、人間に傷害を負わせるように計算され、一般的にその目的を達成するように企図された道具であり、品物である。それらは、本質的に、そしてその構成要素において、危険な道具である。しかし、直径数フィート、厚さ数インチの鉄の車輪は、たとえその一つの部分が他の部分より弱いことがあるとしても、この種の道具ではない。」*Id.* at 359.

(22) Losee v. Clute, 51 N. Y. 494 (1873).

(23) Devlin v. Smith, 89 N. Y. 470 (1882).

(24) *Id.* at 477.

(25) Statler v. George A. Ray Manufacturing Co., 195 N. Y. 478, 88 N. E. 1063 (1909).

(26) *Statler*, 195 N. Y. at 482, 88 N. E. at 1064-65.

(27) *MacPherson*, 217 N. Y. at 389, 111 N. E. at 1053.

(28) カードウゾは、次のように述べた。*Loop v. Litchfield* は、「まる鋸に使われている小さなはずみ車の欠陥に関するケースであった。安い品物を欲して、そのリスクを進んで負ったのであるから、買主に落度があることを製造者は指摘した。はずみ車は、壊れるまでに五年間も使われていたから、そのリスクが差し迫ったものであったとは到底言えない。その間、買主はその機械を賃貸した。製造者は、賃借人に対して責を負わないと判示された。」*Losee v. Clute* については、この判決は、「その特殊な事実に限定されなければならない。この判決は、傷害の危険があまりに希薄であることに根拠づけられた。このケースの買主は、ボイラーを受け取るだけにとどまらず、それを検査していた。製造者は、自らが行う検査が最終的なものでないことを承知していた。検査の最終性は、購入者以外の人に帰せられる慎重さの程度に関連性をもつ。」*MacPherson*, 217 N. Y. at 386, 111 N. E. at 1052.

(29) これらの制約について、J. Raz, *The Authority of Law*, 183-89 (1979) と Simpson, "The Doctrine of Binding Precedent,"

supra note 1 参照。

（30） *Cf.* P. Westen, "The Meaning of Equality in Law, Science, Math, and Morals: A Reply," 81 *Mich. L. Rev.* 604, 640-645 (1983).

（31） 第五章で指摘したように、二つのケースに異なる取扱いをすることが適用可能な社会命題によって正当化されない場合でも、時として深い教義上の区別が、そのような取扱いを正当化することがある。そのようなケースでは、社会的融和の基準が、組織的整合性の基準と緊張関係に立つかもしれない。解説の簡便のために、この章では、社会的融和と組織的整合性が並列するふつうのケースのみを扱うことにする。これら二つの基準が緊張関係にあるケースは、第七章で検討する。

（32） *See* J. Angell, *A Treatise on the Law of Carriers* 72 (1849); I. Redfield, *The Law of Carriers* 15-16 (1869).

（33） *See* Norway Plains Co. v. Boston & Me. R. R., 67 Mass. (1 Gray) 263 (1854).

（34） *See, e. g.,* E. Levi, *An Introduction to Legal Reasoning* 1-27 (1948).

（35） D. Dobbs, *Handbook on the Law of Remedies* § 12.25, at 925-26 (1973). しばしば指摘されてきたように、この文脈で、義務ということばを用いることには疑義がある。従業員は、損害を軽減できない場合、責任を負わないからである。*See, e. g.,* McClelland v. Climax Hosiery Mills, 252 N. Y. 347, 358-59, 169 N. E. 605, 609 (1930) (Cardozo, C. J., concurring). しかし、この専門語法は、充分に確立しており、分析上の問題にまで至っていない。

（36） Mr. Eddie, Inc. v. Ginsberg, 430 S. W. 2d 5 (Tex. Civ. App. 1958).

（37） *See Restatement (Second) of Contracts* § 201 (1) (1979); M. A. Eisenberg, "The Responsive Model of Contract Law," 36 *Stan. L. Rev.* 1107, 1117-27 (1984).

（38） *See* Zetlin v. Hanson Holdings, Inc., 48 N. Y. 2d 684, 421 N. Y. S. 2d 877, 397 N. E. 2d 387 (1979).

（39） *See* Gerdes v. Reynolds, 28 N. Y. S. 2d 622 (N. Y. Sup. Ct. 1941).

（40） *See* Caplan v. Lionel Corp., 20 A. D. 2d 301, 246 N. Y. S. 2d 913, aff'd, 14 N. Y. 2d 679, 198 N. E. 2d 908, 249 N. Y. S. 2d 877 (1964).

（41） なぜ人は、法的拘束力のある贈与約束をしたいと望むことがあるのかについては、数多くの理由がある。例えば、人は約束を果たす前に死亡した場合に、遺産によってその約束が確実に履行されることを望むかもしれないし、あるいは、有効な措置を完遂したという満足感を望むかもしれないし、また、自分の現在の熱望が、今より立派でなくなった将来の自分に打ち砕かれることがないように、その熱望を守ることを望むかもしれない。

(42) *See* Thomas v. Thomas, 114 Eng. Rep. 330 (Q. B. 1842).

(43) この問題は、第七章でさらに考察する。

(44) *Restatement (Second) of Contracts* § 73(1979).

(45) *Id.* at § 73 comment d.

(46) *Id.* at §§ 73 comment f, 74.

(47) *See* Schwartzreich v. Bauman-Basch, Inc., 231 N. Y. 196, 131 N. E. 887 (1921).

(48) *Restatement (Second) of Contracts* § 89 (1979).

(49) *See* Cal. Civ. Code §§ 1524, 1541, 1697; Mich. Comp. Laws Ann. § 566. 1; N. Y. Gen. Oblig. Law § 5-1103.

(50) U. C. C. § 2-209.

(51) *See* Goodwin v. Agassiz, 283 Mass. 358, 186 N. E. 659 (1933).

(52) *See* Strong v. Repide, 213 U. S. 419, 431 (1909).

(53) 17 C. F. R. § 240. 10b-5 (1987).

(54) 第七章の「先例更改」における議論を参照。

(55) *See, e. g.,* R. Dworkin, *Taking Rights Seriously* 22-31, 90-91 (1978).

(56) これと反対の立場として、R. Dworkin, *Taking Rights Seriously* 22-28 (1978) 参照。*See also* G. Hughes, "Rules, Policy and Decision Making," 77*Yale L. J.* 411, 419 (1968).

(57) 本文でなされている区別は、ラズが行った区別、すなわち「ルールは比較的特化された行為を規定し、原理はきわめて不特定な行動を規定する」という区別に関係する。J. Raz, "Legal Principles and the Limits of Law," 81*Yale L. J.* 823, 838 (1972) (hereafter Raz, "Legal Principles and the Limits of Law").

(58) *See* Raz, "Legal Principles and the Limits of Law," *supra* note 57. *But see* R. Dworkin, *Taking Rights Seriously* 22-28, 71-80 (1978).

(59) T. Kuhn, *The Structure of Scientific Revolutions* 10, 23, 181-87 (2d ed. 1970).

(60) *Restatement (First) of Contracts* § 90 (1932).

(61) L. Fuller & W. Perdue, "The Reliance Interest in Contract Damages" (pts. 1&2), 46 *Yale L. J.* 52, 373 (1936 & 1937).

(62) U. C. C. § 2-302 (1982).

(63) Escola v. Coca Cola Bottling Co., 24 Cal. 2d 453, 461,150 P. 2d 436, 440 (1944) (Traynor, J., concurring).

(64) *Restatement (Second) of Torts* § 402A (1963 & 1964).

(65) *See Restatement (Second) of Contracts* § 87(2) (1979).

(66) *See id.* § 139.

(67) *See* U. C. C. § 2-302 comment 2 (1982); A. Leff, "Unconscionability and the Code—The Emperor's New Clause," 115*U. Pa. L. Rev.* 485, 489-95 &n. 35 (1967).

(68) *See* M. A. Eisenberg, "The Bargain Principle and Its Limits," 95 *Harv. L. Rev.* 741 (1982).

(69) *See Restatement (Second) of Contracts* § 153 (1979).

(70) *See Restatement (First) of Contracts* § 90 (1932); M. A. Eisenberg, "Donative Promises," 47 *U. Chi. L. Rev.* 1, 18-31 (1979).

(71) Raz, "Legal Principles and the Limits of Law," *supra* note 57, at 833.

(72) *See* American Law Institute, *Principles of Corporate Governace: Analysis and Recommendations* § 5.02 (Tent. Draft No.5, 1986).

(73) *See id.* § 4.01 (Tent. Draft No.4, 1985); W. Keeton, D. Dobbs, R.Keeton & D. Owen, *Prosser & Keeton on the Law of Torts* § 132, at 1056-59 (5th ed. 1984).

(74) *See Restatement (Second) of Contracts* § § 350, 351 (1979).

(75) *See* J. Raz, *The Authority of Law* 201-06 (1979); L. Becker, "Analogy in Legal Reasoning," 83 *Ethics* 248 (1973). 類推による論証に関する他の重要な議論として、M. Golding, *Legal Reasoning* 44-49, 102-11 (1984); J. Levin, "The Concept of the judicial Decision," 33 *Case W. Res. L. Rev.* 208, 230-39 (1983).

(76) E. Levi, *An Introduction to Legal Reasoning* (1948).

(77) MacPherson v. Buick Motor Co., 217 N. Y. 382, 111 N. E. 1050 (1916).
(78) M'Alister (or Donoghue) v. Stevenson, [1932] L. R. App. Cas. 562 (H. L. 1932).
(79) E. Levi, *An Introduction to Legal Reasoning* 1, 2, 5 (1948).
(80) *Id.* at 8-9.
(81) Heaven v. Pender, 11 Q. B. D. 503, 506 (1883) (Brett, M. R., concurring).
(82) E. Levi, *An Introduction to Legal Reasoning* 16-17 (1948).
(83) *Id.* at 17.
(84) *Id.* at 27.
(85) *See* P. Westen, "On "Confusing Ideas": Reply," 91 *Yale L. J.* 1153, 1161-64 (1982).
(86) Losee v. Clute, 51 N. Y. 494 (1873).
(87) Statler v. George A.Ray Manufacturing Co.,195 N. Y. 478, 88 N. E. 1063 (1909).
(88) Bennett v. Bennett, 116 N. Y. 584, 23 N. E. 17 (1889).
(89) *Bennett*, 116 N. Y. at 590-91, 23 N. E. 18-19.
(90) Oppenheim v. Kridel, 236 N. Y. 156, 140 N. E. 227 (1923).
(91) *Oppenheim*, 236 N. Y. at 160, 140 N. E. at 228.
(92) *Oppenheim*, 236 N. Y. at 160-62, 168, 140 N. E. at 229, 231.
(93) D v. National Society for the Prevention of Cruelty to Children, [1977] 1 All E. R. 589 (H. L.).
(94) *Id.* at 595 (Diplock, L.). 他の意見は、ディプロック卿の意見と実質的に一致している。例えば、ヘイルシャム卿は、次のように述べた。「本件において、もし情報が警察にもたらされたとすれば、その情報は保護されたはずであるといったん認めてしまえば、同一の情報が、同一の情報提供者によって、（その情報にもとづいて行動する義務を負ったであろう）地元当局、あるいは、（争いのない証拠によれば、ふつうの情報提供者がもっと気軽に頼る）上訴人ＮＳＰＣＣにもたらされる場合は、その情報に同等に保護を与えるべきでないとするのは、私の判断では、明白にばかげたことになる……。

確かに警察も、地元当局も、NSPCCも絶対的な保証を与えられないと言えるであろう。情報提供者は、召喚状にもとづいて証拠を提出しなければならないケースがあるかもしれない。彼らの身元が、他の方法で明るみに出るケースもあるかもしれない。しかし、警察も、地元当局も、NSPCCも同じ立場に立っている。公的利益は、各々に対する関係において同一である。秘密性の保証は、各々の関係において差異のない同じ価値をもっている。したがって、NSPCCは、上訴において勝訴する権限がある。」*Id.* at 604.

(95) *See* B. Boyer, "Promissory Estoppel: Principle from Precedents" (pts. 1 & 2), 50 *Mich. L. Rev.* 639, 873 (1952); W. Shattuck, "Gratuitous Promises—A New Writ?" 35 *Mich. L. Rev.* 908 (1973).

(96) たとえ類推による論証がかかわっていない場合でも、新ルールが確立する時はいつでも同じ問題が生じうる。例えば、Klinicki v. Lundgren, 298 Or. 662, 695 P. 2d 906 (1985) では、裁判所は、会社役員による会社機会 (corporate opportunity) の占奪について規律するオレゴン州法のルールを確立した。*Klinicki*にかかわった会社は、閉鎖会社 (closely held) であり、裁判所は、確立したルールの適用を閉鎖会社に限定し、同じルールが公開会社 (publicly held) にも適用できるか否かを後日に委ねた。このルールの目的上、閉鎖会社と公開会社が区別できる相当な見込みがあったとすれば、このアプローチは賢明であったが、なかったとすればこのアプローチには疑義がある。

(97) *Oppenheim,* 236 N. Y. at 166, 140 N. E. at 231.

(98) Ploof v. Putnam, 81 Vt. 471, 71 A. 188 (1908).

(99) *Ploof,* 81 Vt. at 474-75, 71 A. at 189.

(100) *Cf.* J. Gordley, "Legal Reasoning: An Introduction," 72 *Cal. L. Rev.* 138, 147-48 (1984). これと同様に、ディプロック卿は、NSPCCケースにおいて次のように述べた。「もしこの貴族院が、見捨てられている、あるいはひどい扱いを受けている子供を保護する手続を開始する権限を、制定法によって与えられている人々にもたらされた情報の秘密性を、賭博の公明さが保たれるように賭博委員会にもたらされた情報の秘密よりも、不利な処遇しか裁判所で受けることができないものとして扱うとすれば、貴族院裁判官の価値観は充分に非難の的になりうるであろう。」[1977]1 All E. R. at 595.

(101) もちろん裁判所は、他の管轄のケースなどの、技術的には拘束力のないルールを出発点として類推による論証を行うことがある。この形の類推による論証は、専門文献を出発点とする論証の特殊なケースである。次節の議論を参照。

先例を出発点とする論証では、裁判所は文面上適用可能なルールから出発する。類推による論証ではそうしない。実践上の事柄として、前者のタイプのルールは、後者より手にしやすそうである。文面上適用可能なルールを見つけるには、比較的直截な調査技量が必要とされるにすぎない。類推による適用が可能なルールを見つけるには、法的想像力も必要とされるであろう。しかし、典型的には、重要な類似ルールは、学術論文や法律雑誌の論文などの二次的な源泉を調べれば、簡単に出てくるものである。これらの源泉の著者は、その争点をすでに考察していそうであるからである。

(102) L. Friedman, R. Kagan, B. Cartwright & S. Wheeler, "State Supreme Courts: A Century of Style and Citation," 33 *Stan. L. Rev.* 773, 796-808, 810-16 (1981). 四分の一という数字は、地域外の先例の引用総数を少なく見積もっている。この数字は、連邦のケースや、同一管轄の下級審や同一審級の裁判所が判決したケースを含んでいないからである。連邦のケースの引用を除外したのは、連邦の判決は、州裁判所が、州法ではなく連邦法上の争点に関して引用するという特徴をもっているからである。同一管轄の下級審や同一審級の裁判所が判決したケースの引用が含まれていないのは、フリードマン、ケイガン、カートライト、ウイーラーが、その種の引用に関するデータを提供しなかったからである。

See also B. Cannon & L. Baum, "Patterns of Adoption of Tort Law Innovations: An Application of Diffusion Theory to Judicial Doctrines," 75 *Am. Pol. Sci. Rev.* 975 (1981); J. Merryman, "Toward a Theory of Citations: An Emprical Study of the Citation Practice of the California Supreme Court in 1950, 1960, and 1970," 50 *S. Cal. L. Rev.* 381 (1977); J. Merryman, "The Authority of Authority: What the California Supreme Court Cited in 1950," 6 *Stan. L. Rev.* 613 (1954). *See generally* M. Shapiro, "Decentralized Decision-Making in the Law of Torts," in *Political Decision-Making* (S. Ulmer ed. 1970) (hereafter Shapiro, "Decentralized Decision-Making").

(103) Shapiro, "Decentralized Decision-Making," *supra* note 102, at 50.

(104) Vincent v. Lake Erie Transportation Co., 109 Minn. 456, 124 N. W. 221 (1910).

(105) *Vincent*, 109 Minn.at 460, 124 N. W. at 222.　裁判所は第三の仮説も用いたが、これは本文で詳述したものより緊要度が低い。「Depue v. Flateau, 100 Minn. 299, 111 N. W. 1, 8 L. R. A. (N. S.) 485において、原告が合法的に被告の家にいる間に病気にかかかり、安全に旅することができなくなった場合、被告は、原告を強制的に敷地から立ち退かせたことについて、損害を賠償する責任を原告に負うと、当裁判所は判示した。しかし、敷地の所有者が、旅人を不便なく住まわせ看病したとすれば、敷地所有者が相応の費用を求めて旅人を訴えた場合、旅人はその訴えに勝つことができたであろうか。」

109 Minn. at 459, 124 N. W. at 222.

(106) Roberson v. Rochester Folding Box Co., 171 N. Y. 538, 64 N. E. 442 (1902).

(107) *Roberson*, 171 N. Y. at 544-45, 554-55, 64 N. E. at 443, 447.

第七章　先例更改および他の様式の先例変更

この章は、「先例変更（overturning）」にかかわる。先例変更ということばを、以前に確立した教義の部分的ないし完全な廃止につながる論証様式という意味で用いることにする。もっとも劇的なタイプの先例変更は、先例更改（over-ruling）である。先例更改が生じるのは、裁判所が、確立した教義を完全に先例変更し、その旨宣言する時である。まず伝統的な先例更改の検討からはじめて、ついで将来的先例更改、先例変形、先例限定、整合していない区別、へと議論を展開したい。

先例更改

表面上、先例更改は、過程としても、教義の歴史上の出来事としても、法的論証の他の様式とは根本的に断絶しているように見える。しかし、この外見に欺かれてはならない。過程として、先例更改は、法的論証の他の様式と比肩しうる。教義の歴史上の出来事として、先例更改は、何ら急激な方向転換が伴わないことが多い。

他の様式の法的論証と同様に、先例更改は、制度原理によって規律される。この節では、はじめに、先例更改が生じる条件を定める二つの原理を解明する。ついで、先例更改が生じそうであることを予告する手法と、深い教義上の区別が先例更改に対してもつ効果へと議論を進める。

先例更改の基本原理

先例更改を規律する第一原理は、以下のとおりである。ある教義が、(i) 社会的融和と組織的整合性の基準の充足を実質的に欠いており、かつ (ii) その教義を維持したところで、先例更改する場合よりも、教義的安定の基準と先例拘束性の原理のもとにある価値——つまり、不偏性、正当な信頼の保護、不公正な不意打の防止、複製可能性、および支持がもつ価値——に資することにならない場合、その教義は先例更改されるべきである。これを先例更改の基本原理と呼ぶとしよう。

曲折教義：整合していない例外に服してきた教義に、先例更改の基本原理を適用することについて検討することからはじめたい。このような教義を曲折教義（jagged doctrine）と呼ぶとしよう（ルールと例外が整合しているか否かは、ルールを支持する社会命題に鑑み、例外に該当するケースに対して、ルールの範囲に入るケースと異なる取扱いをすることが、適用可能な社会命題によって正当化されるか否かに大きく依存していることを想起されたい）。曲折教義は、先例更改の基本原理の第一条件に合致する。そのような教義は、社会的に融和していない——これが、そのような教義が、整合していない例外に服するようになった理由である。そのような教義は、組織的に整合していない。一つには、その教義と例外が整合していないからであり、一つには、その教義が、社会的に融和していないために、他の教義と整合していないからである。曲折教義を維持したところで、先例更改する場合よりも、不偏性、正当な信頼の保護、不公正な不意打の防止、支持および複製可能性といった価値に資することには通常ならないから、曲折教義が第二条件にも通常合致することを示したい。

第五章において、不偏性の理念に合致することができるのは、同様のケースの整合的な処理――つまり整合的な結果――によるか、あるいは、いかにケースが判決されるべきであるかを確定する制度原理の整合的な適用によると述べた。ここでは、前者の意味における不偏性に焦点をあてる。ある教義が曲折するようになると、その教義を維持したところで、先例更改する場合よりも、この意味の不偏性に資することはなくなる。曲折教義を維持すれば、現在その教義が適用される人々を、過去に適用されてきた人々と同様に処遇できるかぎりおいて、現在と過去のケースの結果が整合するようになるかもしれない（これは、常にそうであるとは限らない。異なる時期における異なる結果は、それが適用可能な社会命題の変化の結果である場合、整合しうるからである）。しかし、曲折教義を維持すれば、現在のケースの結果が相互に整合していないようになる。曲折教義は、整合していない例外に服するから、その教義を維持すれば、教義が適用される人々の処遇と、例外が適用される人々の処遇との間の整合性を欠くという結果になる。曲折教義は、組織的整合性の基準の充足を実質的に欠いているから、その教義を維持すれば、その教義が適用される人々の処遇と、他の整合していない教義が適用される人々の処遇との間の整合性を欠くという結果になる。

曲折教義を維持したところで、先例更改する場合よりも、不偏性の価値に資することにならない点がよく分かる例として、慈善団体免責の教義の歴史が挙げられる。この教義は、一九四〇年代頃から広く先例更改されるに至った(1)。不法行為法と代理法の一般的ルールのもとで、本人は、自らの不法行為について責任を負い、かつ自らが雇用している人が、雇用の範囲内で犯した不法な行為について、使用者責任を負う。一九四〇年代までは、このルールの例外として、慈善団体は、不法行為責任を免除されるということがしっかりと確立していた。慈善団体免責の教義を支持するために、様々な理由が明示的に説かれた。そのうちもっとも重要であるのは、次の理由である。(i) 慈善団体の基金から不法行為の損害賠償を支払えば、信託目的を侵害することになる（これは、しばしば信託基金理論と呼ばれた）。(ii) 使用者責任の原理は、営利団体に対してのみ適用できる。(iii) 慈善団体の受益者は、不法行為のリスクを放棄または負担する。(iv) 慈善団体に不法行為責任を課せば、団体基金が消尽され、恩恵に与る集団や一般大衆が、団体のもたらす利益を奪われ、団体への寄付に水を差すことになる。

これらの明示的理由は、経験、道徳、政策に関する一連の黙示的な命題を反映しており、これらの命題は、慈善団体免責の教義が最初に創られた時期には広く妥当するように見えた。黙示的な経験命題というのは、ほとんどの慈善団体は、比較的小規模の非官僚的団体であるから、責任に対する請求を取り込まなければならない場合、経済的に生き残れないという命題と、政府の福祉プログラムが比較的希少である時代には、所与の慈善団体の維持は、コミュニティの福祉にとってしばしば不可欠であるという命題、であった。その典型は、小さなコミュニティの医師一人の病院であった。実際、この教義が発展し適用されたケースの大部分に病院がかかわっていた。黙示的な道徳的、政策的命題というのは、経験命題の上に成り立っているのであるが、コミュニティが不可欠のサーヴィスを奪われるより、少数の人が損失を甘受するほうがましであるという命題、「事故は起るものである」という命題、慈善団体を閉鎖に追い込むおそれのある訴訟を提起しようとする団体受益者は、忘恩の罪を犯しているという命題、であった。

今世紀の半ばまでには、明示的理由、黙示的理由の両方が、その力のほとんど、あるいはすべてを失い、慈善団体免責の教義は、専門文献の中で広く批判されるようになった。(i) 慈善団体の基金から不法行為の損害賠償を支払えば、信託目的を侵害することになる、という信託基金理論は、ほぼそれ自体結論を先取りしていた。十中八九、慈善団体への寄付者には、その団体を通常の法の運用から免除する意図はないし、その団体の不法行為が原因となった侵害を補償するために寄付基金は使えないことを条件とする意図もない。(ii)使用者責任の原理が営利団体のみに適用できるという主張は、この原理を正当化するには狭きに失した。本人は、その雇用の範囲内にある人々の活動から利益を受ける立場にある、という事実に、使用者責任が立脚する部分があるかもしれない。しかし、使用者責任は、他の要素にも立脚する。つまり、それらの人々の行為を掌握する本人の権利、企業の不法行為的活動によって発生するコストを財務に組み入れる望ましさ、被用者を選任し監督することについて注意を怠ったことを証明する困難さ、さらには、会社組織は通常他人を通じてのみ行動できるという事実、などである。(iii)慈善団体の受益者が、不法行為的活動のリスクを放棄または負担するという議論は、同意の前提にもとづくかぎり、事実の裏付けがなかった。(iv)最後に、不法行為責任によって、団体基金は消尽され、恩恵に与る集団や一般の人々が、団体のもたらす利益を奪われ、団体への寄付に水を差すことになるであろうという懸念は、責任保険が発達し、最終的に広範に利用できるようになったことによって中和された。この懸念は、別種の経験によっても打ち消されてきた。慈善団体に対応する営利団体、例えば民間の病院などは、免責されなくても発展しているように見えた。免責を与えない州の慈善団体は、免責を与える州の慈善団体よりも、運営が苦しいということもなかったようである。[2]

おそらくより根本的なことは、慈善団体免責の教義のもとにある経験、道徳、政策に関する黙示的命題に変化があったことである。責任保険が利用できるために、不法行為責任は、ちょうど給料や諸経費と同様に、慈善活動に新たに加わった日常的コストにすぎないように見られた。多くの慈善団体は、管理機構が整い、充分な基金をもつ大規模な組織となった。これらの組織は、しばしば、常勤の幹部職員によって運営され、彼らは、営利団体と同じタイプの慎重な計画立案に従事し、不法行為責任にも圧倒されそうにない。今やその典型となったのは、都市の総合医療機関であり、何千万ドル、何億ドルもの予算をもって、専門職員によって運営され、組織の観点から私企業と区別することが困難になった。同時に、政府の巨額福祉計画と、私的な健康保険の発達によって、いずれの慈善団体の存続も以前ほど緊要でなくなっていた。[3]

道徳と政策の外観も変容していた。少数に対する侵害を多数の必要と比較した場合、ますます前者に重きがおかれるようになった。私的なものであれ、公的なものであれ、すべての企業は、従業員の落度を通じて生じた侵害のコストをふつうは負担すべきである、特に、企業はその種の侵害のリスクを分散できる立場にあるが、個人はその立場にない場合はそうである、という見解が広まっていた。そして、慈善団体の不法行為が原因となった侵害に対して補償を求めることは、忘恩ではなく、事物の本性として合理的なことであるように見られた。[4]

それゆえ一九四〇年代までに、慈善団体免責の教義は、適用可能な社会命題によって、もはや支持されないと見られるようになった。結果として、この教義は、専門文献の中で広く批判され、数多くの整合していない例外に服するようになっていた。多くの管轄において、被用者、あるいは、慈善団体の受益者でも被用者でもない人が、団体に対して行う請求、および「実務処理上」ないし「管理運営上」の過失にもとづく請求には、この教義は適用できないとされた。また、慈善団体が増収のために行う「非慈善的」活動、（対価を支払っている慈善病院の患者などの）対価を支払っている受益者による請求、「非信託」財産に対して強制できる請求には、この教義は適用できないとした管轄もあった。これらの例外の中には、慈善団体免責の教義を正当化するほぼすべての根拠と整合していないものがあり、すべての例外は、これらの根拠の一つかそれ以上と整合していなかった。また、例外のいくつか、あるいはすべては、整合的な仕方で運用することが、不可能ではないにしても困難であった。例えば、ニューヨーク州の裁判所は、きちんと蓋が閉まっていなかった熱湯の瓶を患者の上においたことは、「実務処理上」のことであるから、免責は適用できないと判示する一方、熱湯の瓶をあまりに長時間患者の上においておくことは、「医療上」のことであるから、免責によって訴訟が棄却されると判示した。違う患者に血液を輸血することは、実務処理上のことであるが、正しい患者に違う血液を輸血することは、医療上のことであるとされた。適切に殺菌されていない注射針を用いることは、実務処理上のことであり、注射の仕方が不適切であることは、医療上のことであるとされた。サイドボードを使用すべきであるという決定がなされた後に、ベッドにサイドボードを付けなかったことは、実務処理上のことであるが、サイドボードを使用すべきであるという決定をしなかったことは、医療上のことであるとされた。[5] ニュージャージー州の裁判所の判決では、病院に子供の見舞いに訪れている時に転倒した母親は、慈善団体の受益者であるが、[6] 患者を病院に搬送して来て、ストレッチャーを取ってくる時に転倒した消防士は、受益者ではなく、[7] ある教会でガールスカウトが、その「寄付」で作られた部屋で会合していた時に、階段で負傷した団員は、慈善団体の受益者であるが、[8] ある教会の催し物に参加料を支払って出席していた時に、階段で転倒した女性は、受益者でないとされた。[9] オハイオ州の裁判所の判決では、教会の礼拝の後、宗教関係の物品が販売されている地下室に向かう時に転倒した信者は、受益者であるとして、免責によって訴訟が棄却されたが、[10] ある教会の基金集めのバザーに参加して有料のディナーを食べた教会メンバーが提起した訴訟に、免責が適用されるか否かは、陪審が判断すべき問題であるとされた。[11] ミズリー州の裁判所の判決では、慈善団体が所有管理し、一部を自らが占有し、半分を賃貸に出している建物内における侵害に関する訴訟は、免責によって棄却されたが、[12] 慈善団体が所有管理しているが、占有はしていない建物には、たとえその建物から上がる収益が、団体の高齢者施設のためにもっぱら使われているとしても、免責は適用されないとされた。[13]

慈善団体免責の教義は、社会的融和の基準の充足を実質的に欠いていたから、内的のみならず、外的にも整合しなくなっていた――すなわち、例外と整合していないのみならず、他の教義とも整合していなかった。慈善団体の不法行為的活動が、不法行為責任の目的上、営利団体の不法行為的活動とは異なるという命題が、適用可能な社会命題によって支持されていた時には、営利団体は不法行為責任をとわれるが、慈善団体はとわれないとすることは整合していた。不法行為責任の目的上、二つのタイプの団体の不法行為的活動が異なるという命題が、適用可能な社会命題によって支持されなくなった時、一方のタイプの団体は不法行為責任をとわれるが、他方はとわれないとすることは整合しなくなった。したがって、例えば、一九四〇年代までには、外科医の過失の結果患者に生じた侵害について、私立病院に責任を負わせ、外科医の過失の結果患者に生じた侵害について、非営利病院に責任を負わせることは拒否するということは、整合しなくなっていた[14]。

要するに、一九四〇年代までに、慈善団体の免責は、内的整合性と外的整合性の両方を欠如した曲折教義となった。この教義を維持したところで、先例更改する場合よりも、結果の整合性が達成されそうであるとは言えなくなった。なるほど、免責の抗弁が成功裏に提起された現在のケースが、この抗弁が成功裏に提起された過去のケースと同様に扱われるかぎりにおいて、この教義の維持は、結果の整合性を促進したであろう。しかし、この教義を維持すれば、他のより重要な二つの点において、結果の整合が損なわれたであろう。第一に、例外が教義と整合しておらず、首尾一貫した態様で運用することが不可能ではないにしても、困難であることが多かったから、慈善団体にかかわるケース相互間の整合性を欠いたであろう。第二に、慈善団体にかかわるケースと、そうでないケースとの間の整合性を欠いたであろう。

また、曲折教義を維持したところで、先例更改する場合よりも、正当な信頼を保護し、不公正な不意打を防止するという一対の価値に資するということも通常ない。

教義的安定の原理の目的にとって、信頼は、特殊なものと、一般的なもののいずれかになることを想起されたい。

裁判中の訴訟当事者が、法的ルールにもとづいて自らの行動を特に計画した場合、特殊な信頼が生じる。一般的信頼は、法的ルールの制度にもとづいて自らの行動を計画していそうな社会人で、訴訟当事者以外の人々の信頼から成る。以下で明らかにする理由から、裁判所が検討する必要のあるのは、一般的信頼のみである。

一般的信頼の一つのタイプは、相当数の行為者が、裁判中ではないが、法的教義にもとづいてその行動を計画したであろう蓋然性から成る。法的ルールを維持するか否かを確定するにあたり、このタイプの信頼が重要性をもつのは、それが正当化されており、比較的確固としており、充分な法的基礎にもとづいている場合のみである。正当化されておらず、あやふやで、充分な法的基礎にもとづいていない信頼は、融和も整合もしていないルールを維持する有力な理由とならない。曲折教義の場合、必須とされる種類の信頼が生じることは非常に稀である。

曲折教義を信頼したであろうと思われる人々のグループを想定してみよう。まず、このグループのメンバー何人かは、関連する取引に従事する前に、弁護士に相談しなかったとしよう。ある人が、社会的に融和していない教義があることをまったく知らなかった場合、その人は、その種の教義を信頼したと主張できないことは確かである。その種の教義があると知っていたが、弁護士に相談せずにその考えをもつようになった人の場合も、信頼の主張に強みがない程度はさほど変らないことが多いであろう。ほとんどの領域において、コモンローは、非常に複雑で、信頼できる形で確定することは素人には無理であり、好運な推測を保護する理由はあまりない。

次に、このグループのメンバー何人かが、弁護士に相談したが、法の現状について間違った助言を受けたとしよう。ここでもまた、信頼が関与事項となるべきでない。法を確立するにあたり、下手な助言を信頼した人がいるということが、問題とされるようなことがあってはならない。教義への信頼が、先例更改に反対する論拠となるか否かを確定するにあたり、争点となりうるのは、数人の人々がたまたまどのような助言を受けたかではなく（いずれにせよ、これは不確定である）、事情に精通した弁護士なら、法がどうなっているると決定するであろうかということである。

最後に、このグループのメンバー何人かが、事情に精通した弁護士に相談し、事情に精通した弁護士なら、次の二つの意見の一つをすべきであったし、実際にその弁護士が、その意見の一つをしたとしよう。（1）あなたが行おうとしている取引に文面上適用可能な教義が、諸々の本に書かれてあります。しかし、この教義の場合、先例更改の条件に合致しており、私の意見では、これはもはや法ではありません。（2）あなたが行おうとしている取引に文面上適用可能な教義が、諸々の本に書かれてあります。しかし、この教義は、整合していない例外に服しています。私の意見では、この教義はまだ法であり、あなたが行おうとしている取引を規律しますが、この意見の確度は比較的低いでしょう。

弁護士が一番目の意見をした人は、教義を信頼したと主張することはできない。弁護士が二番目の意見をした人は、信頼したかもしれないが、その信頼は、確固とし、充分な法的基礎にもとづいており、正当化されるものとなりそうにない。教義が、整合していない例外（とりわけ、首尾一貫した運用ができない例外）に服しており、今後も活力をもちつづけることが実質的な疑いにさらされている場合、確固とし充分な法的基礎にもとづく信頼を、その教義におくことはできない。信頼が、確固としており充分な法的基礎にもとづいていると、どうにか考えうるとしても、その信頼は、概して正当化されないであろう。教義が曲折したものになるのは、適用可能な社会命題との融和を実質的に欠いているからである。行為が、実質的な社会的支持をえている規範や政策と整合していないと、行為者が承知していて然るべき理由がある場合、その行為は、道徳的に正当化されないことが多いであろう。

さらに、争点となっている教義が、主たる行為に関するルールを定めず、単に救済や原告適格などの要素のみに関係しているケースがある。教義がこの性質をもっており、したがって先例更改がなされても、主たる行為に関する確立ルールが変更されないであろう場合、正当な信頼の主張は、とりわけ根拠希薄であるかもしれない。*Moragne v. States Marine Lines, Inc* において、ハーラン裁判官は次のように述べた。

自らの行動の法的帰結を予測する能力に対する人々の自信は……行動に関する充分確立した主ルールを実施するために、新しい救済ルールが宣言されても、ほとんどまったく脅かされることはない……。「救済に関する新教義が、充分に了解された主たる義務を補強し、より効果的にすることのみに資する場合、この新機軸の結果を差引きすれば、一般的な安定感はゆらぐというよりも、強められることになるであろう[15]。」

さらにこれとの関連で、法を知らない行為者の視点について検討してみよう。法を知らない行為者は、次の信念にもとづいて行為しそうである。つまり、社会が社会的不正として扱う侵害に対して、法はふつう補償を要求し、社会が社会的に正当と扱う行為には、法は責任を課さない、という信念である。このような信念にもとづく行動は、それ自体、一つのタイプの信頼である。このタイプの信頼は、社会的に融和していない教義を維持することによって裏切られ、そのような教義を先例更改することによって保護される。

一般的信頼の第一のタイプを分析することは、特殊な信頼の争点と重要なかかわりをもつ。ある教義が維持されるべきであるか、先例更改されるべきであるかを確定するさいに、特殊な信頼の存否は、ふつう関連すべきでないことが、この分析によって示される。ある法的教義を維持すべきか、先例更改すべきかの決定は、社会全体に影響を与える。この決定には、充分な助言を受けた人々であれば、ある教義を正当に信頼しそうであったか否かが関連する。ある特定の人が、法をどのようなものと考えたかは、関連しない。したがって、この章の残りの部分では、特殊な信頼は、取り分けて考慮しない。

一般的信頼の第二のタイプは、相当数の行為者が、ある教義にもとづいて自らの行為を実際に計画したのではないが、それにもかかわらず、その教義を反映する他の法的ルールや制度的取極めにもとづいて計画した蓋然性から成る。曲折教義の場合、このようなことも、ありそうにない。社会的融和と組織的整合性の基準の充足を実質的に欠いており、外部的にも内部的にも整合していない教義は、他の法的ルールや制度的取極めの信頼できる基礎として役立ちそうにない。

最後に、裁判所は、問題の教義を採用した先例にしたがわなければ、他の先例の信頼性について行為者が不安になりそうであることを懸念するかもしれない。しかし、その懸念は、複製可能な態様で適用できる制度原理によって、先例更改が規律されれば、解消されるべきである。先例更改の基本原理は、そのように適用できる。曲折した原理は、ほぼ例外なく専門家による談論の中で広く批判されているであろうし、整合していない区別を設けることは、それ自体、専門家による一つのタイプの批判であり、かつ先例更改されるべき教義の在処の目印でもある。したがって、曲折教義が先例更改されても、他の法的ルールがとりたてて信頼できなくなるということはないはずである。

信頼について述べてきたことは、それと鏡像の関係にある価値、つまり不公正な不意打を防止する価値にも、一般的に適用できる。曲折教義の先例更改は、決して不意打となりそうでない。そのような先例更改は、その特徴として、整合していない例外や、専門文献における教義批判や、先例更改を規律する制度原理によって予兆されているからである。かりにその先例更改によって、不意をつかれた行為者がいたとしても、その不意打は公正なものになりそうにない。そのような行為者は、その特徴として、実質的な社会的支持をえている道徳規範や政策に合致していないと承知している、あるいは承知していて然るべきである仕方で行動していたであろうからである。社会的に融和していない教義の適用が、法を知らない行為者の合理的期待を損ねる限度で、そのような教義の維持は、それ自体、不公正な不意打につながるものである。

曲折教義の場合は、教義を維持したところで、先例更改する場合よりも、正当な信頼を保護し、不公正な不意打を防止するという価値に資することにはならない点が、よく分かる例として、慈善団体免責の教義がある。第一に、確固とし充分な法的基礎のある信頼が、この教義によせられる蓋然性は低い。ほとんどの管轄において、事情に精通した弁護士なら、例外があるためにこの教義がきわめて信頼できないものになっていると助言しているであろう。この教義にしたがうことを拒んだリーディング・ケースの一つの中で、次にように述べられた。

この「ルール」は、時間と判決というテストに耐えられなかった。結果から判断するに、この教義は「例外」に食い荒されてきた。常に論争がつづけられてきたが、その論争は、この教義が「修正」されるべきであるか否かをめぐるものではなく、修正が絶えず拡張されていく中で、どの程度まで修正されるべきであるかをめぐるものであった。

……判決意見の中の文言や叙述の形態ではなく、結果を見ることで、何が「法」ないしは「広く適用されているルール」であるかのテストを探すなら、免責は「ルール」ではなく、責任は「例外」ではない。ルールは、おびただしい数の逸脱の中で、単なる残留物にすぎなくなった。[16]

そして、もちろん、いくつかの管轄で先例更改がいったん始まると、教義は、他の管轄においてもますます信頼できないものとなった。

さらに、たとえ事情に精通した弁護士でも、慈善団体免責の教義は信頼できると助言していたであろう場合でも、正当な信頼が現実に生じる蓋然性は低かったであろう。責任を負うのは、使用者であったから、おそらく慈善団体が免責教義を信頼して主たる行動を変更しえたとすれば、その唯一の方法は、団体職員を選任し監督するさいに払う注意の程度を低下させることであった。「管理運営上」または「実務処理上」の例外を採用していた管轄においては、そのような経緯をたどる行動は、いずれにせよ免責によって保護されなかったであろう。この例外を採用していなかった管轄においては、そのような経緯をたどる行動は、道徳的に正当化されなかったであろう。この等式の他方の切片において、免責教義そのものは、次の人々の利益を損なうこととなった。つまり、慈善団体と取引をしたが、教義のことを知らないので、団体の行動を執り行う代理人の不法な行為が原因となった侵害に対して、法は有効に補償を要求すると期待した人々である。

慈善団体が、かなりの割合で、この教義を信頼して責任保険に加入しないことを選択した可能性があるので、もう少し実質的な問題が提起されるであろう。しかし、この蓋然性は非常に低い。ほとんどの慈善団体が、責任保険に加入していた。それらの団体が、免責教義の例外によって依然として責任にさらされていたか、あるいは、従業員の不法行為の犠牲者に補償することは、道徳的に妥当であると考えたからである。[17] 実際、多くの慈善団体は、責任保険証券を取得し、その中で保険者は、その団体の同意がないかぎり、免責抗弁を援用しない旨の特約に合意する。[18]

責任保険者が、保険料率を設定するさいに、慈善団体免責教義を信頼した可能性があるために、これと関係する問題が提起されるであろう。しかし、ここでもまた、正当な信頼は生じそうになかったであろう。責任保険者は、すべてのコモンローの教義が先例変更に服することを承知している。それゆえ、理をわきまえた責任保険者は、すべての免責がゆるぎなく存在するという前提で保険料を確定するのではなく、関連する免責が維持されるか、その全体または一部が先例変更される公算にしたがって、保険料を確定するであろう。事実、責任保険の加入者は、通常、明白な法的リスクだけでなく、法変更によるリスクをもカバーすることも望む。それゆえ、理をわきまえた責任保険者は、免責教義を信頼するどころか、教義変更のリスクを部分的におりこんだ保険料を請求する。責任保険者が、教義変更の結果生じる責任を担保することを望まない場合、保険証券に適切な条項を目立つ形で加えることによって、自由にそれを回避することができる。事情のわかった買主の中に、その種の保険を購入する人はほとんどいないであろうが、それはただ、教義の変更が、保険加入者が手当を望む出来事の一つであることを示しているだけである。このように、慈善団体免責教義が先例更改されても、責任保険者の正当な信頼が裏切られることはなかったであろう。このような保険者は、この教義が先例更改に服することを確かに承知して、それに応じて保険料率を設定したし、まさにそのリスクを負担するために料金をもらっていたからである[19]。

正当な信頼について述べてきたことは、また不公正な不意打ちについても適用される。一方において、慈善団体の活動を執り行う代理人の不法行為が原因となった侵害に対して、法は有効に補償を要求するであろうと信じて、その団体と取引する人々にとって、慈善団体免責教義そのものが、不公正な不意打ちであった。他方、慈善団体のほうは、先例更改によって不公正な不意打ちを受けるはずはなかった。この教義の運用は、予測できなかった。免責は、適用可能な社会規範や政策との融和を実質的に欠いていた。免責を先例更改しても、主たる行為に関する社会的に受けいれられたルールは変更されなかった。最後に、先例更改は、整合していない区別を経ることによって、また専門文献における明示的な教義批判によって、さらには、いったんこの過程が始まった後には、他州の判決によって、予兆されていた。同じ理由から、保険者も不公正な不意打ちを受けなかったであろう。また、彼らが理をわきまえていたとすれば、保険料を設定するさいに、先例更改のリスクを計算に入れていたはずであるからである。

教義が曲折している場合、その教義を維持したところで、先例更改する場合よりも、複製可能性と支持の原理に資することもない。教義を維持したところで、先例更改する場合よりも、複製可能性に資することはないのは、整合していない例外に教義が服している時、あるケースが、教義の範囲に入るのか、例外の範囲に入るのかを確定することが困難、あるいは不可能にすらなるからである。さらに、曲折教義は、ふつう先例更改されるべきであるという原理それ自体が、複製可能な態様で適用できる。そして、曲折教義の維持が、その教義を採用し適用したケースの支持をえている一方、先例更改は、適用可能な社会命題、教義が整合していない法的ルール、教義の整合していない例外、の支持をえるであろう。

ここでも慈善団体免責教義が好例となる。その先例更改は、適用可能な社会命題によって、また（使用者責任の原理に対する慈善団体の例外は、適用可能な社会命題によって支持されていなかったから）使用者責任の原理によって、さらに、この教義の整合していない例外によって、支持された。裁判所だけでなく専門家も、先例更改の条件が充足されていると確定できた。

慈善団体免責教義は、先例更改を通じて、せいぜい少数派のルールにすぎないものになったが[20]、この教義に関する話は、先例更改以外の手法を通じて完全に先例変更されたものも含め、他の曲折した原理についても妥当しうる。*MacPherson* によって先例変更された教義を例にとろう。この教義は、製品が本来的に危険でなければ、その製造者は、自らの過失の予見可能な結果として生じた侵害について、直接の買主以外の人に対して責任を負わない、とした[21]。はじめに、この教義を維持したほうが、先例変更する場合よりも、結果の整合性が達成されそうであるとは言えなくなった。この目的のために、製造者と非製造者の区別が、適用可能な社会命題によって支持されなかったから、製造者の過失によって侵害を受けた人々の処遇と、非製造者の過失によって侵害を受けた人々の処遇との間の整合性を欠いた。この目的のために、直接の買主と最終の買主の区別が、適用可能な社会命題によって支持されなかったから、製造者の過失によって侵害を受けた直接の買主の処遇と、製造者の過失によって侵害を受けた最終の買主の処遇との間の整合性を欠いた。「本来的に危険」という区別は、もとにある教義と整合しておらず、かつ首尾一貫した適用が不可能であったから、異なる最終の買主に対する処遇の整合性を欠いた。

この教義を維持したところで、完全に先例変更する場合よりも、正当な信頼の保護と不公正な不意打の防止に資することもなかった。確固とし充分な法的基礎にもとづく信頼が生じそうになかった。例外が、首尾一貫せず、また教義の有効性に疑義を投げかけていたので、この教義は信頼できなかった。例外が発達して、コーヒー沸かし器や塗装工の足場などの製品に適用されたことが、この教義の完全な先例変更を予兆していた。たとえ信頼が、確固としており充分な法的基礎にもとづいていると、どうにか見なせたとしても、相応の注意を払うことを故意に怠ったことについて、製造者は道徳的に正当化されなかったであろう。実際、相応の注意は、製造者にとっても主たる行為に関する法的ルールであった。この教義は、相応の注意を払うことを怠ったことに対して、訴訟を提起しうる人々の集団を限定したにすぎなかった[22]。

また、この教義を維持したところで、完全に先例変更する場合よりも、支持と複製可能性の原理に資するということもなかった。完全な先例変更は、適用可能な社会命題によって、(製造者を過失原理の例外とすることは、適用可能な社会命題によって支持されなかったから) 過失原理によって、製造者責任の教義に対する「本来的に危険」の例外によって、さらには、例外を適用するという見せかけのもとに教義を否定した、*Devlin*[23] や *Statler*[24] などのケースによって、支持された。裁判所だけでなく専門家も、完全な先例変更の条件が充足されていると確定できた。

これまで考察してきた裁判の制度原理は、規範的かつ記述的であった。曲折教義が先例更改されるべきであるという原理は、一つの例外のように見えるかもしれない。依然として広く適用されている曲折教義を見いだすことは、容易であるからである。もちろん、いつの時期でも、ほんの最近曲折するようになった教義があるものである。そのような教義は、問題を提示しない。曲折教義が先例更改されるべきであるという原理は、整合していないか首尾一貫しない例外が、比較的充分に確立するようになったことを前提としているからである。しかし、法的義務のルール[25]などのような教義の中には、長い期間、曲折した状態に留まってきたものがある。このことは、曲折教義が先例更改されるべきであるという原理は、司法慣行の現状を叙述していないことを示唆するかもしれない。

しかし、他の説明も可能である。一つには、社会現象の現状を叙述する原理は、科学法則と異なり、少数の逸脱例があっても、必ずしも無効とされない。裁判の制度原理は、あらゆる事例を説明していなくても、ほとんどの司法慣行を説明していれば、現状の叙述として正確であると扱われてもよい。

さらに、教義の例外が、ある原理を反映しているのであるが、まだその原理が、適当な一般性のレベルで叙述されていないというだけの理由で、教義が曲折しているように見えることがある。例えば、贈与約束は強制できないという教義が、相手方が信頼した特定のタイプの約束に関する例外に服していた時期があった。これらの例外のうち、もっとも顕著であったのは、代理人として行為する約束、慈善寄付、寄託、土地を譲渡する約束である。[26]これらの例外は、教義と整合しないように見えた。これら特定のタイプの約束に対して、贈与約束一般とは異なる扱いをすることが、適用可能な社会命題によって正当化されなかったからである。しかし、最終的にこれらの例外は、もとにある教義と整合する一般的な原理（予見可能な信頼があれば、贈与約束は強制できるという原理）に包摂された。

さらに、綿密に分析してみると、少なくともいくつかの曲折教義は、長い間存続してきたようであっても、例外による侵食が著しかったせいか、ほとんどの実際上の目的にとって、その存続が現実というよりも名ばかりになっている。例えば、一九六〇年代まで、契約法において法的義務のルールが存続してきたのは、契約法において非良心性の教義が十全に発達していなかったという事実におそらく負うところが大きかった。そのような教義がなかったために、裁判所は、公正さについて交換取引を審査する明示的権能を通常欠いていた。そのような権能がなかったために、他の教義を通じて、公正さのテストを密かに持ち込むことが、次善の解決策とされたのであった。法的義務のルールは、そのような教義の一つであった。このルールは、公正さの明示的審査に対する荒削りな代用品として役立った。交換取引において、一方当事者の履行が、その当事者がすでに履行することを契約している行為から成る場合、その交換取引には、しばしば不公正が伴うからである。現代の契約法では、法的義務のルールを支えている公正さは、例外の形で明示的に表面化してきた。つまり、このルールは、予見されなかった状況に鑑み、公正で衡平な契約修正には適用できない。ほとんどの目的にとって、この例外は、法的義務のルールを、公正の荒削りの代用品から、明示的な公正の教義へと変貌させた。それでも、明示的な先例更改のほうが望ましいであろう。その結果生じるであろう明瞭さのためであり、また、昔から言われるように、公正さの例外は、このルールが適用されるすべてのケースに適用できるわけではないからである。それでも、公正さの例外の採用は、数限りない他の例外や制定法改正と相俟って、このルールを著しく侵食してきたので、このルールは、ほとんどの目的にとって先例変更されてきたのであり、明示的な先例更改の必要性は、それに応じて差し迫ったものでなくなる。

曲折のない教義：専門文献における批判　社会的融和と組織的整合性の基準の充足を実質的に欠いている教義すべてが、曲折しているわけではない。一つには、すべての教義が、整合していない例外に簡単に服するようになるわけではないからである。曲折は、先例更改の基本原理を適用するための条件ではなく、その運用を助けるものにすぎない。専門文献（これには、地域的先例以外の司法意見が含まれるが）の中で、有意義な教義批判がなされていることが、代替的な手助けとなる。教義が社会的融和と組織的整合性を実質的に欠いており、そのことが専門文献で明るみに出されている場合、たとえその教義が曲折していなくても、その教義を維持したところで、先例更改する場合よりも、教義的安定の基準と先例拘束性の原理のもとにある価値に資することは通常ないであろう。維持したところで、先例更改する場合よりも、結果の整合性が達成されそうではない。仮説上、その教義は、他の教義と整合していないからである。維持したところで、先例更改する場合よりも、支持の原理に資することになりそうではない。適用可能な社会命題や、教義が整合していない法の部分、そして専門文献によって、先例更改が支持されているであろうからである。正当な信頼や不公正な不意打ちも生じそうにない。確固とし充分な法的基礎のある信頼が生じそうにない。専門文献における有意義な批判によって、教義の法的信頼性に重大な疑義が生じるであろうし、教義が最終的に消滅することが予兆されるであろうからである。信頼が実際に生じたとしても、その信頼は道徳的に正当化されそうにない。仮説上、その教義は社会的に融和していないからである。最後に、法がかかわる多くの領域において、法的助言にもとづいて計画が立案されることは稀であり、先例更改があっても、主たる行為に関する社会的に受けいれられたルールは、変更されないであろう。[27] それゆえ、先例更改の基本ルールは、裁判所や学者による有意義な批判によって、社会的融和と組織的整合性の基準を充足しないことが明るみに出された教義に対しても適用できる。

一つの例として、一九四〇年代半ば以降に、出生前侵害（prenatal-injury）の教義が広い範囲で先例更改されたことが挙げられる。この教義のもとでは、胎児の状態にある時に、過失によって加えられた損傷の結果、奇形となるか、傷害を負って生まれた子供に代わって、訴訟を提起できなかった。この教義を支持するものとして、二つの理由がふつう挙げられた。すなわち、存在していない人に対して注意義務を負いかねるという理由と、過失と、奇形や傷害との間の因果関係を証明することが困難であるために、訴訟提起を許すと、詐欺的な請求を招くであろうという理由である。一九四〇年代半ばまでに、これらの理由と、これらの理由によって支持されている教義が、社会的融和の基準の充足を実質的に欠いていることが明らかになっていた。過失に関する他の多くのケースと比べて、詐欺的請求の危険がずっと大きいようには見えなかった。特に医学知識の進歩に照らして、そう言えた。注意義務は、存在していない人に対して負いかねるという主張は、ほぼそれ自体結論を先取りしていた。争点は、この目的にとって、胎児が存在しているか否かであり、あるいは、たとえ存在しない場合でも、胎児に対して義務を負えるか否かであったからである。さらに、この主張の前提が誤っているように見えた。胎児は存在しているというのが社会一般の見方であり、この見方は、胎児が独立生育可能（つまり、母親から切り離されても生存可能）になった場合に特に強みがあり、この条件は、出生のはるか以前に成就するのが通常である。

また、出生前侵害の教義は、組織的整合性の基準の充足も実質的に欠いていた。この教義は、社会的に融和していなかったので、過失の一般原理と整合していなかった。またこの教義は、財産法、刑法、手続法、衡平法において胎児に付与されている法的地位とも整合していなかった。

コモンローの考え方では、子供が母親の子宮の中で蠢くことができるようになった時、生命は始まる。子供は、遺贈を受けることができ、不動産を所有することができる。また、子供に属している財産の保護と保存のために法的手続が利用できるように、子供に後見人が選任できる……。コモンローは、その属性として、身体の保護よりも、財産の保護により大きな関心を向けていると言うのであれば、それはコモンローそのものに対する言われなき誹謗となろう……。生まれる前の子供を殺すことが、社会に対する立派な侵害であり、その犯人の生命を奪うことが正当化されると法が見なしているなら、それなら、論理を一貫させるためには、〔傷害を受けた子供〕が、法的手続を用いて、自らに加えられた傷害に対する損害を回復することが、法によって認められなければならない……[28]。

この非存在物に何ができるであろうか考えてみよう……。彼は、遺言執行者になることができる。遺産分配法(Statute of Distribution)のもとで遺産を受けることができる……。遺贈によって遺産を受けることができる。養育のための分与産に与る権限をもつことができる。差し止め命令を出してもらうことができる。また後見人をもつことができる……[29]。

このように、一九四〇年代半ばまでに、この教義は、専門文献において広く批判され、この教義をまだ採用していなかった管轄は、その機会が生じても一般に採用を拒否した。

このような条件のもとで、出生前侵害の教義を維持したところで、先例更改する場合よりも、教義的安定の基準と先例拘束性の原理のもとにある価値に資することはなかった。この教義は、社会的融和の基準の充足を実質的に欠いたので、この教義を適用した結果、出生前の過失による傷害の結果、奇形となるか傷害を負った者の処遇と、出生後の過失による傷害の結果、奇形となるか傷害を負った者の処遇との間の整合性を欠いた。一方の不法行為法のもとでの胎児の処遇と、他方の財産法、刑法、手続法、衡平法のもとでの胎児の処遇との間にも整合性を欠いた。先例更改は、適用可能な社会命題、過失原理、専門文献の支持をえていたし、裁判所だけでなく専門家も、先例更改の条件が充足されていると確定できた。正当な信頼と不公正な不意打は、きわめて生じにくかった。専門文献（これには、それまでこの教義を採用していなかった管轄の判決が含まれるが）における批判によって、そして（先例更改の過程が始まると）他の州における先例更改によって、先例更改は予兆されていた。たとえ、この教義に対する信頼が、確固とし充分な法的基礎にもとづいていると、どうにか見なせたとしても、行為者は、相応の注意を故意に怠ったことについて、道徳的に正当化されなかったであろう。事実、そのような行いは、通常は法的に認められなかったであろう。この教義は、相応の注意を怠ることを免責せず、ただそのような懈怠があっても、被告は子供に対して責任を負わないとしただけである。多くの出生前侵害のケースにおいて、被告は、母親に対する法的義務に明らかに違反していたのであり、唯一の争点は、被告の責任の程度であった。

それゆえ一九四〇年代半ばまでに、出生前侵害の教義は、先例更改の基本原理の範囲に入ってきた。結果として、少なくとも、独立生育可能となって生き残った胎児がかかわる場合、この教義は、この争点を検討したほとんどの管轄において先例更改された。今日この教義は、その種のケースにおいて、せいぜい少数派のルールとなっている。[30]

先例更改の第二原理と予告の手法

教義が社会的融和と組織的整合性を実質的に欠いているほとんどのケースは、先例更改の基本原理の範囲に入るものである。しかし、そうならないケースもある。例えば、教義が、曲折しておらず、専門文献における有意義な批判の対象でもない場合、先例更改は、しばしば不適当となろう。客観的な目印を欠いているので、専門家が、先例更改の条件が充足されていると確定することがいっそう困難であり、正当な信頼がより生じやすくなる。また、そのような目印がないことから、実のところその教義には、社会的融和と組織的整合性の実質的な欠如がないのではないかと思えるかもしれない。[31] 通常そのような状況における賢明なやり方は、整合していない区別を行うなど、部分的先例変更の手法を用いることである。[32] そのような手法を用いた判決のおかげで、他の裁判所は、完全な先例変更のための裏付けを与えられる一方、判決裁判所は、後に自らの見解を押し進めるに及ばないと判断した場合、後戻りすることができる。

たとえ、社会的融和と組織的整合性を実質的に欠いている教義が、専門文献の中で批判されてきたとしても、その教義がかかわっている領域が、法にもとづく計画立案が広く行われており、確実性が特に重要であり、かつ正当な信頼がきわめて生じやすい領域である場合、先例更改が不適当なことがある。このことは、例えば、不動産処分の法的効果や権原に関するその他の問題を規律する財産法のルールに当てはまるであろう。このような場合、最初の処分後に権利を取得する第三者が行動をとる前に、弁護士が相談を受けるのが一般的であり、権原と使用の確保が、至要な価値をもっている。また、第三者による信頼は、充分な法的基礎にもとづいており、道徳的に正当化されるであろう。[33]

この問題をより一般的なことばで表すと、教義が社会的融和と組織的整合性の基準の充足を実質的に欠いていても、その教義を先例更改したところで維持する場合ほどは、教義的安定の基準と先例拘束性の原理のもとにある価値に資することにならないであろうという理由で、先例更改の基本原理が充足されないケースがあろうということである。これらのケースでは、先例更改の第二原理が活躍する。すなわち、法的ルールを社会的に融和させ組織的に整合させる利点が、教義的安定と先例拘束性のもとにある価値に資するところがないというコストより重みがある場合、そしてその場合のみ、そのような教義が先例更改されるべきである。

この原理の適用は、法にもとづく計画立案が広く行われ確実性が特に重要な領域において、社会的不融和と組織的不整合を恒常化する傾向があるであろう。しかし、そのような領域においても、先例更改を容易にするために、予告を用いることができる。

予告は、裁判所は先例にしたがうが、その先例がもはや信頼できないことを専門家に告知する手法である。この手法を使うことによって、裁判所は、さもなくば正当な信頼があるので維持されなければならないと考える教義を、先例更改するための道を整えるのである。財産法の一角に関するマサチューセッツ州の一連のケースが好例となる。不動産譲渡証明書には、その土地が使用できる用途を制限する約款が含まれていることがよくある。一定の条件が充足されれば、制限約款は、その土地とともに移転すると言われる。つまり、要役地（制限約款によって利益を受ける土地）の所有者と付随地（制限約款によって負担を課せられる土地）の所有者との間に直接の契約関係がまったくない場合でも、前者は後者に対して、その制限約款を強制できるという意味である。一つの条件は、制限約款の利益は、要役地に「接着してかかわる（touch and concern）」ものでなければならないという条件である。

よくあるタイプの制限約款は、要役地の用途と競合するような付随地の利用をすべて禁じるものである。マサチューセッツ州以外では、このタイプの約款は、要役地に接着してかかわると見なされていた。しかし、マサチューセッツ州では、一八八五年にホームズ裁判官が判決した *Norcross v. James*[34] において、これと反対のルールが確立していた。*Norcross* では、その種の約款は、要役地に接着してかかわらず、したがって、土地とともに移転しないから、譲受人はこれを強制できないと判示された。

Norcross の教義は、評釈者によって批判され、他州の判決と抵触した。マサチューセッツ州においても、この教義は、不動産賃貸借契約の約款には適用されなかったが、この目的にとって賃貸借契約書と譲渡証明書とを区別することは、適用可能な社会命題のもとで正当化できなかった。しかしながら、一九二七年にマサチューセッツ州最高裁は、

Shade v. M. O'Keefe, Inc.[35]において、この教義にしたがった。この争点は、一九六〇年代に*Shell Oil Co. v. Henry Ouellette & Sons Co.*[36]において、再び持ち上がった。ウーレット社は、一〇〇エーカーの土地を所有していた。この会社は、一九六二年に二〇エーカーをとある受託者に譲渡し、自社とその承継人を代表して、残りの八〇エーカーは、譲渡した二〇エーカーのその時々の用途と競合する方法で利用されない旨約束した。一九六三年に、受託者は、この二〇エーカーの一部をシェルに売却し、シェルは、その土地にガソリンスタンドを建設した。一九六五年に、ウーレット社は、ガソリンスタンド建設のために残りの八〇エーカーの一部を買い取る選択権をモービルに与えたが、このガソリンスタンドがシェルのガソリンスタンドと競合することとなった。そこでシェルは、制限約款を強制するためにウーレットとモービルを相手どって訴訟を提起した。裁判所は、*Norcross* の教義に対する批判に同意した。

もしわれわれに先例がなければ、われわれは（一九六七年の条件下で）、前任者の結論とは異なった結論に到達するかもしれない……。競争を制限している合理的な約款の譲受人との間に、不動産保有関係がある者に、以下のことを許す実質的な理由がありうることを認める。すなわち、(a)その約款の現実ないし擬制による通知を受け、かつ(b)譲渡人と不動産保有関係をもっている者に対して、その種の約款を衡平法において強制することをである。[37]

しかしながら、裁判所は、「不動産の物権的権利に影響するルールがかかわっている場合、……法曹が過去を信頼しているという事実に重みが与えられなければならず」、また「おそらく数限りない過去の他の取引と同様に、本件においても」*Norcross* や *Shade* に対する「信頼があって然るべきである」という根拠で、*Norcross* を先例更改することを拒否した。[38]

七年後、*Gulf Oil Corp. v. Fall River Housing Authority*[39]において、再びこの争点が持ち上がった。今度は、マサチューセッツ州裁判所は、整合していない区別をすることによって *Norcross* の教義の効力を回避した。要役地と付随地の所有者が両方とも、フォール・リバー住宅オーソリティまで自らの権原をたどった。裁判所は、*Norcross, Shade, Ouellette* を区別して、競合禁止約款を強制した。*Gulf Oil* において制限約款が設けられた理由は、地域一帯の整然とした互恵的発展を確保することであり、この理由から競争を制限している約款は、まさしく土地に接着してかかわるものであることを根拠とした。

五年後、*Whitinsville Plaza, Inc. v. Kotseas*[40]において、再度この争点が持ち上がった。今度は、マサチューセッツ州裁判所は、*Norcross* の教義を先例更改した。裁判所は、この教義の歴史を再検討し、この教義が学者によって批判され、他州のほとんどで拒否されていることについて詳述した。裁判所は、この教義を不動産譲渡証書に適用して賃貸借契約書には適用しない不整合を指摘して、*Gulf Oil* において自らが行った区別は、擁護しえないことを告白した。先例更改は、*Ouellette* と *Gulf Oil* によって充分予告されていたと結論し、*Ouellette* で予兆された日まで、新ルールを遡及させた。

> *Ouellette* の判決日以降に、本件に伴っている種類の制限約款を作成した当事者は、当裁判所が、それ以降次に適当な機会があれば、（本判決において実際行ったように）*Shade* 判決と *Norcross* 判決を先例更改するであろうという予測を信頼して然るべきであったと、われわれは考える。さらに、*Ouellette* 以降にその種の制限約款を作成した当事者は、*Shade* 判決と *Norcross* 判決のルールのもとで、その制限約款が引き続き強制できないであろうと予測して然るべきであったとは言えないと考える。それゆえ、われわれが行った *Shade* と *Norcross* のルールの先例

更改は、*Ouellette* 判決以降に作成されたその種のすべての制限約款に適用されると判示する。(41)

深い教義上の区別の効果

教義が社会的融和を実質的に欠いているにもかかわらず、少なくとも弱い意味において組織的に整合しているケースがある。その教義は、深い教義上の区別によって正当化されるからである。深い教義上の区別は、他の場合は支持されない差異化を正当化すると伝統的に受けとめられている。そのような区別の例として、物的財産と人的財産の区別や、海事取引と非海事取引の区別などがある。これらの区別によって、一方の取引が人的財産を伴い、他方が物的財産を伴っている、あるいは、一方が海上輸送を伴っており、他方が伴っていない、という単にそれだけの理由で、二つの社会的に同等の取引に対して異なる取扱いをすることを、弱い意味において整合させることができる。

物的財産や海事法などのように、深い教義上の区別に立脚する一群のルールを、下位法制度と呼ぶとしよう。下位法制度内の所与のルールをR_1、R_1に対応する一般法のルールをRと呼ぶとしよう。R_1がRと異なるからと言って、R_1が社会的に融和していないことにはならない。おそらく、下位制度の他の特別ルールは、深い教義上の区別に反映された社会的差異によって正当化されないが、R_1は、正当化される。おそらく、R_1は、下位制度の何か他のルールと接続してとらえられる場合、社会的に融和している。おそらく、社会的に融和していないのは、Rのほうである。おそらく、RはR_1より好ましいが、にもかかわらず、R_1は実質的に融和している。例えば、海事法では救難義務があるが、一般法にはない。海事法のルールは、海上の船舶に妥当する特殊な考慮事項によって正当化されるかもしれない、あるいは、海事法のルールが一般法より好ましいかもしれない、あるいは、一般法のほうが好ましいのであるが、海事法のルールが実質的に融和しているかもしれない。

今度は、R_1が社会的融和を実質的に欠いているとしよう。このような場合、R_1をRに合致させようとすれば、R_1が下位制度の残りの部分と整合しなくなるという理由から、先例更改は、結果の整合性につながらないと考えられるかもしれない。これは現実と合わない。深い教義上の区別があるからと言って、下位制度のルールが一般法のルールと異ならなければならないのではなく、単にそのような差異に対して弱い正当化理由が提供されるだけである。それでも、社会的に融和していないが、深い教義上の区別によって正当化されている教義の先例更改を求める主張は、そのような区別が不在である場合ほどは緊要でないであろう。その教義は、組織的整合性を完全に欠いたものにならないから、先例更改の条件が充足されていることを、専門家に目に見える形で知らせる目印がないかもしれない。あるいは、目印は存在するが、その目印は、専門家が深い区別を根強く尊重しているために無視されるかもしれない。それゆえ、充分な法的基礎にもとづく信頼のほうが生じやすく、その分、裁判所は、先例更改の条件が充足されていると進んで認定する気にならないかもしれない。

しかしながら、ルールが社会的に融和しておらず、深い教義上の区別がなければ、組織的に整合しないであろう場合、そのルールは、時とともに風化する傾向がある。そのような区別は、社会的に同等の取引に異なる取扱いをすることについて、貧弱な正当化理由しか提供しないからである。それゆえ、社会的に融和していない教義が深い教義上の区別によって支持されている間は、変化はよりゆっくりとしたペースでやって来るであろうが、最終的には先例更改が行なわれると期待すべきである。例えば、契約の一般法のルールに、商人は、自分の商品が、同種の商品が使用される通常の目的に適合していることを黙示的に保証をするというルール、契約違反によって侵害を受けた人は、自らの損害を軽減する義務を負うというルールがある。しかし、最近までこの両方の争点に関して、不動産法の特別ルールがあった。一つのルールでは、家主は、アパートメントの居住適合性について黙示の保証をしないとされた。別のルールでは、賃借人が賃貸借契約に違反した場合、家主は、自らの損害を軽減する義務を負わなかった。つまり、再賃貸に出そうと努力する義務を負わず、入れ替わりに賃借したいという人から申込を受ける義務も負わなかった。そうではなく、アパートメントを空き家のままにしておいて、家賃全額を求めて訴訟を提起することができた。両方の特別ルールは、社会的に融和しておらず、不動産賃貸借契約と他の契約との深い教義上の区別によってのみ正当化されていた。近年になって、この区別に対する裁判所の忍耐は限界に達して、居住用住宅の家主が、アパートメントの居住適合性について保証せず、また自らの損害を軽減する義務を負わないと判示したケースは、広く先例更改された。[42]

結　論

過程として、先例更改は、重要な点で法的論証の他の基本様式に比肩できる。それらの様式は、先例更改と同様に、社会的融和や、組織的整合性、それに教義的安定の基準の相互作用を伴っているからである。事実、先例更改は、先例の維持と同程度、あるいはそれ以上に、教義的安定の基準や先例拘束性の原理のもとにある価値に資する場合がある。先例更改や先例拘束性の原理は、本来的に背反するものではない。

教義命題の歴史上の一出来事として、先例更改は、はっきりとした方針変更を表す場合と、表さない場合がある。教義の歴史の伝統的モデルは、ダーウィン的進化の古典的モデルにきわめて類似している。このモデルでは、教義命題は、一連の段階が徐々に積み重なって発展するが、この発展は、非常に多くの小さな段階が踏まれて新しい教義が出現したと言えるまで続く。確かにこのモデルは、先例更改の多くの事例、特に、先例更改に先立つ経緯として、整合していない区別が行われた事例をとらえている。しかし、他のケースでは、先例更改の結果、教義の歴史に、はっきりとした断絶が生じる。少なくとも、その歴史が各州ごとに別々に書かれている場合はそうである。ある日、A州には、とある教義があって、過失の結果として、胎児の時に奇形となるか傷害を負って子供が生まれた場合、その子供に代わって訴訟を提起することはできない。次の日、A州には、とある教義があって、その種の訴訟が提起できる。このようなケースでは、教義の歴史のモデルは、少なくとも地域レベルでは、漸進的進化というより区切られた進化の歴史である。

しかし、これらのケースにおいても、歴史が全国的基礎で書かれ、専門家の談論が計算に入れられる場合は、ある種の重要な継続性がある。典型的には、先例更改に先だって、整合していない区別がなされた経緯がない時でも、先例更改に先立つ経緯として、専門文献における批判がある。さらに、いったん教義の先例更改が始まると、しばしばそれは各州に急速に伝播する。これは驚くべきことではない。専門文献を出発点とする論証の慣行のもとでは、ある州における教義の地位は、いったんその教義が他州において先例更改されると、非常に不安定になる。他州における先例更改には予兆効果があるので、他州が先例更改すれば、地域的教義に対する確固とし、充分な法的基礎のある信頼が生じる蓋然性が減少し、跳躍の機が熟しているという最終的予告が（そのような予告が、まだ必要だとすれば）、地域の専門家に提供される。それゆえ、地域管轄の先例のみを見ることによってミクロ的に歴史を読めば、先例更改が非連続的に見える時でさえ、専門家の批判や全国レベルの法を取り込むレンズを通して歴史を読めば、おそらく継続性が見いだせるであろう。[43]

将来的先例更改

通常、コモンローの判決は、遡及的である。それは、あるケースで確立したルールは、そのケースが判決される以前に生じた、そのケースの取引に適用されるという意味であり、その判決以前に生じ、法的に争う余地がまだある類似の取引すべてに適用可能であるという意味である。この遡及性を正当化し、かつ受忍しうるものとしているのは、支持の原理（この原理のもとでは、新たに宣言されたルールは、アクセス可能な教義的源泉と社会的源泉に根づいている）と、複製可能性の原理（この原理のもとでは、裁判所がルールを確立する過程は、そのルールが宣言される前でも、専門家がこれを複製できる）である。[44] また遡及性の資するところは、裁判所の宣言するルールが充分に検討されているので、裁判所は審理に臨んでいる個人にそのルールを進んで適用することが保証されることである。

しかし、裁判所は、近年ますます将来的先例更改（prospective overruling）として知られている手法を採用するようになってきた。この手法では、先例更改が完全には遡及されない。もっとも単純なケースでは、新ルールは、直接の取引（つまり、判決が下されるべきケースの取引）に適用可能とされるが、判決日以前に生じた他のいかなる取引にも適用可能とされない。[45] 数多くのヴァリエーションがある。新ルールが、直接の取引にさえ適用可能とされないケースがある。[46] このヴァリエーションは、純粋将来的先例更改（pure prospective overruling）と呼ばれる時がある。このヴァリエーションは、新ルールは、将来の指定された期日以降に生じる取引にのみ適用可能とされるケースがある。このヴァリエーションは、将来的な将来的先例更改（prospective prospective overruling）と呼ばれる時がある。例えば、*Spanel v. Mounds View School District No.621*[47] において、ミネソタ州の裁判所は、市政免責の教義を先例変更した。この教義のもとでは、（市、学校地区などの）市政単位は、慈善団体免責教義のもとで慈善団体に与えられていた免責と非常に類似した免責が与えられた。しかし、裁判所は、責任に関する新ルールを直接の取引に適用することを拒んだのみならず、新ルールの有効日を、ミネソタ州議会の次回会期の終わりまで引き延ばした。

他に折衷的なヴァリエーションが採用される時がある。例えば、*Molitor v. Kaneland Community Unit District No.*

302[48]は、通学バスの事故で負傷した子供、トーマス・モリターに代わって提起された訴訟に関するケースであったが、このケースでイリノイ州の裁判所は、市政免責の教義を先例更改した。もとの判決意見では、新ルールは、トーマス本人の取引を例外として、判決日である一九五九年一二月一六日以前の取引にもとづくいかなるケースにも適用されないと判示された。しかし、その後、裁判所は、新ルールの適用を、トーマスと一緒に通学バスに乗っていた他の七人の子供達（その内三人はトーマスの兄弟）に拡張した。これは、その旨の正式な合意はなかったものの、トーマスに対する判決が、他の子供達の権利を確定するという思いを当事者達が抱いていた、という理論にもとづくものであった。[49] *Li v. Yellow Cab Co.*[50] において、カリフォルニア州最高裁は、寄与過失の教義を先例更改し、その代わりに比較過失のルールを採用した。新ルールは、判決日までに事実審理が始まっていなかったすべてのケースに適用可能とされたが、上訴において他の理由で破棄されないかぎり、事実審理がすでに始まっていたケースには適用可能とされなかった。*Whitinsville Plaza* では、先例更改は、予告が与えられた日までのみ遡及するとされたが、ここで用いられた手法も、将来的先例更改の特殊なケースと見なしうるかも知れない。実際、少なくとも予告が曖昧でない場合は、予告そのものが将来的先例更改の特殊なケースであると見なすことができる。例えば、*Tucker v. Budoian*[51] では、自分の土地から他人の土地に水流を迂回させたことが原因となって損害が生じ、その損害に対する土地所有者の責任が争われたが、マサチューセッツ州の裁判所は、（一つには、どちらの当事者も先例更改を求める弁論をしなかったために）従来のマサチューセッツ州の教義を直接の取引に適用したが、将来のケースに新ルールを適用する意図があると述べた。

第二章において、裁判所の社会的機能には、争いの解決のみならず、法的ルールの供給を豊かにすることも含まれることを示した。将来的先例更改ほど、後者の機能を先鋭に打ち出す裁判手法はない。新ルールが直接の取引に適用可能とされない場合は特にそうである。同様に、将来的先例更改ほど、先例解釈の宣言的手法を先鋭に打ち出す裁判手法はない。少なくとも、新ルールが直接の取引に適用可能とされないケースでは、裁判所が宣言するルールは、判決にとってまったく不必要であるが、専門家は、判決を決定づけるルールと同様に尊重する。

将来的先例更改には明らかな利点がある。次のようなケースを仮定してみよう。教義が社会的融和と組織的整合性の基準の充足を実質的に欠いているが、その教義に対する正当な信頼がきわめて生じやすいように見え、その信頼を保護する価値が、法的ルールを社会的に融和させ組織的に整合させる価値より重みがある。このような場合、通常の先例更改は不適切となろう。しかし、将来的先例更改を適切に用いることができるなら、裁判所は、信頼の障害を克服することができ、それによって、そうしない場合よりも、法を社会的に融和させ組織的に整合させることができる。

将来的先例更改のコストは、その利点ほど明らかではないものの、にもかかわらず実質的になることがある。通常の先例更改は、先例更改される教義にまつわる不整合を除去することによって、結果の整合性を増大させるのが典型的である。対照的に、将来的先例更改は、しばしば著しい結果の不整合を伴う。通学バスのケース、*Molitor v. Kaneland* を例にとろう。裁判所の判決によれば、一九五九年一二月一六日以前に、市の過失によって傷害を負った人々（トーマスと一緒にバスに乗っていた子供達は除かれる）に対する結果は、トーマスと一緒にバスに乗っていた子供達に対する結果と異なったものとなったであろう。このバスにかかわる事故は、一九五九年一二月一六日のほぼ二年前に起ったにもかかわらずである。このバスに乗っていた子供達は、すべて同様に処遇されるという合意を裁判所が見出すことができなかったとしたら、トーマスと一緒にバスに乗っていた他の子供達でさえ（トーマスの兄弟でさえ）、トーマスに対する結果と異なる結果を受けたところである。同様に、新ルールが、将来の指定された期日からのみ適用可能とされる場合、期日直前に取引に従事した人々のかかわるケースの結果は、このケースになされる処遇が妥当でない処遇であると裁判所がすでに宣言しているにもかかわらず、期日直後に類似の取引に従事した人々のかかわるケースの結果と異なるであろう。

しかし、ある重要なタイプのケースでは、将来的先例更改は、結果の整合性を増大させることがある。先例更改そのものが、立法によって覆されるであろう（これは、市政免責の先例更改などで予想された）と信じるべき理由が裁判所にあると仮定しよう（最善のルールは、司法による採用ではなく、立法部による採用に適したルールであったかもしれない。例えば、市政の部局に責任を負わせるが、それは一定の限度までに限られ、あるいは、一定の条件下においてであるとするルールである）。さらに、立法部が実際に先例更改を覆す場合に、新しい立法ルールは、そのルールが採用された後に生じた取引のみを規律すると仮定しよう。このような状況下では、通常の先例更改は、次の結果をもたらすであろう。先例更改以前に結審した取引は、先例更改前の教義Xのもとで処理されるであろう：新しい立法ルールが採用される以前に生じ、まだ訴訟の道が開かれている取引は、先例更改後の教義Yのもとで処理されるであろう：立法ルールが採用された後に生じる取引は、ルールXか、第三のルールZのもとで処理されるであろう。

まさにこのような結果を避けるために、将来的先例更改が用いられたケースがある。代表例は、これもマサチューセッツ州の判決、*Whitney v. City of Worcester* である。このケースにおいて裁判所は、将来的先例更改の機能的代替物として、予告を利用し、「市政免責の教義を廃止する意図がある。これは……州議会の次回会期終了後に当裁判所が判決する、それにふさわしい最初のケースにおいてなされ、その時点で州議会自身が、市政免責の教義について明確に行動していなかったことを条件とする」[52]と述べた。裁判所は次のように説明した。

主権免除というテーマに関して、われわれの側が何らかの行動をとった後、ほぼ確実に立法部の行動が伴った……。

主権免除の教義が司法的に廃止されたほぼすべての管轄において、司法部の行動の後に、それを修正する、あるいはケースによっては、それを完全に無効とする立法部の行動が伴った……。われわれは、この領域において、州議会によって無に帰されるかもしれないような期待を創り出すことは、不公正であると考える。司法部の行動と立法部の行動の前後関係から、侵害ないし訴訟がたまたまどの日に起ったかによって、訴訟当事者間に不平等な取扱いが生じる無用の可能性を助長する気もない[53]。

将来的先例更改の他のコストは、その性質上、制度的である。将来的先例更改のケースにおいて新たに宣言されたルールが、直接の取引に対して適用可能とされるべきか否かという問題を取り上げてみよう。*Molitor* におけるように、裁判所が新ルールを直接の取引に適用する場合、整合性に関する難しい争点を提起するのみならず、遡及的先例更改ではなく将来的先例更改を用いたことで自らの論証を損なう。将来的先例更改が正当化される主要な理由は、正当な信頼の保護である。古いルールに対する信頼が保護に値する度合が大きいために、新たな宣言ルールを遡及適用すれば、不公正であろう場合、そのルールを直接の取引に適用することも同様に不公正であるように見える。他方、裁判所が純粋将来的先例更改の手法を採用し、新ルールを直接の取引にさえ適用することを拒む場合、争いを解決する機能とルールの供給を豊かにするという機能の間の緊密な結びつきを断ち切る。また、裁判所が進んでルールを宣言しようとすることから帰結する保証のみならず、審理に臨んでいる個人にそのルールを進んで適用しようとすることから帰結する保証が、純粋な将来性によって取り去られる。さらに、純粋将来的先例更改を常用すれば、将来のケースにおいて先例更改を求めて弁論する誘因が減じるであろう。訴訟当事者は、訴訟のコストは負担するが、その結果の恩恵を受けないことになるからである。このように、純粋将来的先例更改が広く用いられる世界があるとすれば、そこでは法の発展にとって決定的に重要なメカニズムの役割が減じる傾向があるであろう。よりいっそう広範にわたる制度コストは、法を確定するさいの法曹の役割に対して、将来的先例更改がもつインパクトにかかわる。先例更改が通常遡及される世界では、法曹はコモンローを発展的な営為と見なければならない。対照的に、すべての先例更改が完全に将来的である世界があるとすれば、そこではコモンローを発展的な営為と見る誘因は減るであろう。そのような世界の弁護士は、判例法の傾向と専門家の談論を怠りなく評価しつづけるよりも、先例が公式に更改されても過去の取引に影響しないであろうという前提に立って、いかに侵食され批判されていても、古い地域的先例を拠り所とするように依頼人に助言するほうがよいであろう。そのような慣行が社会的行動に与える影響は、きわめて望ましくないであろう。ルイス・キャプロウは、次のように指摘した。

ルール変更以前の行動は、事後的に変更しえないものの、それにもかかわらず過渡的な政策が、その種の行動に事前に影響を与えることがある。例えば……製品デザインの初期決定を行う企業は、予想される責任を計算に入れた利潤見積をしているであろう。製品ないしは製造過程が実質的な損害の原因となった時は、不法行為責任を追及されると分かっている場合、企業の決定は、その企業が免責されそうな場合とは非常に異なっているであろう……。このように、責任のリスクが……重要な点で不法行為法の進化に依存する場合……将来の不法行為法の進化が、新ルールの宣言以前に発生する損害に対しても適用可能とされるであろうと予想され……それが行動に対して望ましい影響を与えるであろう……。

……所与の過渡的な政策によって、将来の改革が既存の投資に対してもつインパクトが緩和される程度に応じて、その時々に投資の決定を行っている人々は、将来の改革の見込みを計算に入れるまともな動機をもたないであろう……。投資家がその時々の決定を行うにさいして、いかに不確定なものであっても、将来の政府の行動に対する見込みに影響されることは望ましい[54]。

実践上、将来的先例更改にまつわる現在の制度コストは、限界的に見える。一つには、この手法が、先例変更のきわめて小さい局面においてのみ使われるからである。コモンローにおける将来的先例更改がふつう適切であるとされる場合があるとすれば、それは、ルールが社会的に融和しておらず組織的に整合していないにもかかわらず、正当な信頼が並はずれて生じやすい場合のみであり、あるいは、司法による先例更改そのものが、立法によって覆される実質的な蓋然性がある場合のみである。これらの要件に合致することはめったにない。したがって、コモンローの先例更改は、通常、従来どおり完全に遡及的になされる。さらに、先例更改は、先例変更の一つの特殊なケースでしかなく、他のタイプの先例変更が、完全な遡及以外の形でなされることは、たとえあるとしても、きわめて稀である。しかし、裁判所が将来的先例更改を使うにさいして、はっきりとした弁別を行わなかったとすれば、この手法の制度コストが増大するであろう。問題の領域が、行為者が法にもとづいて計画するのが一般的である領域か否か、先例更改が予兆されていたか否か、信頼が道徳的に正当化された否か、について綿密な検討をせずに、裁判所は、正当な信頼の存在を仮定すべきでない[55]。また裁判所は、特定のケースにおける将来的先例更改の利点のみならず、この手法が数多くのケースで使われたとすれば、それに随伴することになるコストについても注意して検討すべきである。

先例変形

先例変形は、裁判所が確立した教義を完全に先例変更するが、そうしたと宣言しない場合に生じる。例えば、*MacPherson v. Buick Motor Co.*[56] において、カードウゾは、新ルール、すなわち、過失原理は製造者に対して完全に適用できるというルールを、数多くの先例で宣言された、適用できないとする古いルールにおきかえた。しかし、カードウゾは、先例更改する代わりに、結果にもとづく手法を通じて先例を根本的に再構築し、そして外観上は先例にしたがった。同様に、*Sherlock v. Stillwater Clinic*[57] において、ミネソタ州の裁判所は、新ルール、すなわち、過失のある外科医は、不法行為による出生について責任を負うというルールを、*Christensen v. Thornby* で宣言された、責任を負わないとする古いルールにおきかえた。しかし、裁判所は、先例更改する代わりに、ミニマリストの手法を通じて *Christensen* を根本的に再構築し、そして外観上は *Christensen* にしたがった。

先例変形も先例更改も確立した教義の完全な先例変更を伴うから、二つの様式の区別は、しばしば実体的でなく、形式的である。先例更改では、裁判所は教義を廃止していると明示的に宣言するが、先例変形ではそうしない。先例変形では、新たに宣言されたルールは、先例が到達した結果と整合するが、先例更改ではそうではないという根拠で、二つの様式が実体的に区別できるケースがある。しかし、この相違は、ほぼ舞台演出の結果であることが多い。先例変形では、新たな宣言ルールと先例の到達した結果が整合するように見えるが、この見かけの整合性は、先例裁判所自身が重要であると考えなかった先例の側面を選り抜くことによって達成されるからである。例えば *MacPherson* において、カードウゾは、彼が新たに宣言したルールと、製造者に責任ありとすることを拒んだ先例との間の見かけの整合性を達成できたのは、次のことを示唆することによってであった。つまり、それらの先例の事実を適切に検討すれば、製造者に過失がなかったか、あるいは、製造者は標準的な過失の抗弁を立証しえたはずであるかのいずれかであると。なるほどそうであったかもしれないし、そうでなかったかもしれないが、先例裁判所は、前におかれたケースをそのようにはとらえなかった[58]。

裁判所が、先例変形と先例更改のいずれにするかを選べると仮定とすると、その決定は、どのようになされるべきか。

先例更改と先例変形は、完全な先例変更の二つの異なる現実を反映していると言えるかもしれない。先例更改は、新たに宣言された教義が、古い教義にとって代わりつつあるという現実を反映している。先例変形は、教義が完全に先例変更される頃までに、しばしばその実質的部分がすでに先例変更されてしまっているという現実を反映している（かくして、製造者の過失責任を制限する教義に関し、*MacPherson* 以前のニューヨーク州のケースでは、コーヒー沸かし器や建築用の足場などの品物でさえも、その教義の「本来的に危険」の例外にあたると判示され、その教義のほとんどが削りとられた）。それゆえ、理論上、先例変形と先例更改の間の選択は、所与のケースにおいてどちらの現実がより強く表れているかに依存するのかもしれない。しかし、実践上の事柄として、ふつう選択は、外観に関する二つの事項に対して、裁判所がどれほどの重要性をおくかにかかっているように見える。

外観に関する一つの事項は、ピーター・ウェステンによる次のコメントの中で明らかにされている。

……先例変形には、裁判所の「方向転換」が一つ伴うのに対して、先例更改では二つ伴う。先例変形と先例更改の両方に、従来の教義形成において過ちを犯したという裁判所の黙示の告白が伴う。その両方に、下してきた判決について従来行ってきた合理的説明を裁判所が否認することが伴う。しかし、先例更改には、先例変形には伴わないもう一つの告白が伴う。すなわち、下してきた判決について従来行ってきた「説明」のみならず、「判決そのもの」にも誤りがあった、という裁判所の告白である。先例更改は、論証のみならず、判決においても誤りを犯したという裁判所の告白である。本当は敗訴すべきであった当事者を勝訴させ、勝訴すべきであった当事者を敗訴させる判決を公式に行ったという告白である。

このように、*MacPherson v. Buick Motor Co.* と *Whitinsville* の相違は、両方の裁判所が、教義について考えが変わったことを告白したが、それぞれが、従来の判決の正義について根本的に異なった見解をもっていたことである。カードウゾは、ニューヨーク最高裁が、長年にわたり然るべき当事者すべてを勝訴させてきたとはっきり断言したが、マサチューセッツ最高裁は、勝訴するのが正義にかなう多くの譲受人を、長年にわたり敗訴させてきたと告白しなければならなかった……。[59]

外観上の事項が原因となって、裁判所は先例更改ではなく先例変形を選択することがあるが、この事項の二つめは、教義的安定の基準が、司法の決定過程に対して極端に強力な拘束力をもっているという印象を保ちたいという欲求である。この観点からすれば、先例変形の利点は、先例変更が実際の在りようとは異なって見えることである。*MacPherson* は、その見事な例である。このケースにおける先例変更は、ロースクールの学生がはじめてその判決意見を読んでも、本当のところカードウゾが何をしたのかが、ほとんど実感できないような微妙さで成し遂げられた。

先例変形の不利な点は、その利点と表裏一体である。下級審の裁判官でさえ、教義が廃止されたことに気づかないこともある。これがまさしく、*MacPherson* の後に起ったことである。しばらくの間、ニューヨーク州の事実審裁判官の中には、カードウゾが本当のところ何をしたのかを理解せず、*MacPherson* が先例変更した製造者責任に関する特別ルールを、天真爛漫に適用しつづけた人がいた。[60] さらに、裁判所には外観に対する慎重な配慮と映るのが、他のものには単に率直さを欠いていると映ることがある。おそらくもっとも重要であるのは、先例更改の明瞭性が、先例変形の作為的な不透明性よりも、新ルールの首尾一貫した発展につながりやすいということである。

すべてを衡量すると、先例変形が先例更改よりも望ましいケースは、ほとんどない。この四〇年の間に先例更改のペースが劇的に増大してきたことが、広く看取される。この現象の一つの理由は、裁判の制度原理の変動であることに間違いないが、従来なら先例変形されていたはずの教義が、現在、先例更改されつつあるということもありそうである。

先例限定

先例限定（overriding）が生じるのは、裁判所が、従来の教義が確立した後に生じたルールを優先させて、確立教義の適用範囲を狭める時である。例えば、一九三〇年代以前は、贈与約束は強制できないという確立した教義があった。[61] 一九三二年に第一次契約法リステイトメントが、有名な九〇条において、贈与約束は、相手がそれを信頼して行動した場合は強制できるという原理を採用した。それ以降、裁判所は、新しい原理を採用して、古い教義の適用範囲を、相手方が信頼しなかった贈与約束に限定することによって、従来の教義を先例限定した。[62] 一九四〇年代までは、確立した教義があって、一定期間承諾可能にしておくという約束を伴った申込――「確定申込（firm offer）」――は、その約束に対して別個に代価が支払われていなければ、約束にもかかわらず撤回可能であった。[63] 一九五〇年代初頭から、裁判所は、確定申込に信頼の原理を適用して、古い教義の適用範囲を、相手方が信頼しなかった申込に限定することによって、この教義を先例限定した。[64] 一九五〇年代までは、交換取引は、その公正さについて審査されないという確立した教義があった。しかし、一九六〇年代初頭から、裁判所は、特定のタイプの不公正について交換取引を審査するために、非良心性の原理を適用することによって、その教義を先例限定した。

理論上、先例限定は、単に、整合した区別を通じて行う、分立の特殊なケースであると言える[65]。そこでは、裁判所は、従来の教義を確立した先例に伴わなかったタイプの取引を扱い、従来の教義を支持している社会命題に鑑み、問題の取引が後の教義のもとでは分立すべきであると結論する。しかし、実際の運用では、裁判所が、確立した教義を先例限定する場合、まさに先例に伴ったタイプの取引を扱うことが多い。例えば、九〇条が採用される以前は、贈与約束は強制できないという教義は、被約束者が明らかに約束を信頼していたケースにも適用されてきた[66]。確定申込の教義に対する信頼の例外が確立するようになる以前、信頼があっても、確定申込が撤回不能となることはないと明示的に判示した裁判所があった[67]。非良心性の原理が確立するようになる以前、現在ならこの原理の範囲に入るような交換取引を強制した裁判所があった[68]。このようなケースでは、先例限定は先例変更の一形態である。

先例変更の一形態としての先例限定は、裁判所が何らかの先例変更が生じたと宣言しないという特徴がある点で、先例変形に似ている。それは、新ルールが古い結果と両立しえないという点で、先例更改に似ている。それは、先例変更が部分的にしかなされないことが多いという点で、先例更改とも先例変形とも異なる。しかし、先例限定するほうの原理の適用範囲が、先例限定される原理を飲み込んで、事実上それに代置する場合がある。この極端な形の先例限定は、時として黙示的先例更改と呼ばれる。先例限定は、一方の端において分立と、他方の端において先例更改および先例変形と結びついているので、第六章で説明した法的論証の様式と、この章で説明している法的論証の様式との間の架け橋と見ることができる。

整合していない区別

裁判所が確立した教義を先例変更するもう一つの過程として、整合していない区別がある。すなわち、もとにあるルールを支持している社会命題に鑑み、そのルールと整合していない区別である。この過程は、社会的融和と組織的整合性の基準の充足を実質的に欠いている確立教義の先例変更を伴うという点で、先例更改と先例変形に似ている。それは、部分的にしか先例変更しないという点で、これらの過程と異なる。典型的には、整合していない区別が確立した後も、その区別がすべてを包括していないか、首尾一貫した態様で運用できないかのいずれかの理由で、裁判所がもとにあるルールを適用するケースが少なくともいくつかは残る。

不整合は、法的ルールの望ましい属性であるようには見えないから、整合していない区別を行うのは不適当であり、裁判所は、ルールを整合的に適用、拡張、または区別するか、あるいは、完全に先例変更すべきであると考えられるかもしれない。ロナルド・ドォーキンは、その著書『法の帝国』の中で、この結論につながると解釈しうる主張をしている。『法の帝国』の中心テーマは、法は「統合（integrity）」――ドォーキンが特殊な意味に定義し、解釈的概念と呼ぶ用語――をもつべきであるということである。

> 統合としての法によれば、法の命題が真実であるのは、コミュニティの法慣行に関する最良の構築的解釈を提供する正義、公正、手続的デュープロセスの諸原理において、その命題が、重要な役割を担うか、あるいは、それらの諸原理から帰結する場合である……。
>
> ……［統合としての法が］難しいケースを判決する裁判官に差し伸べるプログラムは……本質的に解釈的である……。
>
> ……［新ケースに直面する裁判官は］そうできるのであれば、法的権利に関する、何らかの首尾一貫した理論

を見いださなければならない……。その理論を身に付けていれば、たった一人の政治的公務員でも、判例集の結果のほとんどに到達しえたであろうような理論をである[69]。

ドゥーキンは、立法部における統合原理の役割と、裁判所における統合原理の役割をはっきり区別する。立法部は、統合原理によって指針を与えられるべきであるが、「だからと言って、立法部は、いかなる状況においても、法を現状以上に原理的に不整合なものに決してしてはならないということにはならない[70]。」むしろ、立法部は裁判所と異なり、政策と正義に関する諸々の考慮事項（この文脈において、このことばによってドゥーキンの意味するところは、資源と機会の理想的配分である）を、計算に入れることもできる。しかも、それらの考慮事項が、コミュニティの過去の法慣習に関する最良の構築的解釈を提供するか否かにかかわらずにである[71]。対照的に、裁判所にとって、統合原理は「決定的[72]」である。

整合していない区別を行うことは、統合原理のもとでは不適当であると見なされるかもしれない。整合していない区別がなされる場合、もとにあるルールの適用によって到達した結果と、整合していない区別の適用によって到達した結果の両方を正当化する実体的ルールがないからである。『法の帝国』の企図の一つは、法学は、最良の光をあてて社会の法慣行を説明すべきであると主張することであった。整合していない区別という慣行は、充分に確立しているから、この企図のもとで、裁判所は差支えなくその種の区別をできないと結論すれば、その結論には、どこか不具合なところがあるであろう。しかし、この結論は、成果ないし結果に限定された統合概念、それゆえ、このことばのふつうの意味より狭い統合概念からのみ帰結する。ふつうの意味の統合は、不偏性と同様、成果ないし結果の整合性のみならず、結果を生成する制度原理を整合的に用いることによって充足できる。制度原理を整合的に用いれば、ふつう整合した結果が生成される。しかし、特定の制度原理は、整合していない結果を生成することがある。その意味は、適用可能な社会命題にもとづいて区別できないケースが、それらの制度原理のもとでは、それでも異なった取扱いがなされるということである。例えば、先例更改の制度原理は、過去の結果と整合していない現在の結果を生成することがある。この例が示すように、制度原理の整合した使用は、単にそれが整合していない結果を生成するからと言って、統合や不偏性を欠くということにはならない。

統合の見地からすれば、整合していない区別をすることは、先例更改とは種類が違うと主張しうるかもしれない。つまり、先例更改の制度原理では、異なる時期に整合していない法的基準を確立することが正当化される。対照的に、裁判所が整合していない区別をする時、二つの整合していない法的基準が記録上同時に存在する。つまり、もとにあるルールおよび整合していない例外である。

この主張が結果に対する関心にもとづいているとすれば、限られた力しかもたないであろう。例えば、裁判所が、ケースBに判決しようとしており、このケースの結果が、以前の先例であるケースAによって決まるように見える場合、その結果は、ケースAを先例更改しようと、ケースAについて整合していない区別をしようと同じである。しかし、さらに主張を進めて、ケースAを先例更改すれば、ケースAのルールの範囲に入るが、ケースBの例外の範囲には入らない後のケースの結果が変るであろうと言えるかもしれない。この主張は、誤っていることになるであろう。後の裁判所は、たとえケースBの裁判所がそうしなかったとしても、ケースAを先例更改しうる。要するに、先例更改を通じて、統合と不偏性を保ったまま、ケースAと整合していない判決をケースBに下せることがいったん合意されれば、整合していない区別をすることを禁止しても、それだけでは何ら結果が変らないであろう。そのような禁止があっても、（すでに結論の出ている）ケースA、（先例更改によって、ケースAと整合していない判決をこれから下しうる）ケースB、（たとえケースBがそうしなかったとしても、ケースAを先例更改しうる）後のケース、は別の結果を強いられないであろう。

にもかかわらず、整合していない区別の結果、ルールおよび整合性を欠く例外が、同時に法となっていることも依然として真実である。裁判所が、先例更改を通じてきれいな絵を完成させるのではなく、この混沌とした慣行にしたがうことを正当化するものは何であろうか。

この慣行の一つの理由は、教義的安定の印象を維持したいという欲求であることに疑いはない。先例更改は、実際には教義的安定の基準と調和しているけれども、不調和の外観をもっている。外観を維持したいというこの欲求は、必ずしもまやかしではない。裁判官自身が教義的安定の価値を強く信じており、他のすべての事柄が同等であるなら、その価値と調和するように見える解決を優先したいと誠実に考えていることに疑いはない。

整合していない区別の慣行を正当化するもっと強力な理由が他にある。まず、裁判所は、所与の行為をいかに取り扱うかについて確信がもてない場合、暫定的にその行為の一部分のみを浮き彫りにすることによって、その確信のなさを活かしてもよいと決定して然るべきことがある。ただし、浮き彫りにされる線が、目的に合理的に関係していることを条件とする。これを暫定性の制度原理を呼ぶとしよう。例えば、裁判所は、ある教義が社会的融和と組織的整合性を実質的に欠いていると信じているが、それでもその信念が正しいと自信がもてないことがある。そのような時、裁判所は、完全な先例変更への暫定的措置として、整合していない区別をして然るべきである。代替的に、裁判所は、例外に完全な一般性をもたせるまでの暫定措置として、例外を完全に原理化するために必要とされる一般性のレベルよりも低いレベルで例外を定式化して然るべき場合がある。例えば、二〇世紀初頭に、裁判所は、相手方が信頼した寄託約束に直面して、贈与約束は強制できないというルールに対する例外を設けたが、広範な信頼原理を定式化する充分な自信がまだなかったので、その例外を寄託約束に限定したのかもしれない。

暫定性の制度原理を適用する裁判所は、自らが採用するルールが現行法の総体と整合していなくても、統合と不偏性に準じて行動する。先例更改は最終的であり、裁判所が教義の見方を間違えれば、先例更改は深刻な誤りとなるであろう。あまりに高い一般性のレベルで例外を確立することにも、実質的なコストが伴う。[73] 教義に対する裁判所の暫定的見方が正しいか否か、裁判所が最良の一般性のレベルで例外を明言したか否か、が時とともに専門家の談論の中ではっきりするはずである。裁判所は、教義を完全に先例変更することによって、または、例外を撤回するか、いっそう一般化することによって、時とともに暫定的立場を調節できる。裁判所の行動に暫定的性質があるおかげで、その間、先例更改や例外の広範な定式化には見られない態様で、争点が濾過されており、談論が継続しているであろう。

整合していない区別は、正当な信頼の問題を取り扱うための手法としても使われることがある。裁判所は、整合していない区別のおかげで、教義の核、すなわち、教義中のもっともらしい説明をしても区別できない部分、を信頼した人々を少なくとも保護することができる。これは、教義が整合していない区別や専門文献による有意義な批判にまだ服していない場合、特に重要となろう。同時に、整合していない区別の手法を用いるケースは、それ自体が専門文献の一部となり、もとにある教義が先例更改の候補となる手筈が取られていることに専門家の注意を喚起する。時としてそのようなケースは、以降期間に整合していないという代償を払っても、段階を踏んで最良のルールに移行するためには最善のものとなることがある。整合していない区別という手法を使うことによって、裁判所は、法を社会的に融和する方向へ向かわせ、教義の核に対する過去の正当な信頼を保護し、将来正当な信頼が生じる蓋然性を減じ、この手法を用いなければ先例更改が不適切となっていたかもしれない場合に、先例更改への道を整える、ということを一度に行いうる。

それゆえ、ことばのふつうの意味において、統合は、整合していない区別の慣行によって損なわれない。それどころか、統合は、この慣行において特別な役割を果たす。その役割は、この慣行を禁じることではなく、率直さを促すことによって、それを形作ることにある。裁判所が、もとにあるルールが社会的に融和することを早急に求めるあまり、整合していない区別をするなら、そう言えばよい。裁判所が、一般性の適切なレベルについて確信がもてないので、非常に低い一般性のレベルで区別するなら、そう言えばよい。裁判所が、正当な信頼に配慮しているのなら、それも言えばよい。いずれにせよ、これらのメッセージは黙示されるのが通常であるが、不整合を正当化する暫定性が完全によしとされるなら、そのメッセージは明示的になされるほうがよい。

コモンローの非解釈的要素

統合としての法の概念は、ドォーキンがこのことばに与えている特殊な意味において、法と裁判の性質に関する二つの主張の中に具現している。これらの主張は、整合していない区別という争点をはるかにこえた広がりをもつ。第八章への橋渡しとして、ここでこれらの主張を検討することは有用である。

第一の主張は、裁判所は、立法的権能をもって法を作るのではなく、法的な権利義務にもとづいてケースを確定するという主張である。この主張は正しい。裁判所は「われわれは、今日はじめてこの法的権利を確立し、昨日その義務を履行しなかったことについて、あなたに責任を負わせる」とは言わない。そうではなく。裁判所は「あなたは、しかじかのことをする法的義務を負っていたが、そうしなかったので、われわれは、あなたに責任を負わせる」[74]と言う。

第二の主張——これを確信テーゼと呼ぶことにするが——には、一般的な部分と特殊な部分がある。一般的な部分は、裁判は、本質的に解釈の営為であり、裁判官の任務は、従来の制度的判決に対して可能なかぎり妥当な解釈を与えることにあるという主張である。特殊な部分は、裁判官がコモンローのケースに然るべく判決する時は、以下のように行うという主張である。すなわち、裁判官は、従来の制度的判決との適合性の程度という入口の条件を充足するのはどのルールであるかをまず確定し、それからそれらのルールの中から、政治道徳に関する自分自身の確信にもとづき最良と考えるルールを選択する。ただし、この確信から政策に関する確信が除外される。[75] 第二の主張は、一般的な部分と特殊な部分の両方において誤っている。

まず、その特殊な部分において、確信テーゼが社会命題の使用のために設定している規準は、完全に本末転倒である。コモンローのルールを確立するにあたり、裁判所は、政策を用いるべきであり、実際に用いているが、自らの個人的確信は用いるべきでないし、また用いてもいない。これら両方の点がなぜそうなのかは、すでに第四章で示したが、後者の点については第八章で再度論及する。それゆえ、ここでは確信テーゼのより深い問題に焦点をあてることにする。

法と裁判に関する理論として、裁判所は、社会命題を顧慮することなく、従来の制度的判決にもっとも適合する法的ルールを解釈することによって、「難しいケース」を判決するという理論がある。[76] これを純粋適合理論と呼ぶとしよう。ドォーキンは、この理論を明示的に否認したが、[77] 正しいことであった。この理論は、記述的な点においても、規範的な点においても誤っているのみならず、本質的に首尾一貫性を欠いている。どの所与のケースにおいても、ルールがいくつあっても、それらのルールは、適合性にもとづいて解釈できる。どの程度の適合性が最良の適合性であるかは、適合性がどのような規準を充足すべきかということと、関連規準すべてを最も充足するルールが一つもない時に、競合ルールの中からいかに一つのルールを選択するか、ということに依存しなければならない。それゆえ、法の確定のために適合性を用いるいかなる理論も、次の問いに答えなければならない。すなわち、適合性が過去の結果にもとづくべきであるのか、あるいは結果を導いたルールにもとづくべきであるのか、適合性は、どのくらい時を遡り、どのくらい多くの法分野まで拡張されるべきか、従来の判決中のどの種の事実や叙述が、強調され、あるいは黙過されて然るべきであるのか、どのくらい多くの判決が、どのような基礎にもとづいて説明されずに済むのか、適合性の規準が互いに抵触する時、異なる規準がいかに序列化されるのか、である。これらの問いは、純粋適合理論では答えがでない。

ドゥオーキンの確信テーゼは、この陥穽を避けようとする試みであるが、この試みは、一つには、最良の適合性ではなく、入口のテスト、あるいは充分な適合性のテストを用いることによって、また一つには、規準の問題のいくつかに回答することで適合性の概念を補完することによってなされた。彼のテーゼでは、適合性は、ルールか結果のいずれか一方にもとづいていればよいが、二つが乖離する場合は、結果にもとづく適合性がより好ましいとされるようである。つまり、裁判官は、一つのルールを支持する判決が、他のルールを支持する判決よりも重要で、根本的で、射程が広いように見えるか否かを計算に入れなければならない。またルールは、正義の原理（この文脈において、このことばでドゥオーキンの意味するところは、ルールは、何らかのより一般的な道徳的、政治的考慮事項に結びついていなければならないということである）を定めていないかぎり、そして単に政策に関する考慮事項にのみ立脚するかぎり、適合しているとは言えない[78]。ここで仮定されているのは、適合補完テストは、純粋適合テストとは異なり、司法判決に対して有意味な制約を課し、その結果、裁判官の個人的確信は、それだけでは決定的にならないということである。事実、ドゥオーキンは、大部分この仮定を通じて、法は解釈の営為であるという主張を維持している。裁判官の個人的確信のみが決定的であるなら、解釈は司法判決とまったく関係がなくなるからである。

しかし、現実には適合補完テストでさえ、コモンローのケースにおいて大した制約とならない。コモンローは、裁判官に莫大なデータを提供する。*MacPherson* と *Sherlock* が例証するように、結果にもとづく適合性が認められる幅がとりわけ大きい。両判決とも、先例にしたがうという外観を保ちながら、巧みに従来のルールを逆転させた[79]。なるほど、どの所与のケースにおいても、想定可能なルールの中に、ドォーキンの適合補完テストを充足しないものがあるであろう。それゆえ裁判官は、想定可能なすべてのルールのうちで自らが最良と考えるルールを自由に選べないであろう。しかし、ほとんどのケースにおいて、数多くの競合ルールが適合補完テストを通過するであろうし、多くのケースにおいて、それらのルールのうち少なくとも二つのルールは、真っ向から対立する結果を生産するであろう。例えば、ドォーキンは、彼がコモンローの論証のパラダイムとして使うケース、*McLoughlin v. O'Brien*[80] について、少なくとも二つの競合するルールが適合補完テストを充足するであろうし、そのうち一つのみが被告に責任ありとしそうであると結論する[81]。確信テーゼのもとでは、入口のテストを充足することを条件として、裁判官は、個人的確信にもとづいて競合するルールの中から自由に選択できるから、また数多くの競合ルールが通常このテストに合致するであろうから、裁判官の個人的確信は、裁判官が確立するルールの輪郭を通常確定するであろうし、しばしば結果も確定するであろう[82]。実際、確信テーゼのもとでは、裁判官の個人的確信は、適合性の確定にまでにも進入する。ルールが適合補完テストによって求められているような正義の原理を反映するか否かは、それ自体裁判官の個人的確信に左右されるからである。自らの個人的確信にもとづいて行動する個人像には、強く訴えかけるものが確かにある。しかし、裁判官が、自らの個人的確信にしたがって法的ルールを確立し、結果を確定すれば、職務に対して不誠実となろう。確信テーゼは、裁判官が自ら行っていると主張していることを言い表していないし、また実際にしていることや、すべきことも言い表していない。

確信テーゼのもう一つの深刻な問題は、その一般的な部分、すなわち、裁判は本質的に解釈の営為であり、裁判官の任務は、従来の制度的判決に対して可能なかぎり妥当な解釈を与えることであるという部分にその根をもっている。このテーゼは、成文法規を伴う裁判の領域には妥当するかもしれないが、すべての裁判に妥当するわけではない。コモンローに妥当しないからである。確かに、特定の様式のコモンローの論証は、従来の制度的判決で宣言されたルールの整合的な適用と拡張を大きく伴う。しかし、その他の様式は伴わない。例えば、新たな一般的原理の形成は、それまで変則的であったがその原理によれば説明できる先例に部分的に立脚することが多いけれども、新たな原理を基本的に支えるのは、そのような先例ではなく、適用可能な社会命題である。[83] 同様に、新たなルールと、確立したルールの整合的な区別の両方は、従来の制度的判決にほとんど、あるいはまったく根をもたずに、適用可能な社会命題にもとづいて定式化されることが多い。すべての様式の先例変更は、ルールが社会的に融和していないという確定に根本的に立脚する。宣言ルールの整合的な適用と拡張を大きく伴うコモンローの論証の様式が用いられる場合も、宣言ルールが、適用可能な社会命題と実質的に融和しているという明示ないし黙示の確定に依存するのが通常である。

ドゥーキンが、裁判官の任務は従来の制度的判決に対して可能なかぎり妥当な解釈を与えることであるという理論を擁護するのは、彼が法的プラグマティズムと呼ぶ裁判モデルを構築し、ついでそれを批判することに部分的によっている。このモデルでは、裁判所は、法的ルールを確立するという機能のみにかかわり、争いを解決するという機能を無視し、政策を計算に入れ、整合性そのものには価値を認めない。

［法的プラグマティズムによれば］裁判官は、いかなる形態のものであれ、過去との整合性をそれ自体価値がある

ものの数に入れず、自分達から見て、コミュニティの将来にとって最良であるような判決であれば、どんな判決でも実際に下しているし、また下すべきである……。プラグマティストは、裁判官が判決した時点における、そしてその時点そのままの、判決自体の正義や効率性、その他の同時代的徳性の中に、強制のために必要な正当化理由を見いだす……。……プラグマティズムは……自分達は原則として互いに整合するように行動しなければならないという抑圧的要求から自由に、最良の将来を独立に構築する者として、裁判官をとらえる物語の中に、［司法慣行の最良の解釈］を見いだす(84)。

プラグマティズム・モデルが、法に関する考え方を引き出すことに資するなら、このモデルに賛同する裁判官や評釈者がいないことは、重要でない。このモデルがその目的に資する一つの点は、それがドゥーキン自身の考えを引き出すことである。裁判官がプラグマティズム・モデルにしたがうとすれば、数々の正統な批判を受けることになるであろうが、ドゥーキンによる批判は的外れである。ドゥーキンの批判の一つは、プラグマティストの裁判官ならば、過去との整合性を「それ自体」に価値があるものとして取り扱わないであろうという批判である。しかし、過去の制度的判決との整合性は、それ自体としては限定的な価値しかもっていない。何らかの公正さ、もしくは政策上の目的に資する場合のみ、実質的な価値をもつ。われわれは、過去の悪しき判決との整合性を受けいれることが時々あるが、決してそれを有り難がらない。過去の制度的判決との整合性は、時を隔てても同様のケースで同様の結果に到達するという公正さの目的に資することは確かであるが、法を横断して同様のケースで同様の結果に到達するという公正さの目的と、それよりさらに重要な目的、すなわち、可能なかぎり妥当な法的ルールによれば生成されるであろう結果に到達するという公正さの目的を挫折させることがある。法が、教義的安定を利するために、時として後者二種類の公正さの目的を進んで挫折させるのであれば、それは、一つには、時を隔てても同様の結果に到達するという公正さの目的に資するためであり、より根本的には、計画立案と争いの解決を容易にするために法を信頼できるものにするという政策上の目的に資するためである。

プラグマティズム・モデルに対するドゥォーキンの批判は、過去の制度的判決を計算に入れない裁判所は、原則として整合的に行動できないという前提に立脚する。この前提は誤っている。裁判所がプラグマティズム・モデルにしたがうとすれば、それは間違いであろう。例えば、争いの解決機能や、教義的安定の基準のもとにある道徳的、政策的価値に関心をもたないとすれば、それは間違いであろう。しかし、そうしたとしても、原理に則っていないことにはならないであろう。プラグマティストの裁判所が採用した各々のルールは、判決の時点で採用されるべき他のすべての正当なルールと整合した正当なルールにもとづいているであろう。そのような基礎にもとづいているルールを確定する営為と、個別ルールそれ自体の両方が、入口の適合性と裁判官の個人的確信にもとづいた営為や個別ルールよりも、原理に則っている程度が低いということにはならないであろう。法と裁判に関する理論が、原理に則っているか否かは、（他のすべての事柄が同等であるとすれば、望ましいことであろうが）過去のルールや結果と整合したルールや結果を生産するか否かに依存しているのではない。むしろ、それは、適切な裁判の制度原理を整合的に適用することによって、ルールや結果が生成されるか否かにかかっている。過去との継続性は、従来のルールや結果との整合性以外の方法によって保証できる。先例更改、整合していない区別、その他の形態の先例変更は、たとえ過去と整合していないルールや結果を生むとしても、必ずしも非継続性を伴うものではない。それらのルールや結果を生成する制度原理の継続性を通じて、現在は過去と結ばれているからである。

（1）　慈善団体免責の教義の盛衰を跡づける第一次及び第二次文献は、ふんだんにある。F. Harper, F. James & O. Gray, *The Law of Torts* §§ 29.16-17 (2d ed. 1986) (hereinafter Harper, James & Gray, *The Law of Torts*), Annotation, "Immunity of nongovernmental charity from liability," 25 A. L. R. 2d 29 (1952), Annotation, "Tort Immunity of nongovernmental charities——modern status," 25 A. L. R. 4th 517 (1983), President and Directors of Georgetown College v. Hughes, 130 F 2d 810 (D. C. Cir. 1942), Collopy v. Newark Eye and Ear Infirmary, 27 N. J. 29, 141 A. 2d 276 (1958), and Bing v. Thunig, 2 N. Y. 2d 656, 143 N. E. 2d 3, 163 N. Y. S. 2d 3 (1957). これらは、全体として、さまざまな段階における、この教義とその例外に関するすぐれた叙述と批評となっている。本文における議論は、その目的上、これらの源泉を拠り所としている。

適用可能な社会命題の観点から、ある教義の歴史を叙述する場合、二つ点で制約を受けなければならない。第一に、裁判所は、教義を確立するにあたり、そうする理由すべてを述べてしまってはならず、理由のいくつかは再構築されなければならない時がある。第二に、次のことを思い起さなければならない。つまり、社会命題を用いて法的ルールを確立するさいの裁判所の役割は、社会命題が真に必要な規準に合致しているか否かを確定することではなく、必要な規準に合致しているか否かを確定する適切な方法を使うことであり、専門家の談論、その他の談論において、その確定に対してなされる批判に適切に応答することである。これに対応して、ある教義の歴史を詳述するにあたり争点となるのは、所与の時点においてどの社会命題が必要な規準に現実に合致したかではなく、どの社会命題がそれらの規準に合致するように見えたかである。本文中で歴史を詳述するさいに、それを囲うように絶えずこれらの制約に言及しつづけるとすれば、冗長になるであろうから、これらの制約は、黙示されているものとする。

（2）　*See, e. g.*, President and Directors of Georgetown College v. Hughes, 130 F. 2d 810, 823-24 (D. C. Cir. 1942).「完全または部分的な責任を課している州における方が、完璧ないし実質的に完全な免責が与えられる州よりも、慈善団体が消滅ないし破綻することが多かったことを示すいかなる統計的証拠も提示されたことはない。また、寄付行為に対する抑制が、前者においてより大きかったという証拠もない。慈善団体は、その両方において存続し、増加しているようであり、慈善団体が不法行為責任を負うか否かや、生き残りの能力に差異があるか否かに対して、ほとんど注意が払われていないように見える。

さらに、解散の危機がある場合は、現在ではその危機に備えて保険が利用でき、思慮ある団体管理者は、その防護を手当てするであろう。保険料を支払うに要するコストによって、そこそこの慈善団体が崩壊し、あるいは寄付行為が抑制されるようになるというのは、きわめて疑わしい……。慈善団体に関するかぎり、問題となる得失は、合理的な防護のコストであり、団体の財務に対する付加的な負担としての保険料金額であり、団体の全資産を上回る損害賠償の認定ではない。

（3）*See, e. g.,* Haynes v. Presbyterian Hosp. Ass'n, 241 Iowa 1269, 1273, 45 N. W. 2d 151, 154 (1950); Parker v. Port Huron Hosp., 361 Mich. 1, 24-25, 105 N. W. 2d 1, 12-13 (1960).

（4）*See, e. g.,* Bing v. Thunig, 2 N. Y. 2d 656, 666, 143 N. E. 2d 3, 8, 163 N. Y. S. 2d 3, 10-11 (1957).「その原理に服し、かつ不注意から人を傷つけないようにする義務の範囲内において、一般大衆に奉仕し貢献する人々が、他のすべての人々と同様に、そうすべきであるというのは、何も過大な期待ではない。個人や組織が、気前がよい以前に正義を全うすべきであるというのは、良き道徳であるのみならず健全な法である。このことが慈善病院に妥当すべきでない理由はない。『慈善とは、長い間受難に耐えてきた情け深いものである。しかし、コモンローにおいては、慈善は不注意であってはならない。不注意である場合、もはやそれは情けではなくなり、訴訟原因となる違法行為となる』……。使用者責任と、過失による侵害に対する損害賠償とを主張することは、二面の目的に資する。その両方が、侵害を受けた人に対する債務の支払いを確かなものとし、正義と法が注意力の行使を要求するという警告となるからである。」

（5）*See Bing,* 2 N. Y. 2d at 660-61, 143 N. E. 2d at 4-5, 163 N. Y. S. 2d at 6.

（6）Boeckel v. Orange Memorial Hosp., 108 N. J. L. 453, 158 A. 832 (1932), *aff'd,* 110 N. J. L. 509, 166 A. 146 (1933).

（7）Kolb v. Monmouth Memorial Hosp., 116 N. J. L. 118, 182 A. 822 (1936).

（8）Bianchi v. South Park Presbyterian Church, 123 N. J. L. 325, 8 A. 2d 567 (1939).

（9）Jewell v. St. Peter's Parish, 10 N. J. Super. 229, 76 A. 2d 917 (1950).

（10）Cullen v. Schmit, 139 Ohio St. 194, 39 N. E. 2d 146 (1942).

（11）Williams v. First United Church of Christ, 37 Ohio St. 2d 150, 309 N. E. 2d 924 (1974).

（12）Eads v. Young Women's Christian Ass'n, 325 Mo. 577, 29 S. W. 2d 701 (1930).

（13） Blatt v. George H. Nettleton Home for Aged Women, 365 Mo. 30, 275 S. W. 2d 344 (1955).

（14） 同様に、一方における、慈善団体の宿泊施設、デイケア・センター、キャンプ、公会堂、共同墓地の責任と、他方における、同じものが商売の場合の責任の間に、裁判所が実際したように差異を設けることは、不偏性を欠く。*Cf.* Thornton v. Franklin Square House, 200 Mass. 465, 86 N. E. 909 (1909)（働く女性のために、無給の管理人がいて寄付の家具が備え付けられている住居を、市場家賃かそれより安く提供している組織は、慈善団体である）。Albritton v. Neighborhood Centers Ass'n for Child Dev., 12 Ohio St. 3d 210, 466 N. E. 2d 867 (1984)（何らかの政府資金を受けている非営利デイケア法人は、慈善団体である）。Fitzer v. Greater Greenville S. C. Young Men's Christian Ass'n, 277 S. C. 1, 282 S. E. 2d 230 (1981)（原告が料金を支払って参加したＹＭＣＡ運営のキャンプは、慈善でも商売でもありえた）。Esposito v. Henry H. Stambaugh Auditorium Ass'n , Inc., 49 Ohio L. Abs. 507, 77 N. E. 2d 111 (Ohio Ct. App. 1946)（コミュニティの公会堂を所有管理し、その公会堂に対する寄付を受けている非営利法人は、その公会堂を賃借した者の公演を見るために入場料を支払ったコミュニティ居住者が提起した訴訟について、慈善団体免責を受けた）。Felan v. Lucey, 259 S. W. 2d 302 (Tex. Civ. App. 1953)（教会が所有運営する共同墓地は、その教会が埋葬の権利を売っていたが、慈善団体免責を受けた）。Lawlor v. Cloverleaf Memorial Park, Inc., 56 N. J. 326, 266 A. 2d 569 (1970)（私的に発起された非宗教団体の墓地協会は、慈善団体免責を受けなかった）。

（15） Moragne v. States Marine Lines, Inc., 398 U.S. 375, 403-04 (1970) (quoting H. Hart & A. Sacks, *The Legal Process* 577 (tent.ed. 1958)).

（16） President and Directors of Georgetown College v. Hughes, 130 F. 2d 810, 817 (D. C. Cir. 1942).

（17） *See* J. Appleman, "The Tort Liability of Charitable Institutions," 22 A. B. A. J. 48, 55 (1936); Note, "The Insurance Modification of Charitable Institution Immunity from Tort Liability," 43 *Ill. L. Rev.* 248, 250 (1948); Note,"Insurance—Governmental, Charitable, and Intrafamily Immunity from Tort Liability," 33 *Minn. L. Rev.* 634, 650-54 (1949).

実際には責任保険に加入していない団体でも、免責教義を信頼しなかったなら支払ったはずの保険料を支払わずに済んだことになるであろう。したがって、信頼の純コストは、判決額と、その団体が免責教義を信頼せずに保険に加入した場合に何年かにわたって支払ったであろう保険料のコストとの差額でしかない。

(18) *See* Note, 43 *Ill. L. Rev.* 248, *supra* note 17, at 250; Note, 33 *Minn. L. Rev., supra* note 17, at 642-43 & n. 39.

(19) 保険者は、被保険者に対する訴訟において被告として名を連ねることを防ぐために、きわめて詳細な規定を設けるということも注目に値する。保険者が有効な抗弁として免責教義に対する信頼を申し立てながら、他方で、被告の役割を回避することを許すとすれば、少々変則的であろう。

別のタイプの信頼が、免責ケースにおいて時々主張される。それは、事故を迅速に調査しないことである。*See, e. g.,* Molitor v. Kaneland Community Unit District No. 302, 18 Ill. 2d 11, 28-29, 163 N. E. 2d 89, 98 (1959), *cert. denied*, 362 U. S. 968 (1960). この主張には、あまり信頼がおけない。慈善団体が保険に加入していたとすれば、保険会社が調査していそうである。保険に加入していない団体でさえ、調査していそうである。免責教義の例外が適用されるか否かが、侵害の時点では明白でないことが多いであろうからである。さらに、ある団体が、調査を実施してその人員や手続が安全であったか否かを確認しないのは、道徳的に正当化されないであろう。この目的の調査は、責任判定目的の調査よりも徹底度が劣るかもしれないが、この違いは、信頼を根拠として先例更改を阻むには、決して充分ではないように見える。

(20) *See* Harper, James, & Gray, *The Law of Torts, supra* note 1, § 29.17 & n. 3; *Restatement (Second) of Torts* § 895D-E (1977).

第二次不法行為法リステイトメント八九五条Eの一九八二年の補遺によれば、(五〇州と、コロンビア特別地区、プエルトリコ、ヴァージン諸島から成る)五三の管轄の内、三五の管轄が、いかなる慈善団体に対しても免責を認めていない。残り一八管轄の内、六管轄は、慈善病院に対する免責を廃止したが、他の慈善団体には免責を維持した。八管轄は、免責を慈善信託基金に限定し、したがって請求が保険によってカバーされている限度で訴訟は妨げられない。この教義を司法的に先例更改するのではなく、立法によって廃止した管轄がいくつかある。*See* Conn. Gen. Stat. Ann. § 52-557(d); Nev. Rev. Stat. § 41.480; N.C. Gen. Stat. § 1-539.9.

これに逆行する動きが二、三あった。マサチューセッツ州の裁判所が、免責を先例更改すると告知した時、これに対応して州議会は、慈善団体免責ルールそのものは廃止したが、慈善団体が負わされる不法行為の損害賠償額に二万ドルという上限を設けた。*See* Colby v. Carney Hosp., 356 Mass. 527, 254 N. E. 2d 407 (1969); Mass. Gen. Laws Ann. ch. 231, § 85K. ニュージャージー州の裁判所が、慈善団体免責教義を先例更改した時、これに対応して州議会は、(一定の例外はあるが)免責を復活させたが、病院が負わされる損害賠償を一万ドルをこえない額まで認めた。*See* Collopy v. Newark

Eye and Ear Infirmary, 27 N. J. 29, 141 A. 2d 276 (1958); N. J. Stat. Ann. § 2A: 53A-7-11; Comment, "Torts: Charitable Immunity," 10 *Rutgers L. J.* 393 (1985). 最後に、いくつかの裁判所は、この教義を先例更改することを拒んだ。*See* Harper, James & Gray, *The Law of Torts, supra* note 1, § 29.17, at 768 & n.30.

(21) 第六章の「先例を出発点とする論証」における、この教義に関する議論を参照。

(22) 多くのケースにおいて、最終の買主は、目的適合性に対する黙示の保証の違反について、売主を訴えることもできたし、その場合、売主は、同じ理論にもとづいて製造者を訴えることもできた。したがって、古い教義のもとでも、製造者は自らの過失が原因となった損失を結局負担したかもしれない。

(23) Devlin v. Smith, 89 N. Y. 470 (1882).

(24) Statler v. George A. Ray Manufacturing Co., 195 N. Y. 478, 88 N. E. 1063 (1909).

(25) 第六章の「先例を出発点とする論証」における、このルールに関する議論を参照。

(26) *See* B. Boyer, "Promissory Estoppel: Principle from Precedents" (pts. 1 & 2), 50 *Mich. L. Rev.* 639, 873 (1952); W. Shattuck, "Gratuitous Promises—A New Writ?" 35 *Mich. L. Rev.* 908 (1937).

(27) もちろん、どんな種類の目印も、時として場違いな所におかれるものである。結局問題となるのは、専門家による批判が時宜をえているか否かではなく、先例更改のための条件が充足していたか否かである。これと呼応して、裁判所が先例更改によってある教義に対する批判に応えようとしないことが明白である場合、専門家は、教義を法として扱い、依頼人が自信をもって信頼できる意見を述べることが正当化される。しかし、そのようなケースでも、依頼人が既存の社会基準に違反するような態様で故意に行動する場合、信頼が正当化されるか否かということが争点になるかもしれない。

(28) Tucker v. Howard L. Carmichael & Sons, Inc., 208 Ga. 201, 203-04, 206, 65 S. E. 2d 909, 910-11, 912 (1951).

(29) Thellusson v. Woodford, 4 Vessey 227, 322, 31 Eng. Rep. 117, 163 (1798-99).

(30) *See* Harper, James & Gray, *The Law of Torts, supra* note 1, § 18.3, at 672; W. Keeton, D. Dobbs, R. Keeton, & D. Owen, *Prosser & Keeton on the Law of Torts* § 55, at 368 (5th ed. 1984); Note, "The Case of the Prenatal Injury," 15 U. Fla. L. Rev. 527, 534-35 (1963).

独立生育不可能あるいは生存不能の胎児のために提起される訴訟の地位は、もっと不明確である。独立生育可能性の争点については、「損害賠償を認めたケースのほとんどが、その時点で独立生育可能である、つまり、保育器の中であれば、母体から独立して生存することができる胎児に関するものであった。これらのケースの多くで、損害賠償はこの種のケースに限定されなければならないことが傍論として述べられ、それ以外のケースでも、子供は独立生育可能でない場合、少なくとも『胎動が活発』でなければならないと述べられた。しかし、判決のためにこの争点に現実に向き合った時、ほとんどの裁判所は、子供が独立生育可能でも胎動が活発でもない妊娠初期に侵害が発生したにもかかわらず、損害賠償を認めた。」Keeton, Dobbs, Keeton & Owen, *supra*, at 368-69. *See also* Harper, James & Gray, *supra*, § 18.3, at 677-78.

生存しなかった場合の争点については、「もちろん、この場合、母親は流産を含めて自分が受けた侵害に対して損害賠償を受けることができるから、唯一の問題は、生まれなかった子供の遺産財団か遺族が、それとは別に損害賠償を受けることができるか否かということである。前者に賠償を認めれば、生きて生まれることに利益があると認識することになろう。そのような利益の精神的、道徳的価値がいかに大きいとしても、その金銭補償請求は、生き延びて被告の過失の刻印を、それに付随する自覚苦痛と経済的損失とともに忍んでいる子供の請求に較べて、はるかに根拠薄弱で疑わしい。遺族の利益は、これと区別できる。数多くのケースにおいて、子供が生きて生まれなかった場合に別個の損害賠償が遺族に対して認められてきた。しかし、生きて生まれるか否かが、もっとも公平でもっとも実際的な線引きの場所であるという見解がまだ相当に支持されている。」Harper, James & Gray, *supra*, § 18.3, at 679-81. *See also* Keeton, Dobbs, Keeton & Owen, *supra*, § 55, at 369-70.

胎児に対する侵害に関する法の現状を見れば、ある教義が先例更改の目的のために曲折したものになっているか否かは、時として判例法の状態のみならず、その方向によっても確定されなければならないということが明らかになる。例えば、独立生育可能になる以前に侵害を受けた胎児を例外とすることは、新ルールと整合していないと見ることもできる。それでも、新ルールが先例更改の目的にとって曲折したものとならないであろう。判例法の方向は、新ルールを採用し、それから例外を創ることに向いておらず、もっとも完全なレベルの一般化にまでは至らないレベルで暫定的に新ルールを述べることにあったからである。第六章の「類推による論証」と、この章の「整合していない区別」における議論を参照。

(31) 専門文献において有意義な批判がないことは、判決裁判所が先例更改すれば、それは間違いであるという証拠にはならない。教義が新しいか、その教義が立脚する社会命題に新たな変化があったという可能性がある。

(32) 第六章の「類推による論証」と、この章の「整合していない区別」における議論を参照。

(33) ある取引が生じたずっと後になってから、その有効性が異議の対象となりうる場合に、特殊な問題が生じることがある。そのような場合、取引が生じた後、まだそれが司法の審査の対象となる間に、教義は曲折したものになっているか、批判されているかもしれないし、また、道徳規範や政策が、変化しているかもしれない。この問題は、先例更改に特有のものではない。それは、漸次的変化のケースにおいても生じうる。例えば、不法行為訴訟の原告が因果関係を証明しなければならない場合や、契約訴訟の原告が損害は合理的に予見可能であったことを証明しなければならない場合の立証の厳密さを緩和することを通じて、同じことは生じうる。

　この問題が反映されるように制度原理を仕立てなおさない運用上の理由が二つある。第一に、この問題は、ごく稀にしか生じそうにない。道徳規範は、ふつう非常に長持ちする。長持ちしない政策は、通常、計算に入れるべきでない。曲折は、それが確立するようになった場合のみ先例更改につながるべきである。また、訴訟が提起されるより相当以前に生じた取引に関する訴訟は、ふつう出訴期限法によって排除される。第二に、取引の時点とその有効性が問題とされた時点の間に、曲折や社会命題に重大で関連性のある変化が実際に生じたか否かを、ケースごとに決定することは、おそらく困難すぎて裁判所にはできないであろう。

(34) Norcross v. James, 140 Mass. 188, 2 N. E. 946 (1885).

(35) Shade v. M. O'Keefe, Inc., 260 Mass. 180, 156 N. E. 867 (1927).

(36) Shell Oil Co. v. Henry Ouellette & Sons Co., 352 Mass. 725, 227 N. E. 2d 509 (1967).

(37) *Ouellette*, 352 Mass. at 730, 227 N. E. 2d 512.

(38) *Ouellette*, 352 Mass. at 730-31, 227 N. E. 2d 512-13.

(39) Gulf Oil Corp. v. Fall River Housing Authority, 364 Mass. 492, 306 N. E. 2d 257 (1974).

(40) Whitinsville Plaza, Inc. v. Kotseas, 378 Mass. 85, 390 N. E. 2d 243 (1979).

（41）*Whitinsville Plaza*, 378 Mass. at 98, 390 N. E. 2d 250. 私が予告と呼んでいる手法について、K. Llewellyn, *The Common Law Tradition: Deciding Appeals* 299-309 (1960); P. Mishkin & C. Morris, *On Laws in Courts* 297-303 (1965).

（42）*See, e. g.*, Javins v. First Nat'l Realty Corp., 428 F. 2d 1071 (D.C. Cir.)（居住適合性の黙示の保証）, *cert. denied*, 400 U.S. 925(1970); Sommer v. Kridel, 74 N. J. 446, 378 A. 2d 767 (1977)（損害軽減義務）. 居住適合性の黙示の保証と、商品性（merchantability）の黙示の保証とは、同一ではないが、その差異は、もとにある対象物の機能的差異によってだいたい正当化できる。

（43）先例更改と密接に関係する争点として、上級裁判所は機会があれば先例を更改するであろうと下級裁判所が信じている場合に、下級裁判所は、上級裁判所の先例にしたがうべきであるか否かということがある。このようなケースに、先例にしたがうことを拒否する慣習は、ふつう「先行的先例更改」(anticipatory overruling) と呼ばれている。下級裁判所は、上級裁判所の判決を正式に先例更改できないから、この用語はやや不正確であるが、ここではこの用語を使うことにする。

先行的先例更改の適否は、連邦の下級裁判所の判決との関係でもっとも広範に議論されてきた。*See, e. g.*, M. Kniffin, "Overruling Supreme Court Precedents: Anticipatory Action by United States Courts of Appeals," 51 *Fordham L. Rev.* 53 (1982). この争点は、連邦の裁判所制度においてとりわけ顕著である。最高裁は、資源が限られているために、ごくわずかなケースしか審理せず、それゆえ、ほとんどの目的にとって、控訴裁が最後の頼みとなる裁判所であるからである。先行的先例更改の慣行が、なぜこのような体制において採用されるかを見るのはたやすい。*Jones v. Smith* が控訴裁に係属していると仮定しよう。最高裁判決の *Brown v. Green* によれば、ジョーンズが勝訴することになる。しかし、控訴裁は、*Jones v. Smith* が最高裁に到達した場合、最高裁が *Brown v. Green* を先例更改、その他の方法で先例変更し、スミス勝訴と判決するであろうと信じており、その判断は正しい。にもかかわらず、控訴裁がジョーンズ勝訴と判決した場合、最高裁がこのケースを審理する可能性は、乏しいであろう。最高裁が取り上げるケースの数が非常に少ないからである。このような状況のもとで、*Brown v. Green* にしたがえば、スミスに対して不公正となろうし、適切な法的ルールの宣言が、おそらく非常に長期間にわたって遅延することになるであろう。したがって、公正と制度の両方を考慮して言えることは、あるケースを先行的先例更改すべきであるか否かを確定するさいに、連邦の下級裁判所は、あるケースを現実に先例更改すべきであるか否かを確定するために最高裁が使う論証を複製すべきであるということである。同じ分析は、資源が限られているために、最上級審の裁判所が数多くのケースを審理することを拒否する州の裁判所制度すべてに適用できる。

所与の州において、最上級審の裁判所が、訴訟当事者が上訴を望むほぼすべてのケースを審理するとしよう。それでも下級審の裁判所が、上級審の裁判所の論証を複製することは望ましい。先行的先例更改の慣行を採用しなければ、その実際上の効果として、上訴が余儀なくされ、新ルールの宣言が遅延する。上訴は、訴訟当事者と裁判所の両方にコストをかける。新しくより良いルールは、可能なかぎり早期に公式に宣言されることが社会的に望ましい。

(44) スティーブン・ミュンツァーは、取引が生じた時にあるルールを合理的に認知できる場合、「そのルールが法制度の一部として存在するようになった後に生じる出来事に、それを適用することについては、何も『遡及的』なところはない」と主張した。Munzer, "Retroactive Law," 6 *J. Legal Stud.* 373, 377 (1977)(この論文は、"Common Law Rules and Constitutional Double Standards: Some Notes on Adjudication," 83 *Yale L. J.* 221, 257-58 (1973) においてH・ウェリントンが行った分析について論じている)。この主張には、力があるが（実際、この主張は、新たに定式化されたルールの適用が公正である理由を特定している）、新たに定式化されたルールには、遡及性と不遡及性の両方の要素があると言うほうがより正確であるように思える。

(45) *See, e. g.*, Goller v. White, 20 Wis. 2d 402, 122 N. W. 2d 193 (1963).

将来的先例更改に関して非常に多くの文献があるが、その多くは、憲法や制定法の条項の解釈を先例更改することを扱ったものである。この文脈における将来的先例更改は、しばしば特殊な考慮事項を伴う。その条項が民事や刑事の手続に関係するか、刑事の実体法に関係する場合は、特にそうである。コモンローにおける将来的先例更改について、P. Mishkin & C. Morris, *On Laws in Courts* 293-317 (1965)参照。

(46) *See, e. g.*, Williams v. City of Detroit, 364 Mich.231, 111 N. W. 2d 1 (1961).

(47) Spanel v. Mounds View School District No. 621, 264 Minn. 279, 118 N. W. 2d 795 (1962).

(48) Molitor v. Kaneland Community Unit District No. 302, 18 Ill. 2d 11, 26-27, 163 N. E. 2d 89, 97 (1959).

(49) *Molitor*, 24 Ill. 2d 467, 182 N. E. 2d 145 (1962).

(50) Li v. Yellow Cab Co., 13 Cal. 3d 804, 532 P. 2d 1226, 119 Cal. Rptr. 858 (1975).

(51) Tucker v. Budoian, 376 Mass. 907, 384 N. E. 2d 1195 (1978).

(52) Whitney v. City of Worcester, 373 Mass. 208, 210, 366 N. E. 2d 1210, 1212 (1977).

(53) *Whitney*, 373 Mass. at 210-12, 366 N. E. 2d at 1212-13. 裁判所は、州議会が行動しない場合、先例更改は、先に先例更改が予告された判決の日付まで遡及することを付言した。「当法廷の判決、*Morash & Sons v. Commonwealth*, 363 Mass. 612 (1973) 以前に、免責教義に対して広範にわたる正当な信頼があったが、その判決後にさらに生じた信頼は見当違いであると、われわれは考える。したがって、当法廷の将来の行動によって、その教義が変更されるべきであるとすれば、*Morash* が公表された一九七三年五月一三日以降に生じたすべての侵害について、その原理を廃止することが、われわれの意図するところである。」373 Mass. at 225, 366 N. E. 2d at 1219-20.

(54) L. Kaplow, "An Economic Analysis of Legal Transitions," 99 *Harv. L. Rev.* 509, 599-600, 615 (1986).

(55) 将来的先例更改を利用する数多くのケースは、旧ルールに対する正当な信頼があったか否かの確定が比較的杜撰であるように見える。例えば、Spanel v. Mounds View School District No. 621, 264 Minn. 279, 118 N. W. 2d 795 (Minn. 1962) は、将来的手法の根拠として信頼を援用したが、他方で「長い間、法廷の壁に予兆が書き記されてきた」(264 Minn. at 285, 118 N. W. 2d at 799) ことを根拠の一部として先例更改を正当化した。しかし、これらのケースの中には、先例更改すれば、おそらく立法によって覆されるであろうということを代替的な根拠として、将来的先例更改が支持しえたものもあった。Spanelそのものが、この範疇に入る。*See* 264 Minn. at 292-93, 118 N. W. 2d at 804-05.

(56) MacPherson v. Buick Motor Co., 217 N. Y. 382, 111 N. E. 1050 (1916).

(57) Sherlock v. Stillwater Clinic, 260 N. W. 2d 169 (Minn. 1977).

(58) *See* Loop v. Litchfield, 42 N. Y. 351 (1870); Losee v. Clute, 51 N. Y. 494 (1873).

(59) ピーター・ウェステンから著者への一九八七年二月一日付けの手紙。

(60) *See* R. Davis, "A Re-examination of the Doctrine of MacPherson v. Buick and Its Application and Extension in the State of New York," 24 *Fordham L. Rev.* 204 (1955).

(61) *See, e. g.*, Briggs v. Miller, 176 Wis. 321, 186 N. W. 163 (1922).

(62) *See, e. g.,* Feinberg v. Pfeiffer Co., 322 S. W. 2d 163 (Mo. Ct. App. 1959).

(63) *See, e. g.,* Dickinson v. Dodds, 2 Ch. D. 463 (C. A. 1876).

(64) *See, e. g.,* Drennan v. Star Paving Co., 51 Cal. 2d 409, 333 P. 2d 757 (1958).

(65) 第六章の「先例を出発点とする論証」と「原理を出発点とする論証」における議論を参照。

(66) *See, e. g.,* Kirksey v. Kirksey, 8 Ala. 131 (1845).

(67) *See, e. g.,* James Baird Co. v. Gimbel Bros., Inc., 64 F. 2d 344 (2d Cir. 1933).

(68) *See, e. g.,* Sardo v. Fidelity & Deposit Co., 100 N. J. Eq. 332, 134 A. 774 (1926).

(69) R. Dworkin, *Law's Empire* 225, 226, 240 (1986).

(70) *Id.* at 217.

(71) *Id.* at 96-97, 164-65.

(72) *Id.* at 218. ドォーキンが認めている唯一の例外は、裁判官は道徳的理由のために法から逸脱すると決定してもよいケースがあるということである。*Id.* at 218-19.

(73) 第六章の「類推による論証」における議論を参照。

(74) もちろん、このことは、裁判所が、単に法を「見つける」ないし「発見する」ということを意味しない。判決には、次のような事項について確定することが要請される。すなわち、どのような道徳規範や政策が必要な社会的支持をえているか、それらの規範や政策が経験命題によってどのように折り合いがつけられるか、社会的基準から実効性のある法的ルールをどのように形成するか、教義ルールが特定のケースに適用可能なものとするために、それらのルールをどう練り上げるか、規範、政策、教義が抵触するケースをどのように取り扱うべきか、などである。

(75) *See* R. Dworkin, *Law's Empire* 67-68, 119-20, 228-31, 238-39, 244, 248-50, 255-57 (1986). 確信テーゼのもとでは、入口の適合性のテストを通過した後でも適合性が関連しうる。裁判官は、自らの実体的確信にしたがって、適合の事実のみならず、その程度も考慮しなければならないことがあるからである。逆に、何が適合性を構成するかに関する裁判官のとらえ方は、裁判官の実体的確信に依存する部分がある。*See id.* at 231, 236-37, 246-50, 257.

(76) *See, e. g.,* R. Sartorius, *Individual Conduct and Social Norms* 181-210 (1975); Sartorius, "Social Policy and Judicial

Legislation," 8 *Am. Phil. Q.* 151 (1971); Sartorius, "The Justification of the Judicial Decision," 78 *Ethics* 171 (1968).

(77)　*See* R. Dworkin, *Taking Rights Seriously* 341 (1978).

(78)　R. Dworkin, *Law's Empire* 238-50 (1986).

(79)　第六章の「先例を出発点とする論証」における議論を参照。

(80)　McLoughlin v. O'Brian, [1983] 1 App. Cas. 410 (H. L. (E.) 1982).

(81)　R. Dworkin, *Law's Empire* 238-50 (1986).

(82)　裁判官は、確信の問題として、社会道徳を参照すると決定してもよいが、裁判官がそうする必要があるのは、裁判官の確信が要請する場合のみであり、かつその限度においてであることをドォーキンは認めている。*See id.* at 249-50.

　もちろん、確信テーゼや、裁判官の個人道徳が関連するその他いかなる理論においても、裁判官は自分自身の確信を、それが自分自身の確信であるという理由で用いるべきではなく、最良の道徳が求めるであろう確信であると信じているという理由で用いるべきである。しかし、裁判の制度原理の見地からすれば、この区別は有意義ではない。ほとんどすべての人が、自分自身の道徳的確信が最良の道徳が求めるであろう確信であると考えるし、自分がその確信に到達する方法が道徳的確信に到達する最良の方法であると考えるからである。

(83)　第六章の「先例を出発点とする論証」における議論を参照。

(84)　R. Dworkin, *Law's Empire* 95, 151, 410 (1986).

第八章　コモンローの理論

コモンローの理論は、第一章から第七章で解明した裁判理論の中に黙示されている。本質的には、この理論は、コモンローが裁判の制度原理を適用することによって現時点で生成されるルールから成るという理論である。この理論をコモンローの生成概念と呼ぶことにする。この章において、この概念を解明し、成文典拠にもとづく理論と呼びうる概念と対照させたい。また生成概念と密接に連関するコモンローの二つの根本的な属性を解明したい。その二つとは、コモンローのルールは、絶対的に確定的であるわけではないということと、「この事柄に関して、法律はどうなっているか」というような形をとる質問すべてに法的回答があるということである。

成文典拠にもとづく法理論

まず、現代の実証主義者の代表格である二人、H・L・A・ハートとジョゼフ・ラズの法と裁判に関する理論の諸相をいくつか検討することから始めたい。ハートの法理論は、法が「第一次ルールと第二次ルールの結合」から成るというテーゼで始まる。第一次ルールは、義務のルール、すなわち、人々がどのようにふるまう義務を負っているかを定めるルールである。[1]第二次ルールは、第一次ルールを確立し、変更し、適用することに関するルールであり、「第一次ルールが終局的に確認され、導入され、排除され、変更されうる方法と、第一次ルールの違反が終局的に確定されたという事実を特定する」[2]。もっとも根本的なタイプの第二次ルールは、認識のルールである。認識のルールは、何か他のルールが法的ルールであることをいかにして認識するかを教えるルールである。認識のルールは、「法的ルールではないかとされるルールが、ある一つの特徴ないし諸特徴をもっていれば、そのルールが」法的ルール「であると終局的かつ断定的に言いうる、そうような指標として受けとられる特徴を」特定する[3]。認識のルールは、「義務に関する第一次ルールを終局的に同定するための[4]」ルールである。所与のルールが有効であると言うことは、「認識のルールが提供するすべてのテストを通過するものとして、そのルールを認識すること[5]」である。したがって、所与のルールは、その系譜を認識のルールのもとで究極的に跡づけることができる場合、そしてその場合のみ有効な法的ルールである。対照的に、所与のルールは、社会によって、おそらくより正確には、公務員によって受けいれられている場合、そしてその場合のみ認識のルールである。

ハートの裁判に関する理論は、彼の法理論に較べると、かなり初歩的である。理論の中心にあるのは、二項概念であり、そこでは、裁判は、二つのほぼ全面的に異なる過程から成ると見なされる。この概念のもとでは、ケースは「明白」であるか「不確定」であるかのいずれかである[6]。明白なケースでは、裁判所は、過去の先例や成文法規において採用されたルールを、そのルールの「中核的意味」の範囲に入る取引に単に適用することによって判決する。これらのケースで法を確定するさい、社会命題は関連しない[7]。しかし、過去の先例や成文法規において採用されたルールは、「ある時点でその適用に疑義が生じて、不確定であると判明し、開かれた組成構造という名が付けられてきたものをもつことになるであろう」[8]。これが第二の部類のケースを生じさせる。そこでは、「はじめは曖昧であった基準を確定的にするさいに……あるいは、権威的先例によって大まかにしか伝えられていないルールを展開し修正するさいに……裁判所が裁量を行使する」[9]広い領域が空けられている。これらのケースに判決するさい、裁判所は、どんなルールが既存の教義的素材ともっともよく適合するかを確定してもよいが、また「状況に照らして、競合する利益の均衡をとりながら」[10]立法部の裁量をもって立法部と同様に行動してもよい。

法と裁判に関するラズの理論は、ハートの理論から派生するものの、それを洗練し拡張する。ラズの理論の重要な要素は、法は制度化された規範的体系であり、[11]ラズによれば、法の存在にとってもっとも中心的な制度は、裁判所である。[12]したがって、ラズの法理論は、裁判理論に優越的地位を与え、彼の裁判理論は、ハートの理論よりもずっと入念に作られている。それゆえ、この章の残りの部分ではラズの裁判理論に焦点をあてることにするが、この理論について、およびそれと彼の法理論との関係について語られることのほとんど、あるいはすべては、ハートの法と裁判に関する理論にも妥当する。

ハートと同様に、ラズは二項概念を採用するが、そこでは、裁判は、二つのほぼ全面的に異なる過程から成ると見なされる。その二つとは、裁判所が法を適用する過程と、裁判所が立法的な裁量を行使することを通じて、法を作る過程である。ラズは、「規制された」争いと「規制されていない」争いの間に中心的な区別をもうけることによって、この二項概念を表現する。

ラズよれば、法が明白で裁判所が変更できない場合、争いは「規制されて」いる。[13]規制された争いでは、一つの特定の解決が「法によって求められる」[14]。そのようなケースでは、法に隙間はない。裁判所は、自らが適用の義務を負っており法的拘束力をもつ既存のルールを適用することによって、ケースを判決する。[15]そのようなケースを判決するために、裁判所は純粋に「法的な技量」[16]を使う。裁判官は、「ここでは古典的イメージでとらえることができる。つまり、裁判官は、法を同定し、事実を確定し、その法をその事実に適用する」[17]。

ラズによれば、法が明白な回答を提供しない、あるいは裁判所が法を変更できる場合、争いは「規制されていない」[18]。規制されていない争いすべては、故意によるにせよ、そうでないにせよ、文言や意図の不確定性によるものである。[19] 規制された争いでは、一つの解決が法によって要請される。規制されていない争いでは、法に「隙間」がある。[20] 裁判所は、道徳的技量を用いてその隙間を埋め、新しい法を作ることによってケースを判決する。[21] 新しい法を作るにあたり、裁判所は、何が正しいかに関する裁判所自身の知見にしたがって、ケースを判決する完全な（ケースによっては、指針にしたがった）裁量をもっている。[22] ここで関連するイメージは、立法者のイメージである。「法を作る権能の境界として承認されたものの範囲内で、裁判所は、ちょうど立法者と同様に行動し、また行動すべきである。すなわち、自らが最良であると判断するルールを採用すべきである……。法を作る権能を行使するにあたり、裁判所は……人が英国議会に期待するように行動すべきであるということは、本質的に正しい」[23]。規制されていない争いに関するかぎり、裁判所と立法部の唯一の相違は、司法による法作りは、ふつう細切れであるという事実から派生する。裁判所は、細切れの改革を行えば、法に不協和をきたすというだけの理由で、法改革を拒んでもよく、また時として拒むべきである。対照的に、立法部は、代わりに徹底した改革の道をたどることができるので、細切れの改革と不協和のいずれかを選択することを迫られない。[24]

法と裁判に関するハートとラズの理論の核には、関連管轄の公務員が過去の成文典拠の中で公にしてきた教義命題（おそらく、それに加えて、そのような命題から、論理的演繹などの内部的働きによって展開できる教義）の総体としての法のとらえ方がある。[25] したがって、例えば、ラズは次のように述べる。「法は、法的機関によって制定されたから法である……。法慣習ですら、裁判所によって法であると認知され、宣言されるまでは法ではない……。法を適用する組織体によって認知されることが、法の存立の必要条件である……。法は、法機関によって認知されてはじめて制度の一部となる」[26]。関連管轄の公務員が過去の成文典拠の中で公にした教義命題を、過去の成文典拠で採用された教義命題と呼ぶことにし、法がそのような教義命題から成るという概念にもとづいた法と裁判の理論を、成文典拠にもとづく理論と呼ぶことにする。そのような理論の中心にあるのは、ルールが強制力をもち、裁判所がそのルールの適用範囲内にあるケースにそれを適用する義務を負うのは、そのルールの正当化理由とはかかわりなく、ただそれが公式に採用されたからに他ならないという思想である。再びラズは言う。

ルールを法的拘束力のあるものとして区分することは、ルールを権威ある裁定として区分することである。このように権威ある裁定を区分することが示しているのは、……特定の基準が、他の根拠で正当化できる基準であるか否かにかかわらず、権威主体と称するものによって選び出されたというただそれだけの理由で、〔社会のメンバーに〕その基準を遵守することを義務づける機関や組織が社会に存在するということである。権威主体とされるものが、他の正当化理由にかかわらず拘束力をもつ裁定を発するということが、まさにその権威主体の精髄であるから、結果として、正当化のための主張（つまり、特定の活動から生じ、公に確認できる基準に照らして解釈されるような主張で、道徳的主張を含まないもの）を行うことなく、それらの裁定を同定することが可能でなければならない[27]。

成文典拠にもとづいた法理論を採用すれば、なぜラズが法を「隙間がある」もの——つまり、過去の成文典拠の中で採用された教義命題は、すべての問題をカバーするわけではない——ととらえるのかの説明がつきやすくなる。また、裁判を二項的な過程ととらえることも説明がつきやすくなる。二項的な過程すなわち、(i) ケースが、過去の成文典拠（つまり法）の中で採用された教義命題の範囲に入り、裁判所が、それらのルールをその正当化理由にかかわらず適用する義務を負っている場合（「明白」ないし「規制された」ケース）と、(ii)ケースが、過去の成文典拠の中で採用された教義命題の範囲に入らず、裁判所が、自らが最良と考える道徳規範と政策にもとづいて、自らが最良と考える法的ルールを確立する立法的裁量をもっている場合（「不確定」ないし「規制されていない」ケース）、である。

次節では、このとらえ方の第一の部分を検討する。第二の部分――ケースが過去の成文典拠の中で採用された教義命題の範囲に入らない場合、裁判所はコモンローのルールを確立する立法的裁量をもつという部分――は、第四章で分析したより特化された理論、すなわち、コモンローのルールを確立するにあたり、裁判所は、自らが最良と考える道徳規範を用いてもよいという理論に対応し、それを一般化したものである。より特化された理論を拒絶する根拠は、その一般化された対応理論にも妥当する。つまり、社会的機能、構造、公正、複製可能性という理由から、立法者は、自らが最良と考える道徳規範や政策にもとづいて、自らが最良と考える法的ルールを確立して然るべきであるが、裁判官は、そうしてはならないということである。ここで、第四章における分析の要点を繰りかえすことにする。

社会的機能の観点からすれば、裁判所は、過去の取引から生じ、社会の既存の基準にもとづく権利請求に由来する争いを解決するために、社会のメンバーが頼る権限のある機関である。それゆえ、裁判所が、争いを解決する時に論証の出発点とすべきは、そのような基準である。裁判所が、自らが最良であると考える道徳規範や政策を出発点として論証することによって争いを解決するとすれば、社会のメンバーが、既存の基準にもとづく権利請求の正しさを立証するために頼ることのできる機関がなくなるであろう。

構造の観点からすれば、代表性の概念、きわめて多様な訓練と経験、市民に対する継続的な応答性と責任、これらが相俟って、立法部が、自らが最良であると考える道徳規範や政策にもとづいて、自らが最良であると考えるという理由で採用される立法ルールには正統性が付与される。対照的に、裁判所は、代表性があるととらえられておらず、比較的同質の訓練と経験をもった一握りのメンバーで構成され、市民全体に対する責任と応答性を故意に制限するような構造をしている。それゆえ、法的ルールの司法的確立が正統であるか否かは、裁判所が、自らが最良であると考える基準を始点とするのではなく、既存の法的、社会的基準を始点とする論証過程を用いるか否かに大きく依存する。

公正の観点からすれば、自らが最良であると考える基準ではなく、必要な社会的支持のある道徳規範と政策を用いることを裁判所に求めれば、おそらくそれまで公式に法的ルールとして認知されていなかった基準であるとはいえ、争いの当事者が取引の時点で知っていたか、知っていて然るべきであった基準に判決が根づいていることが確実になるから、遡及のジレンマは（除去されはしないけれども）緩和される。

複製可能性の観点からすれば、道徳規範と政策は、コモンローの全ケースの判決に関連するから、もし裁判所が、自らが最良と考える規範や政策ならば、どんなものでも自由に用いることができるとすれば、専門家は、裁判過程を複製することができなくなり、計画立案か争い解決のいずれかの目的のために信頼できる形で法を確定することができないであろう。また、裁判所が既存の基準を用いながら複製可能な論証過程を用いれば、ある命題がたとえ取引の時点ではまだ法的ルールとして裁判所の認知をえられていなかったとしても、そのような認知がえられるであろうと専門家が判断できるようになるから、遡及のジレンマがいっそう緩和される。

要するに、裁判所は、自らが最良であると考える道徳規範や政策にもとづいて、自らが最良であると考えるルールを確立する立法的裁量をもっていない。そうではなく、裁判所が法的ルールを然るべく確立できるのは、裁判の制度原理によって求められている態様で、必要程度の支持をえている教義命題と社会命題を用いることによってのみである。

法の正当化理由と内容

当面の目的にとってより興味深いのは、「明白な」ないし「規制された」ケースとして分類される数多くのケースがあるという概念である。これらのケースでは、過去の成文典拠の中で採用された教義命題のもとで、一つの特定の解決が求められ、法を確定するにさいして、正当化理由と社会命題が関連しない。この概念は、次のような理由で、コモンローの裁判を誤認している。つまり、法を確定するにさいして正当化理由に役割を与えておらず、法を確定するにさいして社会命題が重要な役割を担う程度を正しく評価しておらず、過去の成文典拠の中で採用された教義命題の体系と法の内容を区別していない。

成文典拠にもとづいた理論の中心にあるのは、法的ルールの内容と強制力は、そのルールの正当化理由とかかわりなく確定できるという思想である。[28] この思想を、コモンローに適用されるかぎりで評価するさい、二つのタイプの司法裁定と二つのタイプの正当化理由を区別することが必要である。「裁定」(ruling)ということばは、裁判所の終局判決(すなわち、どちらの当事者が勝訴するか、どの救済が与えられるかに関する裁判所の決定)か、裁判所がその終局判決を裏付けるために確立するルールのいずれかを指しうる。「正当化理由」(justification)ということばは、一方では批判道徳と正しい政策を、他方で社会的融和と組織的整合性を指しうる。

通常どちらのタイプの正当化理由も、終局判決の内容と強制力を確定するさいに重要な役割を担わない。通常、終局判決の内容は、単に成文典拠に依存し、その強制力は、その終局判決が批判道徳と正しい政策によって正当化されるか否かということにも、社会的に融和し組織的に整合するか否かということにも依存しない。しかし、終局判決を裏付けるために宣言されたコモンローのルールに関しては、争点が異なる。そのようなルールの内容と強制力は、そのルールが社会的に融和し組織的に整合しているか否かにまさに依存する。

なるほど、宣言されたコモンローのルールは、たとえそれが社会的に融和せず組織的に整合していなくても、「有効」あるいは「拘束力をもつ」と見なされることがある。しかし、法的ルールを検討するさい、有効性の概念は、非常に限定された価値しかもたない。言語分析のレベルでは、通常この概念は「法的」ということばに付け加えるものは何もない。いったい、あるルールが法的ルールであり、しかも有効でないルールであるということがありうるであろうか。一般的に言うと、法的ルールについて叙述するさい、「有効な」ということばは、「法的」ということばに代替するレトリックとしてのみ有用である。例えば、法的ルールの表面的な特徴をもつルールが、然るべく構成され権限の範囲内で行動する組織体によって、然るべく採用されたか否かを検討するさい、「有効な」または「無効な」ということばを用いることは、レトリックとして有用であるかもしれない。しかし、分析的に見ると、その種の検討における争点は、ルールが有効なルールであるか否かではなく、法的ルールであるか否かである。

より深いレベルでは、有効性の概念は、比較的形式的で弱い次元の法的ルールしかとらえないことが多い。法的ルールの表面的な特徴をもつルールが有効か否か（つまり、ルールが法的ルールであるか否か）は、そのルールが、然るべく構成され権限の範囲内で行動する組織体によって、然るべく採用されたか否かに依存する。コモンローを確定するさいに、この争点が際立つことはめったにない。コモンローの争点を検討する判決裁判所にとって活きた争点は、先例で宣言されたルールが「有効」であるか否かであることはまず決してない。活きた争点は、ルールの強制力である。先例で宣言されたルールが、弱くて形式的な意味において有効でありながら、同時に、裁判の制度原理のもとで、裁判所が整合的に適用または拡張すべきでないという点で、ほとんど強制力をもたないということがありうる。また、判決裁判所にとって活きた争点は、先例で宣言されたルールが形式的意味において「拘束力がある」か否かではない。そのようなルールはどれも、少なくとも形式的意味において拘束力をもつ。つまり、そのルールが審理中のケースと関連する場合、全体的または部分的に先例変更するためだけにせよ、判決裁判所は、論証においてそのルールをいくぶん計算に入れるべきであるという意味においてである。

むしろ、判決裁判所にとって活きた争点は、整合的に適用され拡張されるべきであるという意味において、ルールが強制力をもつか否かである。この争点、したがってコモンローの内容は、社会的融和と組織的整合性の基準を実質的に充足するという意味において、ルールが正当化されるか否かに少なくとも部分的に依存しているのが常である。あるルールがこれらの基準を実質的に充足する場合、裁判所は、そのルールを整合した態様で適用し拡張すべきであるし、実際にそうするものである。あるルールが、これらの基準の充足を実質的に欠いている場合、裁判所は、そのルールを整合した態様で適用または拡張すべきでないし、そうしないのが典型的である。その代わりに、裁判所は、整合していない区別を行うか、ミニマリストや結果中心の手法を通じてそのルールを根本的に再構築するか、あるいは先例更改するなどして、そのルールの全体または一部を先例変更するものである。形式的な事項として、そのようなルールは、法的制度の有効かつ拘束力のあるルールと見なされるかもしれないが、規範性の枯渇が著しいので法的強制力や道徳的強制力をほとんどもたないか、まったくもたないであろう。裁判の制度原理のもとで、裁判所がルールを非整合的に区別すべき場合、市民は、区別されるべきいかなる点に関しても、そのルールにしたがう法的、道徳的義務を負わない。裁判の制度原理のもとで、裁判所がルールを根本的に再構築すべき場合、市民は、再構築されるべきいかなる点に関しても、そのルールにしたがう法的、道徳的義務を負わない。裁判の制度原理のもとで、裁判所がルールを完全かつ遡及的に先例変更すべき場合、市民は、いかなる点に関しても、そのルールにしたがう法的、道徳的義務を負わない。

成文典拠にもとづく理論では、先例で確立したルールが形式的な意味において有効であり拘束力があるか否か、ということと、そのルールが強制力をもつか否かということを区別できない。それは、この理論が、成文典拠以外の領域においてさえ、法は社会命題を考慮せずにしばしば確定できるという誤ったとらえ方をしていることと結局は関係している。成文典拠にもとづく理論では、過去の成文典拠の中で確立し、ルールの正当化理由を考慮することなく裁判所が適用する義務を負っている教義命題によって、ケースの結果が決まる場合、そのケースは、「明白な」ないし「規制された」ケースである。しかし、判決裁判所が先例で確立したルールを適用すべきか否かは、決して単に先例そのものを調べることのみによって確定できず、適用可能な社会命題のもとでそのルールが正当化できるか否かに、少なくとも部分的に依存しているのが常である。したがって、どのコモンローのケースも「規制され」ていない。正当化理由を考慮することなく、過去の成文典拠の中で確立した教義命題によって、結果が決まらないからである。ケースが適用可能な社会命題によって正当化される教義ルールの範囲に入り、したがって教義的安定、社会的融和、組織的整合性の基準がすべて同じ方向を指し示す場合のみ、ケースは「簡単」ないし「明白」である。

実際、しばしば適用可能な社会命題は、先例がどのようなルールを表象しているかのみを確定する場合にさえ、重要な役割を担う。通常、裁判所は、宣言的手法を使うことによって、その争点を確定するものである。宣言的手法では、先例裁判所が述べているとおりにルールを受け取る。しかし、また判決裁判所は、ミニマリストの手法や結果中心の手法を使うことによって、宣言ルールを整合的に区別し（それによって再定式化し）、あるいは整合していない区別を行い、あるいは根本的に再構築することが制度的に許されるし、実際、そうすることが制度的に求められることがある。先例ルールを確立するために裁判所がどの手法を使うかは、そのルールが社会的融和の基準に実質的に合致するか否かに大きく依存する。

コモンローの生成概念

あるルールが形式的に有効であり拘束力をもつか否かということと、そのルールが実体的強制力をもつか否かということ（つまり裁判所がそのルールを整合的に適用し拡張すべきか否かということ）の間の区別は、それよりずっと根本的な区別と結びついている。これは、一方における過去の成文典拠の中で採用された教義命題の総体と、他方におけるコモンローの内容との間の区別である。前節において示したように、拘束力のある先例において採用された教義命題は、弱くて形式的な意味において有効かつ拘束力をもちながらも、同時に、整合的に適用または拡張されないという点で、コモンローのルールとして実体的強制力をもたないことがある。これと呼応して、ある事柄について、拘束力のある先例において採用された教義命題がない場合でさえ、コモンローのルールがあることがある。過去の成文典拠の中で採用された教義命題は、コモンローの内容を確定するさいの根本的な出発点であるが、コモンローの内容を構成しない。

それでは、コモンローはどんなものから成るのであろうか。それは、裁判の制度原理の適用によって、現時点で生成されるであろうルールから成る。これを、コモンローの生成概念と呼ぶことにする。この生成概念および、この概念と成文典拠にもとづく理論との対照性は、仮設的であるが相当程度現実的な少数のケースによって偏りなく例証できる。

ケースⅠ　外科医が不法行為による出生について責任を負うか否か、つまり、外科医に過失があり、その過失の態様が、健康であるが望まれていない子供の出生につながると予見できた場合、その外科医はその子供の出生にかかる費用について両親に責任を負うか否かという争点は、A州ではこれまで提起されたことがない。しかし、裁判の制度原理を適用すれば、外科医に責任があるというルールが生成される。適用可能な社会命題によれば、外科医がこの種のケースにおいて過失原理の強制力を免れることは、正当化されないであろう。他の多くの管轄もそのように判示してきた（反対の判示をした最近のケースはない）し、このルールは、専門文献の中でゆるぎなく確立している。外科医が不法行為による出生について責任を負うことは、ルールとしてA州の公式の成文典拠において採用されたことがないけれども、この場合、A州の法の一部である。

ケースⅡ　司法上の義務の履行における過失について、裁判官が責任を負うか否かという争点は、A州ではこれまで提起されたことがない。しかし、裁判の制度原理を適用すれば、裁判官に責任がないというルールが生成される。適用可能な社会命題によれば、司法上の義務の履行における過失に対して、裁判官に免責を与えることが正当化される。他の多くの管轄もそのように判示してきた（反対の判示をした最近のケースはない）し、免責は、専門文献の中でゆるぎなく確立している。裁判官がそのような免責を受けるということは、ルールとしてA州の公式の成文典拠において採用されたことがないけれども、この場合、A州の法の一部である。

ケースⅢ　申込の撤回と交差する承諾は、発信時に有効であるか、受信時に有効であるかという争点は、A州ではこれまで提起されたことがない。しかし、裁判の制度原理を適用すれば、申込の撤回と交差する承諾は、発信時に有効であるというルールが生成される。他の数多くの州の裁判所がそのように判示してきているし、同じ立場がリステイトメントや論者によって採られている。また、このルールは、適用可能な社会命題によって正当化される。申込の撤回と交差する承諾が発信時に有効であるということは、ルールとしてA州の公式の成文典拠において採用されたことがないけれども、この場合、A州の法の一部である。

事実関係から、被申込者がその申込を信頼していたことがうかがえるものがあるが、判決意見は、このことを云々しなかった。しかし、裁判の制度原理を適用すれば、申込が信頼された場合、撤回可能ルールに対する例外が生成される。A州が、撤回可能ルールを採用した後、このような例外が他の多くの管轄で広く採用されたが、それらの管轄すべてがそれ以前はA州と同じ撤回可能ルールを採用していた。この例外は適用可能な社会命題によって正当化され、また、リステイトメントを含む専門文献において、ゆるぎなく確立している。A州の公式の成文典拠において採用されているもっとも顕著な教義命題によれば、逆の結果になるように見えるけれども、この場合、例外はA州の法の一部である。

ケースⅣ　かつて、A州の先例は、確定申込は撤回可能であるというルールを採用した。これらの先例の中には、

ケースⅤ　かつて、A州の先例は、法的義務のルール、つまり、一方当事者の履行が、その当事者が履行することをすでに契約している行為からのみ成る場合、その交換取引は強制できない、というルールを確立した。先行する契約上の義務を第三者に対して負っている場合や、予期されていなかった事情に照らして、交換取引が公正かつ衡平な先行契約の修正から成る場合に、例外を設けるとすれば、このルールと整合しないであろう。しかし、裁判の制度原理を適用すれば、これら両方の例外が生成されることになる。法的義務のルールは、社会的融和と組織的整合性の基準の充足を実質的に欠いている。二つの例外は、以前は法的義務のルールを採用していた他の管轄で広く採用されてきた。また、例外は、リステイトメントを含む専門文献において、ゆるぎなく確立している。A州の公式の成文典拠において採用されている教義命題と整合しないけれども、この場合、例外はA州の法の一部である。

これらの例証は、成文典拠にもとづく理論とは異なり、裁判所がコモンローを語り、取り扱う方法を反映し説明す

る。成文典拠にもとづく理論は、裁判所に次のことを教示する。すなわち、関連管轄の公務員によって過去の成文典拠の中で公布された教義命題から出発し、権威づけの連鎖を過去に遡ってその教義命題が有効か否かを確定し、そしてその教義が有効である場合、それらをケースに適用すること、である。これは、裁判所がコモンローの内容を確定するやり方ではない。裁判所は、コモンローの内容を確定するために、過去の成文典拠の中で採用された教義命題を始点として、権威づけの連鎖を過去に遡ってその有効性を確定するのではない。裁判所は、一組の制度原理を始点として、そこから先へと進んで法的ルールを生成する。これらの制度原理が裁判所に教示するのは、法を確定するにあたり、関連管轄の公務員によって公布された教義命題だけでなく、それらの命題に対して専門家の談論の中で表明された批判や理解、専門文献の中で確立されている教義命題、適用可能な社会命題をも計算に入れるべきであるということである。これら命題の相互作用が裁判の制度原理のもとで生成するルールは、裁判所が法であると観念するものであり、かつそう観念して然るべきものである。

したがって、もしA州の裁判所が、外科医の行為に過失があって、それが健康であるが望まれない子供の出生につながった場合に、その外科医に責任を課すように求められたなら、その外科医は、その行為にさいして、子供の両親に対する法的義務に違反したと判示するであろう。もしA州の裁判所が、司法上の義務の履行について、裁判官に過失がある場合に、その裁判官に責任を課すように求められたなら、その裁判官は、行為にさいして法的に免責されていたという根拠でこれを拒否するであろう。もしA州の裁判所が、申込者が、自らの確定申込は信頼されたとしても撤回できる、あるいは、自らの撤回は交差する承諾に抗して有効であると主張して履行しなかった場合に、その申込者に責任を課すように求められたなら、申込者は不履行にさいして法的義務に違反したと結論するであろう。もしA州の裁判所が、当事者が、予期されていなかった事情に照らして公正かつ衡平な契約修正の履行を拒否した場合に、その当事者に責任を課すように求められたなら、その当事者は履行を拒否したさいに法的義務に違反したと結論するであろう。裁判所は、このように法を語り、取り扱うものである。コモンローの意味をとらえその内容を確定するのは、生成概念であり成文典拠にもとづく理論ではないからである。

コモンローの不確実な性質

コモンローのいくつかの根本属性は、生成概念と密接に連関している。第一の属性は、コモンローのルールは、完全に確実であるというわけではないということである。コモンローの内容は、裁判の制度原理によって、必要程度の支持をえている道徳規範、政策、経験命題に部分的に依存するようになっている。どの社会命題が、そのような支持をえているか、いかにして経験命題が、道徳規範、政策、法的ルールを仲介すべきか、実質的な支持をえている道徳規範と政策の間の抵触はいかに調整されるべきか、ある教義が社会的融和の基準を実質的に充足するか否か、などはすべて確実性が不可能な事柄である。コモンローの内容は、部分的にこのような事柄に依存するから、どんな時でもコモンローのルールの中には、比較的不確実なものもあれば、かなり確実なものもあり、また、きわめて確実なものもあれば、ほぼ完全に確実なものもあるが、完全に確実であるものは、あるとしてもきわめて稀である。

このようなコモンローの属性は、生成概念そのものと同様に、観察によって確証できる。裁判所が、コモンローを完全に確実な法的ルールからのみ成ると見なしていないのは、科学者が、自然法則を完全に確実な科学的法則からのみ成ると見なしていないのと同様である。実際、コモンローが完全に確実な法的ルールからのみ成るとすれば、コモンローは、ほとんど内容のないものになるであろう。

計画立案を信頼できるものとするために、法は確実でなければならないという反論があるかもしれない。この反論は正しくないであろう。

第一に、多くの人々は、法を知らないから、明示的というよりむしろ黙示的に法にもとづいて計画する。これらの人々にとって、法にもとづく計画立案は、次のような黙示の信念にもとづいて行動することから成る。すなわち、社会が適切と見なす態様で行動する場合、適法に行動したと見なされるであろうし、また、社会が不当と見なす行動によって侵害を受ける場合、法の保護を受けるであろうという信念である。確実性を強調しすぎると、このタイプの計画立案の信頼性が低くなることがある。

第二に、実際に明示的に法にもとづいて計画する行為者でさえ、確実性を必要としない。もし計画立案に確実性が必要であるとするなら、計画立案は行われないであろう。人生は、不確実であるからである。機械は故障するかもしれないし、契約の相手方は倒産するかもしれないし、契約は破られるかもしれないし、いつ自然の大災害が起るかもしれない。確実でない法的ルールは、信頼できる計画立案と整合する。信頼できる計画立案は、確実性に依存するのではなく、相当程度の蓋然性と、蓋然性を測る能力に依存しており、これにはほとんど例外はない[29]。これら両方の質は、複製可能で、かなりの安定性を保ち、客観的な基準が用いられる論証過程に固有のものである。コモンローの大部分は、確実ではないが、それでも計画立案の目的にとっては充分確定的である。

さらに、計画立案に確実性が必要とされる限度で必要とされるのは、ルールの確実性ではなく、結果に対する自信である。しばしば弁護士は、法的ルールについて確信がない場合でさえ、自信をもって結果を予見することができる。ふつう弁護士は、法的ルールがおそらくルールAであると確定できるのみならず、可能性のある唯一の代替ルールが、ルールA_1であるとも確定できる。しばしば弁護士は、ルールがAであろうとA_1であろうと、所与のケースの結果は同じであると結論することができる。例えば、CがDとの間で、離婚した場合のDの財産権について、婚姻前合意をかわしたとしよう。Cは、この合意が法的に強制可能かどうか弁護士に相談する。弁護士は、次のように信じている。すなわち、婚姻前合意の当事者は対等の交渉力で取引でき、したがって、そのような合意が自由になされた場合、不実表示がなかったことを条件として、公正か否かや、重要な事実すべてについて完全な開示がなされたか否かについて、司法の審査に服することなく強制できる、というのが法であることにまず間違いはない。これを、ルールAと呼ぶとしよう。しかし、また弁護士は、法がそのような合意の公正さに関する司法の審査を許容し、完全な開示を求める可能性がいくぶんあるとも信じている。これを、ルールA_1と呼ぶとしよう。CもDも如才ない富裕な当事者であり、Dには弁護士がついていたし、合意は不公正でなく、Cは完全な開示をした、ということに弁護士は満足している。この場合、弁護士は、たとえこの合意を規律するルールが、ルールA_1ではなくルールAであることについて確信がなくても、大いに自信をもってこの合意は強制できると述べることができる。[30]

確実性に関係する一つの争点は、法の支配（rule of law）の意味である。F・A・ハイエクは、この概念の意味を「政府は、その行為すべてについて、予め固定され宣言されたルールによって拘束される――当局が所与の状況においてその強制権能をいかに使用するかをかなりの確実性もって予見し、この知識にもとづいて個人的事柄を計画することを可能にするルール[31]」と定義した。このような定義（その構成要素は、ハイエク独自のものではない）が示唆するのは、整合的に適用される既存の固定された実体的ルールから法が成る場合のみ、法の支配という概念が充足されうるということである。これは実情に合わない。そのようなルールが計画立案に必要でないことは、すでに示した。公正さにも必要でない。法の支配という概念の公正さの側面は、予め宣言され固定された実体的な法的ルールがない場合でも、実体的な法的ルールを生成する制度原理の整合的な適用によって充足される。

コモンローの包括的性質

生成概念と密接に連関しているコモンローのもう一つの根本属性は、「この事柄に関して、法はどうなっているか」という形をとる質問すべてに法的回答があるという点で、コモンローが包括的であるということである。成文典拠にもとづく法理論は、法に隙間があることを前提とする。法が、過去の成文典拠の中で採用された教義命題からのみ成るとすれば、確かにその法には隙間があるであろう。そのような教義の体系の中に、この形の質問すべてに対する回答があるわけではないからである。しかし、生成概念では、そのような質問すべてに回答を与えることができ、この概念は、裁判所がそのような回答を与えるべきであるという制度原理——裁判所は、生成概念のもとで、すべての事柄について法を確定する能力をもっており、生じうるいかなる請求についても、法による正義を及ぼすべきであるという制度原理——によって補完されている[32]。

ここでも、この属性は観察によって確証できる。裁判所は、目新しい争点を決定することを求められる場合、請求者に法的権利がないという回答を与えて、その請求者を門前払いにすることがある。しかし、裁判所は、取引が生じた時点にその争点に関する法がなかったので、請求者に法的権利があるか否かを決定できないという回答を与えて、門前払いにしないであろう。また裁判所は、被告に向かって、取引が生じた時点にその争点に関する法がなかったので、あなたはいかなる法的義務にも違反しなかったが、それでもあなたには責任がある、と言うこともないであろう。同様に、弁護士は、目新しい問題について法はどうなっているか尋ねられる場合、法的回答を与えるであろう。なるほど、その回答は、裁判所がどうするかに関する予測として、予防線をはってあったり、含みをもたせてあったりするかもしれない。回答に予防線をはってあったり、予測の形態をとっていたりする場合、その問題について法的ルールはないという反論がなされるかもしれない。そのような反論は、見当違いであろう。コモンローに不確実な性質があることと相俟って、誤った助言について弁護士が責任を問われる可能性にもとづいて慎重な考慮がなされるために、過去の成文典拠の中で採用された教義命題の範囲にぴったり入る問題に対する回答も含め、コモンローのもとで弁護士が与えるほぼすべての回答は、予防線をはってあるか予測の形態をとる。

事実の規準と裁判所の道徳的義務

実証主義の主流は、裁判所はしばしば立法的裁量をもつという思想を採用したが、この思想は、実証主義にとって不可欠な要素ではない。そうではなく、実証主義の中心にある思想は、法を確定するためのテストが、事実の規準に依拠しなければならないということである。この意味で、生成概念は実証主義的である。コモンローを生成する制度原理は、批判道徳や正しい政策ではなく、社会的融和などの事実の規準に依拠するからである。

しかし、裁判の制度原理がどのように観念されるにせよ、それらの原理を適用することによって判決に到達する道徳的義務を裁判官は負っていないというとらえ方、時として実証主義と連関するが実証主義にとって不可欠な要素ではないというとらえ方、と法の生成概念は整合しない。ゆえにハートは、「実際に制度を自発的に受けいれる〔公務員〕は、そうすることが道徳的に義務づけられていると自らをとらえなければならない、ということはまったく真実ではない。彼らがそうする時に制度がもっとも安定するとしてもである。事実、制度に対する彼らの忠誠は、多くの異なる考慮事項にもとづいているであろう。つまり、長期的利益の計算、他者に対する利害のない関心、無反省に継承された、ないしは伝統的な態度、あるいは他者がするようにしたいという単なる願望、である」[33]とする。少なくともわれわれの社会においては、この考え方は、誤っている。裁判官には、裁判の制度原理の適用によって生成されるルールを確立する道徳上の義務がある。この義務は、憲法や制定法の成文典拠を忠実に用いる義務と同様、司法の職務を自発的に引き受け、保持することから帰結する。その職務は、他のすべての職務と同様、信託に付されている。この信託のルールは、裁判の制度原理であり、この原理そのものは、社会的受容と、公正や社会福祉に関する独立の考慮事項の両方によって支持されている。

法とはどのようなものであり、またどのようなものであるべきか。

最後に、生成概念は、法とはどのようなものであるかという問題と、どのようなものであるべきかという問題を分離できるか否かについて、長年かわされてきた論争に解明の光を投げかける。[34] 法がどのようなものであるべきかが批判道徳と正しい政策に立脚する限度で、実際二つの問題は、分離できる。実証主義は、一方の批判道徳および正しい政策と、他方の法の内容との間に必然的関係がないことを長い間指摘してきた。しかし、われわれの社会の中でコモンローが確立される方法を規律する制度原理のもとでは、コモンローの内容と、社会的融和や組織的整合性の基準において役割を果たす道徳規範、政策、経験命題との間に必然的関係がある。これらの基準は、法とはどのようなものであるべきかということと、どのようなものであるかということの両方を確定するさいに、重要な役割を担うからである。これらの基準が果たす二重の役割のために、コモンローがどのようなものであるかは、コモンローがどのようなものであるべきかということを考慮することなしには確定できない。[35]

（1）　H. L. A. Hart, *The Concept of Law* 78-79 (1961).

（2）　*Id.* at 92. ハートは、第一次ルールと第二次ルールの区別を他の文言で定式化する時がある。*See* C. Tapper, "Powers and Secondary Rules of Change," in *Oxford Essays in Jurisprudence* 242 (2d ser. A. Simpson ed. 1973).

（3） H. L. A. Hart, *The Concept of Law* 92 (1961).

（4） *Id.*

（5） *Id.* at 100. 他の二つのタイプの第二次ルールは、変更のルールと裁判のルールである。変更のルールによって、公務員は新たな第一次ルールを導入し、古いルールを除去する権能を与えられる。*Id.* at 93. 裁判のルールによって、公務員は第一次ルールが破られたか否かを有権的に確定する権能を与えられる。*Id.* at 94.

（6） *See id.* at 123-24; Hart. "Problems of Philosophy of Law," 6 *Encyclopedia of Philosophy* 264, 270-71 (1967).

（7） ハートの分析のような裁判の二項的分析のもとにおいても、過去の成文典拠の中で採用されたルールを適用するために、その文言上、社会命題を用いることが求められることがある。このことは、例えば、その適用が取引慣習に依拠するようなルールにも妥当するであろう。しかし、社会命題は、ルールそのものの内容を確定するさいには、関連しないであろう。

（8） H. L. A. Hart, *The Concept of Law* 124 (1961) (emphasis in original).

（9） *Id.* at 132.

（10） *Id.*

（11） J. Raz, *The Authority of Law* 43-45 (1979).

（12） *Id.* at 43, 105.

（13） *Id.* at 172.

（14） *Id.* at 71, 181.

（15） *Id.* at 90, 96.

（16） *Id.* at 48-50.

（17） *Id.* at 182.

（18） *Id.* at 96.

（19） *Id.* at 193.

（20） *Id.* at 181-182.

（21）*Id.* at 48-50.

（22）*Id.* at 59, 96, 113.

（23）*Id.* at 197.

（24）*Id.* at 200-201. ラズの二項モデルは、裁判がしばしば機械的であるべきことを示唆しているのであるが、実際には裁判がそれほど機械的であることは、まったく以ってないことをラズは認めている。しかし、彼は、これは、このモデルが不正確であるからではなく、規制されたケースが規制されていないケースよりも複雑になることがあるからであり、また規制されたケースは規制されていないケースへと次第に変容する傾向があるからであり、さらに規制されていないケースにおいて法作りを正当化するために使われる論証は、規制されたケースにおいて法適用を正当化するために使われる論証にしばしば類似しているからであると論じる。*Id.* at 182, 206-09.

（25）この問題に関して、J. Raz, "Authority, Law and Morality," 68 *The Monist* 295 (1985) 参照。

（26）J. Raz, *The Authority of Law* 87 (1979).

（27）*Id.* at 51-52.

（28）*Id.*

（29）*See generally* Joint Committee of the Real Property Law Section of the State Bar of California and the Real Property Section of the Los Angeles County Bar Association, "Legal Opinions in California Real Estate Transactions," 42 *Bus. Law.* 1139, 1151-53 (1987); Vagts, "Legal Opinions in Quantitative Terms: The Lawyer as Haruspex or Bookie?" 34 *Bus. Law.* 421 (1979).

（30）*Cf.* Rosenberg v. Lipnick, 337 Mass. 666, 389 N. E. 2d 385 (1979).

（31）F. A. Hayek, *The Road to Serfdom* 72 (1944).

（32）*Cf.* H. Hart & A. Sacks, *The Legal Process* 396-98 (tent. ed. 1958).

もちろん、憲法と制定法は、包括的ではない。しかし、憲法も制定法も規律しない場合にコモンローが適用されるから、コモンローが包括的であるなら、法は包括的である。

（33）H. L. A. Hart, *The Concept of Law* 198 (1961). *See also* H. L. A. Hart, *Essays on Bentham* 153-61, 262-68 (1982). ラズは、

異なった立場をとっており、その立場はハートによって批判されている。*See* J. Raz, *The Authority of Law* 153-57 (1979). *See generally* P. Soper, *A Theory of Law* (1984); Soper "Metaphors and Models of Law: The Judge as Priest," 75 *Mich. L. Rev.* 1196, 1205-09 (1977).

（34） *See* H. L. A. Hart, "Positivism and the Separation of Law and Morals," 71 *Harv. L. Rev.* 593 (1958).

（35） この本は、コモンローに関するものであるが、生成概念は、適切な修正をほどこせば、制定法や憲法にも拡張できるかもしれない。これらの法体系は、裁判所が然るべく再定式化できない成文法規に根づいているという点で、コモンローと異なる。しかし、所与のケースへの成文法規の適用は、自明とはほど遠いことがしばしばであり、そのような成文法規の十全な意味を確立するには、解釈の制度原理の適用が必要となることが多い。*See, e.g.*, B. Barry, "Courts and Constitutions" (book review), *Times Literary Supp.*, Oct. 25. 1985, at 1195, 1196.「解釈」ということばは、成文典拠、その内容、その出所、およびその目的に焦点をあてた過程を示唆するが、現実には、成文法規の十全な意味を確立するためには、組織的整合性の基準、教義的安定の基準、関連する社会命題との融和の基準（成文法規の場合は、その成文法規に包含されるか包摂される道徳規範と政策も、たとえそれが社会的支持を欠いていても、この融和の基準に含まれることがある）も必要とされることがある。例えば、制定法や憲法の成文典拠に対する所与の読み方が、先例でなされているという理由で、あるいは、その読み方をすれば、代替的な読み方よりも、何らかの関連道徳規範や関連政策とその成文典拠がより融和し、あるいは法体系とより整合するという理由で、裁判所がその読み方のほうを好むということは、珍しいことではない。このことは、証券法（Security Acts）に関する最高裁の三判決によってうまく例証されている。Schreiber v. Burlington Northern, Inc., 427 U. S. 1 (1985)において、最高裁は、一九三四年の証券取引法（Securities Exchange Act of 1934）の一四条(e)の意味を確立するにあたり、この法律中の同様の文言が使われている他の条項を解釈した先例に重きをおいた。Blue Chip Stamps v. Manor Drug Stores, 421 U. S. 723 (1975)において、最高裁は、一九三四年の証券取引法の一〇条(b)とルール一〇(b)−五の意味を確立するにあたり、「政策的考慮と呼びうるもの」、とりわけ、代替的な読み方をすれば大量に生産されるであろう濫訴に対する懸念に重きをおいた。421 U. S. at 737. Ernst & Ernst v. Hochfelder, 425 U. S. 185 (1976)において、最高裁は、一〇条(b)とルール一〇(b)−五の意味を確立するにあたり、「一九三三年法と一九三四年法が、証券取引を規律する連邦の規制計画の相互に関連する構成要素である」という根拠で、一九三三年の証券法に重きをおいた。425 U. S. at 206.

それゆえ、裁判所は、憲法や制定法の成文典拠を、それらが適用できるケースで忠実に用いなければならないが、憲法や制定法は、それらの成文典拠からのみ構成されるのではなく、（教義的安定の基準、組織的整合性の基準、関連する社会命題との融和の基準を含む）解釈を規律する諸原理をそれらの成文典拠に適用することによって、現時点で生成されるルールから成る。この分析のもとでは、コモンローのみならず、われわれの社会の法すべての内容は、生成概念によって確定されるであろう。すなわち、法は、裁判所がいかにしてコモンローと成文法規の十全な意味を確立するかを確定する制度原理の適用によって、現時点で生成されるルールから成るであろう。

訳者の雑感と謝辞

この翻訳は、訳者が、一九九四年～九五年に、カリフォルニア大学バークレー校ロースクールにおいて、客員研究員として研究の機会を与えられたさい、同ロースクール教授で原著 "The Nature of the Common Law" の著者である、メルヴィン・アイゼンバーグ（Melvin A. Eisenberg）教授から基本的な許諾を受けたものである。その後、原著の出版元であるハーヴァード大学出版局が、日本語の翻訳に関する権利をアイゼンバーグ生前信託に譲渡し、訳者が同信託から日本語訳の出版について許諾を受けた。

この名著を日本語に翻訳して、日本に紹介する光栄を小生にお与えくださったことについて、アイゼンバーグ先生に対して心から感謝している。先生から翻訳の許諾を受けてから、もはや五年以上経過した。これは、主に小生のライフスタイルに起因するところが大きいと自戒するのであるが、仕事の遅さに呆れもせず、小生が気まぐれに出す手紙やメールに誠実に対応してくださったことについても、先生に感謝している。

小生が、はじめて先生にお会いした時、先生は非常に厳しい風貌をした「知の巨人」であるという印象を受けた。先生は、Melvin A. Eisenberg という名前の法学者が、実はアメリカに三人ほどいるのではないかと疑いたくなるほど、多方面で一流の業績を残されている。先生がまだお若いころに、ケネディー暗殺などの調査に携わったウォーレン委員会の弁護士をつとめられたことは、先生のご経歴の紹介でよく言及されるところである。最近では、コーポレート・ガバナンスに関してアメリカ法律協会の主席レポーターをつとめられ、また、代理と原状回復に関する第三次リステイトメントのアドバイザーもつとめられている。

しかし、実際に先生と個人的に接してみると、先生は非常に細やかな配慮を怠らない優しい人であることがわかる。先生に Faculty Club で昼食をご馳走になった時、ちょうどその頃封切られていた映画「アポロ13」のことが話題になった。小生が、ラストシーンについて「涙をこらえるのが難しかった（It was difficult to hold my tears）」と言うと、先生は、小生の目をじっと見て、"I didn't."（涙をこらえなかった）と言われたことを、今でも鮮明に記憶している。先生は、鬱蒼とした法理論の藪の中にあっても、ふつうの人の自然な情感を決して忘れない人であると思う。『コモンローの本質』は、まさにそのような先生の人となりが結実した傑作である。

法の世界では、どうしても「権威」が幅を利かせる。さらに、法が一般市民の常識と乖離している時に、かえってその「権威」が重いもののように見えることがある。確かに、個別的な正義を犠牲にしても、法的安定性を尊重しなければならない場合があるであろう。個々の当事者に対して、真っ当な救済を与えることを拒むことによって実現される法的「安定性」とは、なんと不安定であろう、そんなことを学部の学生の頃に考えたことがあった。本書は、小生のそんな稚拙な感想にも、冷静な回答を与えてくれた。粗雑であるとの誹りを覚悟して敢えて言うと、本書は、コモンローが、一般市民の常識（社会命題）と乖離した場合、どのように対処してきたか、ということと、どのように対処すべきであるか、ということを綿密に論証したものであると言える。論証は、寸分の隙間もないように見えるほど精緻をきわめている。「なるほど」と感心しながら、読み進めていくと、その納得が早計であったことを思い知らされ、「そうか、そういうことも考慮しなければいけないのか」と反省させられる。本書の中で引用されている他の法学者が、到達点として満足した理論を、さらには、日本の学者を含めた他の学者が有り難く援用してきた理論を、もう一度虚心に見つめ直して、その妥当性を糺している。日本の学者を含めた他の学者が有り難く援用してきた理論を、もう一度虚心に見つめ直して、その妥当性を糺している。森に生えているすべての木々とその枝々を丁寧に剪定しながら、同時に森全体の群生に対する植林計画が怠りなく進行している。そういう印象を受ける本である。翻訳の必要からではあったが、この本を何度も読み返したことは、小生にとって非常に幸運なことであった。小生自身が、コモンローの法的論証のあり方を、知らず知らずのうちに血肉化することができたからである。

小生は、本書が、法学の研究者のみならず、現に裁判官や弁護士などの法曹の職にある人や、これから法曹の職をめざす法科大学院（ロースクール）の学生にも広く読まれることを切望する。本書で扱われている素材は、コモンローのものに限定されているが、法的論証のあり方を学ぶという点では、日本法にも示唆を与えるところがきわめて大きいと考えるからである。もし、一般市民の常識からかけ離れている時でさえ強制力をもつという意味で、法に「権威」があるとするならば、そういう法曹のあり方は、早晩時代おくれになるように思えるからである。

当初、拙訳が『姫路法学』に四回に分けて連載された（第一九号、二一号、二二号、二五＝二六合併号）が、この度、単行本として刊行するにあたり、大幅に改稿した。訳語が統一されていない個所、日本語として読みづらい個所などを重点的に修正したが、明白な誤訳もいくつか見つかった。原文の英語は、きわめて明晰、正確、簡潔であり（アイゼンバーグ教授は、ハーヴァード・ロースクールで法律を学ばれる前、コロンビア大学で英語を専攻されたと伺っている）、原文自体が何を伝えようとしているのかについて判断に苦しむことはまったくなかった。小生が、苦労したのは、その原文に可能なかぎり忠実な日本語の表現を探すという点であった。ともすれば法律の文章の日本語訳は、日常的にふつうに使われる平凡な表現を、妙に「学問的」に（つまり不必要に難解に）訳す一方で、修辞的な含蓄のある表現を、その味わいを捨象して平凡な日本語で済ませてしまうという臆病な傾向があるように思える。小生は、そのような因習を排除して、日常的に使われる英語は、日常的に使われる日本語に、修辞的表現は、その風味が伝わるように可能なかぎり努力した。また、原文は、同じ趣旨を伝える場合、いたずらに表現にヴァリエーションをつけることをせず、一貫して厳密に同じ表現を使っており、表現を変えている場合は、その変更が何らかの意味あいの相違を反映していることが多い。小生は、同一の単語や表現は、可能なかぎり同一の日本語に、日本語では慣例的に同じに訳される場合でも、原文が表現を変えている場合は、可能なかぎりそれぞれの原語の語源的意味に近い訳語を選んで、異なる日本語に訳すように努力した。

姫路法学に拙訳を連載し終わった時、われながら良い訳をしたと自惚れていたが、今回の改稿にあたり、拙訳を読んだ人が誰もいないことを祈りたくなるほど、おかしな訳も見つかった。今回の改稿に対する小生の「可能なかぎりの努力」も、もう一度見直せば、まったく浅薄であったと後悔するかもしれない。しかし、一人でやれることには限界があり、このあたりで出版しようと思う。この翻訳を原書と対照させながら読むことによって、法的論証のあり方を学ぶと同時に、法律英語を習得するためにも利用されるようになればよいと希っている。もし本当に、そのような人が一人でもいれば、訳の誤りを遠慮なく指摘していただきたいと思う。

この翻訳の出版と、その契機となった留学については、多くの人々にお世話になった。かかわったすべての人々にお礼を申し上げる。木鐸社編集部の能島豊さんには、出版をお引き受けくださったことに感謝している。
また、この翻訳の出版は、姫路獨協大学の平成一三年度学術出版助成を受けた。この決定に関与した諸先生方にお礼を申し上げる。

訳者略歴
石田　裕敏（いしだ　やすとし）
1960年　大阪生まれ
1984年　大阪外国語大学英語学科卒業
1987年　京都大学法学部卒業
1992年　京都大学法学研究科博士課程単位取得退学
現　在　姫路獨協大学法学部助教授（英米法）
著　書「アメリカ合衆国の民事訴訟における陪審裁判を受ける権利」(1)(2)　法学論叢127・4(1990) 128・2号(1991)

コモンローの本質

2001年9月15日第1版第1刷発行 ©

訳者との了解により検印省略

乱丁・落丁本はお取替致します

著　者　M.A. アイゼンバーク
訳　者　石　田　裕　敏
発行者　能　島　　豊
発行所　㈲　木　鐸　社

印刷　㈱アテネ社　製本　関山製本社
〒112－0002 東京都文京区小石川5－11－15－302
電話・ファックス (03)3814－4195　振替 00100－5－126746

ISBN4－8332－2313－9 C3032

権利論

R. Dworkin, Taking Rights Seriously, 1977

R. ドゥウォーキン著　木下毅・小松公・野坂泰司訳

A5判・364頁・3500円（2001年・7刷）ISBN-4-8332-0220-4

Ⅰ・Ⅱルールのモデル　Ⅲ難解な事案　Ⅳ憲法上の事案　Ⅴ正義と権利　Ⅵ権利の尊重　Ⅶ市民的不服従　Ⅷ逆差別　エピローグ

正義，市民的不服従，人種差別などを論じながら，功利主義に対し「平等な尊重と配慮」を受ける自然権の優位を主張する。現代法哲学の代表的名著の邦訳。

権利論 Ⅱ

R. Dworkin, Taking Rights Seriously, 1977

R. ドゥウォーキン著　小林公訳

A5判・246頁・2500円（2001年）ISBN-4-8332-2299-X

先に訳出刊行した『権利論』の続編に当る。原書で訳出されなかった9～13章と付録の全体を訳出（9. 自由とモラリズム　10. 自由とリベラリズム　11. どのような権利を我々は有しているか　12. 権利には異論の余地がありうるか　附．批判者への返答）。法実証主義への批判と権利のテーゼを擁護した社会哲学的詳説。

自由の法

■米国憲法の道徳的解釈

R. Dworkin, Freedom's Law, 1996

R. ドウォーキン著　石山文彦訳（大東文化大学法学部）

A5判・522頁・6000円（1999年）ISBN-4-8332-2280-9

著者の体系的法理論に含まれる純一性の理念を擁護するという主張を，米国社会の様々な現実問題に適用し，国論を二分している個人の基本権をめぐる憲法上の具体的事例と関連付けて論じる。

公正としての正義

J. Rawls, Justice as Fairness, 1957

J・ロールズ著　田中成明編訳（京都大学法学部）

46判・352頁・2500円（2001年・12刷）ISBN-4-8332-0064-3

1 公正としての正義　2 憲法上の自由と正義の概念　3 分配における正義　4 補遺　5 市民的不服従の正当化　6 正義感覚　7 倫理上の決定手続きの概要　8 二つのルール概念　編訳者解説

社会契約説の構造的特徴を分析哲学的手法やゲーム理論等を用いて現代的に再構成することで，功利主義に取って代る実質的な社会正義の原理を体系的に展開して注目を集めたロールズの正義論。